中华经典名著

全本全注全译丛书

高永旺◎译注

穆天子传

中華書局

图书在版编目(CIP)数据

穆天子传/高永旺译注. —北京:中华书局,2019.5(2021.11 重印)
(中华经典名著全本全注全译丛书)
ISBN 978-7-101-13822-1

Ⅰ.穆… Ⅱ.高… Ⅲ.①中国历史-西周时代②《穆天子传》-译文③《穆天子传》-注释 Ⅳ.K224.04

中国版本图书馆 CIP 数据核字(2019)第 050015 号

书　　名　穆天子传
译 注 者　高永旺
丛 书 名　中华经典名著全本全注全译丛书
责任编辑　刘胜利
出版发行　中华书局
(北京市丰台区太平桥西里 38 号　100073)
http://www.zhbc.com.cn
E-mail:zhbc@zhbc.com.cn
印　　刷　北京市白帆印务有限公司
版　　次　2019 年 5 月北京第 1 版
2021 年 11 月北京第 3 次印刷
规　　格　开本/880×1230 毫米　1/32
印张 $8\frac{3}{4}$　字数 170 千字
印　　数　14001-19000 册
国际书号　ISBN 978-7-101-13822-1
定　　价　26.00 元

目录

前言

《穆天子传》(简称《穆传》),又名《周王游行记》,是西晋初年出土于汲郡古墓且唯一流传至今的竹简古书,具有极高的文献价值,被学界视为一部奇书。据《竹书纪年》《史记》等相关记载,周穆王在位凡五十五年,周行天下,东达淮泗,西及昆仑,南至鄱阳,北绝流沙,行程共计十九万里。《穆天子传》正是记载周穆王于十二年(前965)至十八年(前959)间巡狩四海的一部珍贵历史古籍。

一 《穆天子传》的出土与整理

关于《穆天子传》出土的时间,《晋书》上有三种说法:一是咸宁五年(279)。《晋书·武帝纪》云:"咸宁五年冬十月,……汲郡人不准掘魏襄王冢,得竹简小篆古书十余万言,藏于秘府。"二是太康元年(280)。《晋书·律历志》云:"武帝太康元年,汲郡盗发六国时魏襄王冢,亦得玉律。"三是太康二年(281)。《晋书·束皙传》作是说,与荀勖《穆天子传序》所载相合。由于束皙、荀勖等亲自参加了汲冢竹书的整理工作,可信度最高,故大致可推定《穆天子传》的出土时间为晋太康二年。

汲冢竹书出土后,晋武帝派卫恒、束皙、王庭坚、王接等人考正校定。初由秘书丞卫恒主持工作,未讫而遭难,佐著作郎束皙述而成之,用功最多。关于汲冢竹书的内容,《晋书·束皙传》有详细的记载:

> 初，太康二年，汲郡人不准盗发魏襄王墓，或言安釐王冢，得竹书数十车。其《纪年》十三篇，记夏以来至周幽王为犬戎所灭，以事接之，三家分（晋），仍述魏事至安釐王之二十年。盖魏国之史书，大略与《春秋》皆多相应。其中经传大异，则云夏年多殷；益干启位，启杀之；太甲杀伊尹；文丁杀季历；自周受命，至穆王百年，非穆王寿百岁也；幽王既亡，有共伯和者摄行天子事，非二相共和也。其《易经》二篇，与《周易》上、下经同，《易繇》《阴阳卦》二篇与《周易》略同，《繇辞》则异。《卦下易经》一篇，似《说卦》而异。《公孙段》二篇，公孙段与邵陟论《易》。《国语》三篇，言楚晋事。《名》三篇，似《礼记》，又似《尔雅》《论语》。《师春》一篇，书《左传》诸卜筮，"师春"似是造书者姓名也。《琐语》十一篇，诸国卜梦妖怪相书也。《梁丘藏》一篇，先叙魏之世数，次言丘藏金玉事。《缴书》二篇，论弋射法。《生封》一篇，帝王所封。《大历》二篇，邹子谈天类也。《穆天子传》五篇，言周穆王游行四海，见帝台、西王母。《图诗》一篇，画赞之属也。又杂书十九篇：《周食田法》《周书》《论楚事》《周穆王美人盛姬死事》。大凡七十五篇，七篇简书折坏，不识名题。冢中又得铜剑一枚，长二尺五寸。漆书皆科斗字。初发冢者烧策照取宝物，及官收之，多烬简断札，文既残缺，不复诠次。武帝以其书付秘书校缀次第，寻考指归，而以今文写之。皙在著作，得观竹书，随疑分释，皆有义证。

从《束皙传》可知，《穆天子传》原为五卷，即今本前五卷。又有《周穆王美人盛姬死事》为杂书之一，后被作卷六收入《穆天子传》。根据《周穆王美人盛姬死事》的时间、内容、文笔，它应属于《穆天子传》的一部分，束皙将其归入杂篇，疑误。

《穆天子传》的具体整理工作是由荀勖、和峤、傅瓒等人负责。《左传正义》引王隐《晋书·束皙传》云："汲郡初得此书，表藏秘府，诏荀勖、和峤以隶字写之。"《穆天子传》的校注者洪颐煊云："《太平御览》七百四十九引王隐《晋书》云：'荀勖领秘书监，始书，师钟明法。太康二年，得汲冢中古文竹书，荀自撰次注写，以为中经，别在秘书。'"又据《左传正义》引王隐《晋书·束皙传》："《周王游行》五卷，说周穆王游行天下之事，今谓之《穆天子传》。"可知《穆天子传》最初题名为《周王游行记》。东晋陶渊明《读〈山海经〉》一诗有"泛览周王传，流观山海图"，"周王传"即是《穆天子传》。

荀勖对《穆天子传》用功颇多，并为之撰写序文。《序》文曰：

> 古文《穆天子传》者，太康二年，汲县民不准盗发古冢所得书也。皆竹简，素丝编。以臣勖前所考定古尺，度其简长二尺四寸，以墨书，一简四十字。汲者，战国时魏地也。案所得《纪年》，盖魏惠成王子今王之冢也，于《世本》盖襄王也。案《史记·六国年表》，自今王二十一年至秦始皇三十四年燔书之岁，八十六年；及至太康二年初得此书，凡五百七十九年。其书言周穆王游行之事，《春秋左氏传》曰："穆王欲肆其心，周行于天下，将皆使有车辙马迹焉。"此书所载，则其事也。王好巡狩，得盗骊、騄耳之乘，造父为御，以观四荒。北绝流沙，西登昆仑，见西王母，与太史公记同。汲郡收书不谨，多毁落残缺。虽其言不典，皆是古书，颇可观览。谨以二尺黄纸写上，请事平以本简书及所新写，并付秘书缮写，藏之中经，副在三阁。谨序。

《史记·六国年表》哀王（即魏襄王，前318—前296年在位）纪年作"今王在位凡二十三年"，此引《年表》作"二十一年"，似误。荀勖所谓的"不典"，是指《穆天子传》行文不合常规，可以理解为一种新文体，颇受时人喜爱。

《穆天子传》出土后即受到了时人的关注。然其后战乱频仍，王室南渡，典籍散失严重。郭璞收集《穆天子传》的不同写本，编缀整理，详加注释。郭璞作注后，《穆天子传》开始流传。从郦道元撰《水经注》开始，学者创作的经、史、诗文注疏，以及编纂大型工具类书都广为征引

《穆天子传》的内容。唐人孔颖达的众经疏、司马贞《史记索隐》、张守节《史记正义》、李贤《后汉书注》（“章怀注”），以及李善《文选注》等，都广引《穆天子传》为据。宋代大型类书《太平寰宇记》《太平御览》《玉海》更是大段引用《穆天子传》文句。（王华礼《〈穆天子传〉宋元版本考》）这说明《穆天子传》在当时已被人们广泛接受，并为后世校勘《穆天子传》提供了宝贵的原始资料。

遗憾的是，元代以前的版本皆散佚无存。今存最早的版本是明刻九行本，“九行二十二字本，无《序》二篇”。其次是明正统十年(1445)内府刊行的道藏本，卷首载王渐《序》和荀勖《序》。由王渐《序》可知，道藏本乃据元至正十年(1350)金陵学官重刊本雠校，至正本则是据刘贞藏本重校。顾实认为刘贞藏本为元刊，但更可能是刘氏家族搜掠的宋本。明代《穆天子传》刊本还有范钦本、赵标本、程荣本、吴琯本、唐琳本、邵暗生本、何允中本等。

清代《穆天子传》的版本有郑濂本、汪明际本、檀萃注疏本、洪颐煊本、周梦龄本、翟云升本、陈逢衡补注本、吕调阳本、郝懿行补注本等。檀萃是郭璞之后首次为《穆天子传》作注的学者，其中有不少可取之处。陈逢衡评价其“从而疏之，考证者一二，附会者八九。盖彼远谪异地，托抒己愤，以此著书，靡不舛矣”。陈氏作《穆天子传注补正》，考证翔实，颇有增益。其后，郝懿行、丁谦、孙诒让等人亦对《穆天子传》作了精审的考证。

在明清诸校本中，以洪颐煊校注本和翟云升复校本为最善。洪颐煊以《增订汉魏丛书》本（郑濂本）为底本，参校程荣本、吴琯本、汪明际本、道藏本，又从《史》《汉》诸注、唐宋类书中择取《穆天子传》引文用以校勘，用力颇深，使洪校本成为“今本中最善者”。本书即以洪校本为底本。兹附洪序于此，云：

> 《穆天子传》六卷，晋太康二年，汲县民盗发魏襄王墓中所得竹书也。书记周穆王游行四海，见帝台、西王母，暨美人盛姬死事。

《隋书·经籍志》云:“体制与今起居正同,盖周时内史所记,王命之副。”案《史记》,穆王在位五十五年,此书所载,寻其甲子,不过四五年间事耳。虽残编断简,其文字古雅,信非周秦以下人所能作。如《聘礼》云:“管人布幕于寝门外。”郑君注云:“‘管’犹‘馆’也,古文‘管’为‘官’。”此书云“官人陈牲”“官人设几”,乃古文之廑存者。《尔雅·释地》云:“觚竹、北户、西王母、日下,谓之四荒。”此书云:“纪名迹于弇山之石,眉曰‘西王母之山’。”与《尔雅》所记合。《史记·周本纪》云:“穆王崩,子共王繄扈立。”司马贞《索隐》引《世本》作“伊扈”,此书云:“丧主伊扈。”伊扈即共王也,尤足与经史相证。据《晋书·束皙传》,此书本五卷,末卷乃杂书十九篇之一。《索隐》引《穆天子传》目录云:“傅瓒为校书郎,与荀勖同校定《穆天子传》。”今本卷首载勖序云:“谨以二尺黄纸写上,藏之中经,副在三阁。”今本六卷,当即勖等所定也。勖时收书不谨,已多残阙,厥后传写益复失真。晁公武《郡斋读书志》云:“书凡六卷,八千五百一十四字。”今本仅六千六百二十二字,则今本又非晁氏所见之本矣!

颐煊惧是书之荒落,因不揣梼昧,取今《汉魏丛书》本,与明程荣本、吴琯本、汪明际本、钱塘赵君坦所校吴山道藏本,暨《史》《汉》诸注、唐宋类书所引,互相参校,表其异同,正其舛谬,为补正文及注若干字,删若干字,改若干字,其无可校证者阙之。徒恨传讹已久,未能尽复旧观。如释古彝器碑碣之十得五六云尔。

二 《穆天子传》的性质

自《穆天子传》出土之后,在相当长的时间里人们一直将其视作史书。《隋书·经籍志》《旧唐书·经籍志》《新唐书·艺文志》都将《穆天子传》列为史部起居注类。《隋书·经籍志》云:“起居注者,录记人君言行动止之事。《春秋传》曰:‘君举必书,书而不法,后嗣何观?’周官内史,掌王之命,遂书其副而藏之,是其职也。……晋时又得汲冢书,有

《穆天子传》，体制与今起居正同，盖周时内史所记，王命之副也。”

至宋代，对《穆天子传》的看法略微有了变化，但依然将其视为史书。宋陈振孙《直斋书录解题》依然将其列为史部起居注类，云：“《穆天子传》六卷，晋武帝时汲冢所得书，其体制与起居注正同，郭璞为之注。起居注者，自汉明德马皇后始，汉魏以来因之。”《宋史·艺文志》则将其列为史部别史类。宋王尧臣等《崇文总目》、宋晁公武《郡斋读书志》将其列为史部传记类。宋晁公武《郡斋读书志》云：“《穆天子传》六卷，晋太康二年，汲县民盗发古冢所得凡六卷八千五百一十四字。诏荀勖、和峤等以隶字写之。……郭璞注本谓之《周王游行记》。勖之时，古文已不能尽识，时有阙者，又转写益误，殆不可读。”

但是由于受学识所限，时人也常常将其和同为古书的《山海经》混淆。宋高似孙《史略》云：“穆王得盗骊、绿耳之乘，造父为御，以观四荒，西绝流沙，西登昆仑，与太史公记合。竹书所传《穆天子传》六卷，所历怪奇，亦几于《山海经》者。虽多残阙，皆是古书。”或受此影响，宋王应麟《玉海》将《穆天子传》列入艺文传记类。对此，元王渐在《穆天子传序》中说：“《穆天子传》出汲冢，晋荀勖校定为六卷，有序。言其事虽不典，其文甚古，颇可观览。予考《书序》称穆王享国百年，耄，荒。太史公记穆王宾西王母事，与诸传说所载多合。则此书盖备记一时之详，不可厚诬也。”“不可厚诬”，当是针对时人贬低《穆天子传》而立论。明胡应麟在《四部正讹》中指出：“《穆天子传》六卷，其文典则淳古，宛然三代型范，盖周穆史官所记。与《竹书纪年》《逸周书》并出汲冢，第二书所载，皆讫周末，盖不无战国语参之。独此书东迁前，故奇字特多，缺文特甚，近或以为伪书，殊可笑也。”(《少室山房笔丛·四部正讹下》)他又说：“《穆天子传》虽非二书(《纪年》《逸周书》)比，而其叙简而法，其谣雅而风，其事侈而核。视《山海经》之语怪，霄壤也。”(《三坟补逸上》)“《穆天子传》文绝类《山海经》而事实大不同：自景纯取《山海经》以注《穆天子》，而《穆天子传》残缺不易读。好古之士率先熟《山海经》胸中，骤读

《穆天子》，而景纯之注又分列其下，故只以为同而弗以为异。试寻其本文核之，则二书之旨，有天壤之悬者矣。”（《三坟补逸下》）

到了清代，对《穆天子传》的认知发生了根本性分歧。《四库全书总目提要》将其归入子部小说家类：“《穆天子传》旧皆入起居注类，徒以编年纪月，叙述西游之事，体近乎起居注耳。实则恍惚无征，又非《逸周书》之比。以为古书而存之可也，以为信史而录之，则史体杂、史例破矣。今退置于小说家，义求其当，无庸以变古为嫌也。”《四库全书简明目录》又说：“所记周穆王西行之事，为经典所不载，而与《列子·周穆王篇》互相出入。知当时委巷流传，有此杂记。旧史以其编纪月日，皆列起居注中，今改隶小说，以从其实。”《提要》的作者对《穆天子传》研究颇深，称《穆天子传》“虽多夸言寡实”，“较《山海经》《淮南子》犹为近实”。然而又借口本传“为经典所不载”，“与《列子·周穆王篇》互相出入”，认为其事“委巷流传”，“恍惚无征”，便判定其为小说。这反映了作者欲言又止的矛盾心态。这种态度，大概受制于当时的政治生态和文化氛围。

清王谟又抛出《穆天子传》是托古之作的说法：“《穆天子传》六卷与《周书》《纪年》同出汲冢，疑亦战国时人因《列子》书《周穆王篇》有驾八骏宾西王母事，依托为之，非当日史官起居注也。”（《〈穆天子传〉后识》）王谟的观点大概是受清初“乾嘉学派”疑古思潮的影响。这种说法似把《穆天子传》当作小说，其观点、论据皆有待商榷。今人靳生禾也持类似的观点，他认为《穆天子传》是一部属于地理学范畴的托古游记，“所以为托古体游记者，即既不承认其为周史实录，又承认其来自征实的地理价值”（《〈穆天子传〉若干地理问题考辨》）。这种折中的方式在于肯定《穆天子传》的地理学价值，而否定其历史真实性。丁谦不同意王谟的说法，他在《〈穆天子传〉地理考证》中说：“所可异者，以三千年前之古书，不但山川道里，汉魏人所不能知者，今考之皆历历堪征，即随事所配干支之细，亦与历法吻合。”

目前学界关于《穆天子传》性质的争议仍在继续，治史者认为它是史学著作，治文学者认为它是中国首部小说，治地理学者则认为它是一部游记。把历史当作小说或游记来读，固无不可，“然而《穆天子传》本身的体例和内容早已明确地告诉人们：它绝不是向壁虚构的小说，更无神奇怪异之处，而是记载周穆王西征、东巡的实录性散文，是一部具有很高史料价值的历史文献”（王天海《穆天子传译注·前言》）。

与《穆天子传》性质紧密相关的是关于其成书年代和作者的争论。关于《穆天子传》的成书年代，大致有四种说法：

一是西周说。这种说法明确的文献记载始于《隋书·经籍志》，云：“有《穆天子传》，体制与今起居正同，盖周时内史所记，王命之副也。”依此说，《穆天子传》应是周穆王随行史官所记的实录。胡应麟、顾实、岑仲勉、常征、孙致中、卫挺生、小川琢治、王天海等皆主此说。故此说时间持续最久，影响也最大。

二是春秋战国说。今人王范之从《穆天子传》的语词和文法体例进行研究，“考定《穆天子传》的成书时代，大约是在《春秋》成书以后、《左传》成书以前，那即应是在春秋末战国初的时代里。这书可能是这时代的人根据着传说，同时结合了他们的时代知识、设想，将它创造出来的”（《〈穆天子传〉与所记古代地名和部族》）。

三是战国说。持这种说法的学者较多，此说内部亦有分歧。王谟怀疑《穆天子传》是“战国时人因《列子》书《周穆王篇》有驾八骏宾西王母事，依托为之”。顾颉刚认为《穆天子传》是战国时代的假托之作，作者是赵武灵王的后人。卫聚贤认为《穆天子传》成书于战国，作者为中山国人。钱伯泉认为《穆天子传》是一部小说，而非信史，“但在研究中西交通和物资交流上，却有其真实性的一面”，作者是战国时期的魏国文士。（《先秦时期的“丝绸之路”——〈穆天子传〉的研究》）缪文远认为：“如把《穆传》看成是反映战国中原和西域交通史实的作品，则大致符合实际。”（《〈穆天子传〉是一部什么样的书》）王贻樑、杨宽亦主此说。

四是汉后伪作说。此说以清人姚际恒为代表。他在《古今伪书考》

中说:"《穆天子传》本《左传》《史记》诸说以为说也。多用《山海经》语,体制亦似起居注。起居注者,始于明德马皇后,故知为汉后人作。"今人童书业、黎光明等持此说。然此说彻底否定了《穆天子传》出土于汲冢这一史实,故不为当今学界所接受。

综述诸家所说,西周说与战国说最为盛行。笔者私以为《穆天子传》的作者为西周史官的可能性最大。前人对此论证颇多,此处略举几点:

首先,从其语词和文例来看,《穆天子传》行文古朴,语直而奥,词约而简,全不类《春秋》《左传》《国语》之文,而与《尚书·周书》相若。又如《穆天子传》所载诗歌,穆王与西王母唱和之诗(卷三)、穆王所作三章哀民之诗(卷五)、穆王命乐官清唱(卷五)、郯公唱《南山有蜼》(卷五)等,皆西周之风。其次,从其时间、空间、事件方面来看,《穆天子传》所载与其他史籍所记大致相符,而且更加系统化。按其所载干支推演,与历法亦极相吻合。第三,从《穆天子传》对一些地名和事件的描述来看,非亲身经历者无法想象,绝非闭门造车之作。第四,从《穆天子传》的流传来看,若其是伪作或小说,则作者务求广为流传。因此,它只能是史官实录,理应藏之秘府,只能在极少数贵族之间省阅,随其陪葬于汲冢,世间遂成绝响。

总之,《穆天子传》应当是西周时期的作品,作者极可能是周穆王身边的史官。《穆天子传》传入魏国后,魏国史官对它予以整理以便于魏国君主阅读理解,故今本《穆天子传》不可避免地带有战国时期的文史特征。如果据此认为《穆天子传》成书战国的话也说得过去,但其母本必是西周史官的实录。

三 《穆天子传》的主要内容

《穆天子传》全书分为六卷。第一卷记载周穆王于十二年(前965)至十三年(前964)间的第一次西征。周穆王自宗周洛邑出发,渡黄河北上，经斶山，渡漳水，越井陉山，沿滹沱河北岸登越恒山，北巡犬戎；又西行出雁门关，经今山西平鲁到达今内蒙古河套地区，祭祀河宗，又西征至河宗氏的温谷乐都。第二卷至第四卷记载周穆王于十七年（前 960）至十八年（前 959）间的第二次西征。第二卷主要记载了周穆王巡游了昆仑山一带，历寿余、珠泽、赤乌、曹奴、长肱、容成、群玉山、剞闾氏、鄄韩氏等地，顺利抵达西王母之邦的行程和事迹。第三卷记述了周穆王会见西王母，大猎于旷原，然后东归，经智氏、阏胡氏，南越沙漠，到达寿余的行程与事迹。第四卷主要记叙了周穆王从西域继续东返回国及在国内游历并最终回到别都南郑的行程与事迹。第五卷主要记载了周穆王于十四年（前 963）至十五年（前 962）间，以洛阳为中心，在中原一带巡狩的事迹。第六卷记载周穆王继续在中原一带巡狩、畋猎，期间穆王宠妃淑人盛姬染病去世，周穆王依照王后之礼为她举行了隆盛的丧礼。

《晋书·束皙传》将《周穆王美人盛姬死事》视作杂书十九篇之一。檀萃据此认为："自第一篇至第四篇皆纪西征见西王母之事，第五篇纪见帝台之事，皆为《穆天子传》本文。而此篇独纪盛姬，则杂书十九篇之一篇也。当时割而附于《穆天子传》，遂谓《传》有六篇耳。"然而，根据历史事件、盛姬年龄及卷中所配干支推测，卷六所记之事应为穆王十六年（前 961）事，在时间上与《穆天子传》前五卷密切契合。又以语词、文例比较，完全相同，似乎出于同一（类）人之手，因此，卷六本来就应当属于《穆天子传》的一部分。

《束皙传》又说："初发冢者烧策照取宝物，及官收之，多烬简断札，文既残缺，不复诠次。"因此，今本《穆天子传》以残本行世，虽经束皙、荀勖等及历代鸿儒大家编缀整理，勉强可读，但"日次颠倒，前后多歧，事迹乖违，排比失实"（陈逢衡），错讹很多。尤其是关于《穆天子传》所载时间问题的研究，略略数家却难以统一，以致传文难以理顺。

关于《穆天子传》时间问题的探讨，诸家所说亦不一致。丁谦《纪日干支表》卷一第一个干支日"戊寅"日据《竹书纪年》定为"穆王十二年十月”,余皆依六十干支次序推算,遇有日数与所考里数不合者,径改,故讹误较多。刘师培《穆王西征年月考》言“戊寅天子北征”为正月十日即周正三月,亦不知其所据。

顾实《穆天子传西征讲疏》认为周穆王于十三年(前 989)闰二月初十(戊寅)西征,十四年(前 988)十一月初六日(丁酉)入于南郑。顾实勘定穆王十三年为公元前 989 年,与通常说法为公元前 964 年不符。顾实对所有月份名词(如仲夏、孟秋),必作月旦(亦即月朔,每月初一),巧合得令人难以置信。

对于采取何种历法也颇有争议。顾实认为《穆天子传》全用周正。他说:“《穆传》用周正,以建子之月为岁首。《离骚》曰:‘摄提贞于孟陬兮,惟庚寅吾以降。’庚寅为屈原生日,而摄提者,建寅也。孟陬者,正月也。是楚用夏正也。《左氏传》杜预后序曰:‘汲冢纪年篇,起自夏殷周,皆三代王事。惟特记晋国,皆用夏正建寅之月为岁首。’是晋亦用夏正也。盖《竹书纪年》虽同出汲冢,然为魏国史官所记,故同晋楚用夏正,而不同于《穆传》之用周正。此《穆传》所记不类战国之世者,六也。”(顾实《穆天子传西征讲疏》)卫聚贤认为,卷一至卷四是用夏正。自卷一“戊寅”至卷二“季夏丁卯”,“共计二百九十日。季夏为六月,丁卯假定为六月的末一天,按《穆天子传》说‘癸未,雨雪,…… 北循虖沱之阳。……庚寅,北风雨雪’,九月河北滹沱河流域或有下雪情形,七月河北滹沱河流域无下雪的情形”。王贻樑《集释》:“卫说极是。后卷五‘孟冬鸟至’下,顾实、卫氏考为周正,亦是。顾实以为《穆传》全用周正,则不若卫氏全面、准确矣。”但根据笔者推测,《穆天子传》全书似皆用夏正,不当一书之中,使用两种历法。

据以上方法进行时间推演,《穆天子传》所载诸多事件则与其他文献记录存在着难以调和的矛盾。因此,常征把周穆王西征分为两次,将前四卷分为六章:一章曰《周穆王北巡黄河、洛川间》(四卷后节),释其十二年十月至十一月“北巡狩”事;二章曰《首次西征经见之山川部落》

(一卷),释十二年底开始西征犬戎、西巡河西之往程;三章曰《自河西经陇西归于宗周》(四卷前半),释十三年自西夏、河西还归京师事;四章曰《西升昆仑再巡河西》(二卷),释十七年二次西征;五章曰《会西王母,涉流沙,再返宗周》(三卷),释巡西王母邦及西北大旷原而后穿流沙归返京师事;六章曰《两度西征里程分计与总计》(四卷末节),以作西征结文。(《穆天子传新注·序》)但我们目前无法确认第一章和第三章的时间。

根据我们的研判,《穆天子传》全书时间排序如下:

(一)十二年至十三年(卷一),穆天子第一次西征,发轫于宗周洛邑,北巡犬戎,西征至阴山之西。十三年,徐戎侵洛;是年十月,造父御王,入于宗周。计行程约一万余里。

(二)十四年至十五年(卷五),穆天子以洛阳为中心,巡狩中原一带。卷五倒错严重,其中"仲夏甲申"至"三日而决"为十五年事,掺杂于卷五中间,其余为十四年事。时间顺序大致如下:十四年二月,穆天子设宴款待许男;四月,畋于军丘;五月,作居范宫;七月,居台听天下之事;高奔戎生擒虎;九月,翟人侵毕,穆王使孟悆讨之;霍侯旧薨,临于军丘;十二月,南游黄台之丘,观夏启故居,猎于苹泽。十五年二月立春日,北方有冻人,穆天子作诗哀民;三月,回到别都南郑;五月,饮于郩;六月,作重璧台;八月,观白鹤舞;十月,弋鸟猎兽,祭祀先王;十一月,入于邴邑。

(三)十六年(卷六),周穆王继续在中原一带巡狩,遇盛姬死,周穆王以王后之礼葬之。卷六详记其事,遂为迄今唯一留存的西周葬礼实录。穆天子于冬十二月回到南郑。

(四)十七年至十八年(卷二至卷四),穆天子第二次西征,登昆仑之丘,观黄帝之宫,会西王母于瑶池,大猎于旷原,然后东归,辗转万里,回到宗周洛邑,共计行程两万四千里。

如此《穆天子传》所记时间、行程方可大致理顺。

四 穆天子与《穆天子传》

周穆王(? —前922),姓姬名满。周昭王之子,西周第五位君主,在位五十五年(前976—前922)。关于周穆王的年龄,史书记载略有出入。《尚书·吕刑》:“惟吕命,王享国百年。耄,荒度作刑,以诘四方。”《史记·周本纪》或据此云:“穆王即位,春秋已五十矣。……穆王立五十五年,崩。”根据这种说法,盛姬去世的时候,周穆王已六十六岁,西征昆仑时春秋六十七了。对古人来说,这个年龄实在是太大了。故《晋书·束皙传》举同出汲冢的《纪年》云:“自周受命至穆王百年,非穆王寿百岁也。”雷学淇《竹书纪年义证》卷二十一云:“传云自武王至穆王享国百年,谓武王在位十七年,成王三十七年(案,一说二十二年),康王二十六年,昭王十九年,至穆王元年,共享国百年也。”如此一来,周穆王的年龄就有了争议。据《礼记·曲礼上》:“八十、九十曰耄。”又据《纪年》,穆王“五十一年,作《吕刑》”,周穆王继位时当在三十岁至四十岁之间,可能就是三十岁出头。

那么,主流史籍是如何评价周穆王的呢?《左传·昭公十二年》:“昔穆王欲肆其心,周行天下,将皆必有车辙马迹焉。祭公谋父作《祈招》之诗,以止王心。……其诗曰:‘祈招之愔愔,式昭德音。思我王度,式如玉,式如金。形民之力,而无醉饱之心。’”《国语·周语上》云:“穆王将征犬戎,祭公谋父谏曰:‘不可。先王耀德不观兵。’”《列子·周穆王篇》:“不恤国事,不乐臣妾,肆意远游。”《史记·周本纪》云:“穆王将征犬戎,祭公谋父谏曰:‘不可。先王耀德不观兵。……’王遂征之,得四白狼、四白鹿以归。自是荒服者不至。”在司马迁为周穆王所作的本纪中,祭公的谏言占据一半强的篇幅。很显然,后世史学家以封建意识形态来评价周穆王,宣扬敬天保民、修德怀远的儒家伦理道德观念,在这种价值观的影响下,历史上对周穆王的评价总体偏负面。

然而,周穆王的历史功绩亦为后世有志于功业者所追慕。管仲教导齐桓公效法先王，曰："昔吾先王周昭王、穆王，世法文、武之远迹，以成其名。合群国，比校民之有道者，设象以为民纪，式美以相应，比缀以书，原本穷末，劝之以庆赏，纠之以刑罚，粪除其颠旄，赐予以镇抚之，以为民终始。"(《管子·小匡》)伍举在开导楚灵王时称赞周穆王"有涂山之会"，将他与夏启、商汤、周武、成康、齐桓、晋文等历代雄主相提并论。(《史记·楚世家》)

周穆王最为人诟病的是其喜爱四处巡游。然而，巡狩与征伐是周天子控制诸侯的主要方式。《尚书孔传·周官》："惟周王抚万邦，巡侯甸，四征弗庭，绥厥兆民。六服群辟，罔不承德。归于宗周，董正治官。""六年，五服一朝。又六年，王乃时巡，考制度于四岳。诸侯各朝于方岳，大明黜陟。"《孔传》曰："周制十二年一巡狩，春东、夏南、秋西、冬北，故曰时巡。考正制度、礼法于四岳之下，如虞帝巡狩然。"十二年一巡狩是周朝维护国家稳定的既定制度，周穆王巡狩天下是他必须履行的天子职责。

周代殷商后，面对数量庞大的殷商遗民，周朝统治者依然心存余悸，"非我小国，敢弋殷命"，"我有周佑命，将天明威，致王罚，敕殷命终于帝"(《尚书·多士》)。面对"天命靡常"的困局，周朝统治者提出"敬德保民，以德配天"的新天命观，将帝王之德与保民统一起来，论证新王朝的"合法性"。《尚书·蔡仲之命》："皇天无亲，惟德是辅；民心无常，惟惠之怀。"帝王通过保民来证明自己德行，通过"敬德"获得天命，"民"具有了道德本源的属性，帝王之德也就具有了武力保护国家人民利益的性质，同时赋予周朝巡狩制度的天命合理性。

周穆王究竟是一个什么样的君主呢？略举几点：

第一，雄才大略。周穆王即位之初，面临着严重的内忧外患，天灾人祸。他的父亲昭王在位的时候，王道微缺。昭王率祭公、辛伯伐楚蛮，"天大曀，雉兔皆震，丧六师于汉"，昭王卒于江上，周人讳之，不告诸侯。(尹弘兵《地理学与考古学视野下的昭王南征》)天子之师的覆没给王朝带来严重的生存危机，外围的诸侯对周朝王权虎视眈眈。同时，周王朝统治区由温暖湿润的亚热带气候进入寒冷期，人民的生存日益艰难，周朝的天命观亦摇摇欲坠。（竺可桢《中国近五千年来气候变迁的初步研究》）面对王道衰微的困局，周穆王闵文武之道缺，乃命伯冏申诫太仆国之政，迅速稳定国内局势，并重建天子六师。随后，周穆王率天子六师巡狩四海，征讨不服，并于三十九年（前938）在涂山大会诸侯，重振中央权威。

第二，举贤任能。在《穆天子传》中提及了许多贤明的正公、诸侯、王吏，仅七萃之士就有三位。周穆王有感于戎车屡动而自责，一位懂大局的七萃之士劝慰他说："后世所望，无失天常。农工既得，男女衣食；百姓珤富，官人执事。……何谋于乐！何意之忘！与民共利，世以为常也。"周穆王怀念盛姬，善解人意的萋豫劝慰他说："自古有死有生，岂独淑人？天子不乐，出于永思。永思有益，莫忘其新。"至于富有战斗经验的高奔戎则提及三次，"刺其左骖之颈，取其清血以饮天子"，"奔戎为右"，"奔戎生搏虎"。天下英才皆聚于周穆王麾下，这是他成就伟大事业的保证。

第三，恤下爱民。周穆王是一位体谅下属、爱护民众的君主。他关心属下："庚寅，北风雨雪。天子以寒之故，命王属休。"（卷一）爱惜民力：群玉之人潜旹献上良马、牛羊，"天子以其邦之攻玉石也，不受其牢"。（卷二）关爱百姓："北风雨雪，有冻人。天子作诗三章以哀民。"（卷五）

第四，多愁善感。《穆天子传》把周穆王描写成一个有丰富感情的人，一个有血有肉的人。天子曰："於乎！予一人不盈于德，而辨于乐，后世亦追数吾过乎！"（卷一）天子曰："余一人则淫，不皇万民。"（卷五）"天子永念伤心，乃思淑人盛姬，于是流涕。"（卷六）周穆王对盛姬的爱超越了"同姓不婚"的礼制，也正因如此，方显出他是一个真实的人。

周穆王周行天下不是耽于逸乐的游玩，而是冒着巨大风险的政治、军事活动,毕竟他的父亲昭王就是死在巡狩途中。来自西北方游牧民族的威胁,是古中国永远的梦魇。周穆王西征的目的是巡视属国及消除来自北方游牧民族的威胁。据《纪年》记载:"十二年,毛公班、共公利、逢公固帅师从王伐犬戎。冬十月,王北巡狩,遂征犬戎。"《纪年》"取其平鲁以东","取其五王以东";《国语》"得四白狼、四白鹿以归";以及《穆天子传》中的多次狩猎行动,都极可能是这一时期周穆王对反叛势力或潜在威胁的征伐。这一任务由天子六师完成。王守春说:"'穆天子'所行的路线不是一般旅行者或商人所行的路线。其路线表明,这是有着重要政治和军事目的的行动路线。这样的路线,也不是一般人所能想象得出来的。只有真正参与真实的军事行动的人才能写出这样的行记。"(《〈穆天子传〉与古代新疆历史地理相关问题研究》)在西征路上,一些部落向周穆王进献重礼,周穆王则向他们馈赠回礼,并封赐了一些重要部落首领,如封膜昼于河水之阳,封珠泽之人于昆仑山侧,封长肱于黑水之西河等。这种友好的外交活动不仅有利于周朝对西北地区的掌控,为其提供了一个和平稳定的外部环境,也大大促进了西周与这些邦国、部落之间的经济活动。在政治庇护和经济利益的驱动下,这些邦国、部落,不可能不与周王朝保持紧密联系,毕竟就连"西王母"都"宾于昭宫"。所谓"荒服不至",极可能是随着官方之间关系的正式确立,那些以朝贡为名牟取暴利的商人减少了。

周穆王第一次西征后不久,来自东方的反叛势力徐偃王率众攻打洛阳,周穆王不得不挥师东进。在打败徐戎之后,周穆王于十四年至十五年间(前963—前962),在中原一带来回巡狩,以安抚民心,震慑政敌。可见,周穆王巡狩不是欲肆其心的游乐之行,而是以天下雄主的姿态对属国的安抚、保护和征伐,以确保国家的和平安定。

元代王渐在《穆天子传序》中评价他说:"王之自数其过,及七萃之规,未闻以为迕也。登群玉山,命邢侯攻玉,而不受其牢,是先王恤民之法未尝不行。至遇雨雪,士皆使休,独王之八骏超腾以先待,辄旬日,然后复发去。是非督令致期也。其承成康熙洽之余,百姓晏然,虽以徐偃王之力行仁义,不足以为倡而摇天下。以知非有暴行虐政,而君子犹以王为获没于祗宫为深幸。足以见人心之危之如此也。”

周朝立国八百年,是中国历史上最长的一个朝代,也是后人较为怀念的一个朝代。孔子曰:“周监于二代,郁郁乎文哉!吾从周。”(《论语·八佾》)合理的国家体制(礼制)固然重要,但也必须有一代又一代人的不懈努力,方能使国家长治久安,繁荣昌盛。我们当然不能奢望周穆王超越他的时代,但从其历史功绩来看,他确实是当之无愧的一代雄主。

五 《穆天子传》的文献价值

作为一部先秦珍稀典籍,《穆天子传》具有不可替代的文献价值。然而,自其出土之后的相当长的时间里,由于人们对其价值认识不足,它仅流传于文人的吟咏之间或编缀于工具类书之中。清人檀萃为其注疏之后,《穆天子传》方始受到人们的重视,但由于对它的性质、作者及成书年代一直争论不休,致使其文献价值长期受到质疑。今人王贻樑、王天海、刘蓉等曾作专文对此问题进行详细探讨,彰显其珍贵的文献价值。在此仅对《穆天子传》的文献价值略作评述。

(一)历史价值

《穆天子传》是记述周穆王事迹的先秦文献,自是具有重要的史料价值。关于西周的史料,早期和晚期的较多,中期则极为罕见,只能借助于出土的金文来研究。在这种情况下,保存至今且未经篡改的《穆天子传》就愈发显得弥足珍贵。日人小川琢治在《穆天子传考·绪言》中说:“此书与《山海经》均未被先秦以后儒家之润色,尚能保存其真面目于今日。比《尚书》《春秋》,根本史料之价值为尤高。因此书是记录周室开国百年后之王者与围绕此王者之百官之生活状态,颇能忠实。至欲知周室古代文化达于如何程度,除此数千言之一书,尚未有信凭之文献。如三《礼》之书，是限于儒家范畴，其内容实质，乃依于此书所记载而成具体的。其为研究三代文化之重要书，固不待言。”

《穆天子传》保存着真实的西周史料是确信无疑的。传世重器《簋跋》金文是与《穆天子传》互证的重要证据。于省吾等学者考证其为周穆王时期的器物，班即是《穆天子传》中的毛班，这已为大多学者所认同。杨树达在《毛伯班簋跋》中说：“《穆天子传》一书，前人视为小说家言，谓其记载荒诞不可信。今观其所记人名见于彝器铭文，然则其书固亦有所据依，不尽为子虚乌有虚构之说也。”王贻樑认为：“《穆传》卷一至卷四所载穆王西征，虽然未可就定为穆王其人之事，但其中必有先秦(主要是西周)时的史料则是无疑的。卷五、卷六的成书可能要早于前四卷，这二卷载穆王在域内的巡行、盛姬的死事与葬仪，都应该是基本可信的征史，必可补西周史之缺。”(《〈穆天子传〉的史料价值》)

与《穆天子传》同时出土的《纪年》，在宋代以后散佚无存，今本《纪年》为后世重新编纂，其可信度则受到考验。如《纪年》“十六年，霍侯旧薨”，而《穆天子传》记“霍侯旧薨”为十四年而非十六年，据考当是《纪年》误。又，《纪年》：穆王十五年“冬，王观于盐泽”，实为十六年事，《穆天子传》所记可信。又，《纪年》：“十七年，王西征，至昆仑丘，见西王母。……其年，西王母来朝，宾于昭宫。”《穆天子传》亦记十七年，王西征昆仑丘，见西王母，与《纪年》合，然必不于当年宾于昭宫。刘师培在《穆天子传补释·序》中说：“此书虽出晋初，然地名符于《山海经》，人名若孔牙、耿翛均见于《书序》。所载宾祭、礼仪、器物亦与《周官礼》、古《礼经》相符，则非后人赝造之书矣。考穆王宾于西王母，其事具载《列子》，马迁修史亦著其文。”与《尚书》《国语》《史记》等史籍相较，《穆天子传》更加严谨、具体、科学，而非泛泛之论。由是可知，《穆天子传》具有不可置疑的史学价值。

(二)地理学价值

除《穆天子传》外，先秦时期的地理学著作主要是《尚书·禹贡》和

《山海经》。《山海经》是先秦地理学名著,也是一部充满神话色彩的传奇之作,然其诸经所载方位、里程不免多有夸张、错讹之嫌。《禹贡》虽被视为先秦地学著作之冠,但它所记仅止九州域内地理,而没有记录域外地理情况。《穆天子传》则以人物实际活动的交通线来贯连地理位置,明确记载方位、里程、地貌特征,较之《禹贡》《山海经》,《穆天子传》无疑更胜一筹,以致许多学者将其视为先秦时期一部重要的地理著作。

关于《穆天子传》中的地学价值,大致可析为两部分:一是卷五、卷六所记的周穆王东巡中原所经路径,除个别地名因地理变迁而无法确认外,大致的方位、里程、地形完全可以确认。这是研究中原地理及其地貌变迁的重要原始文献。二是卷一至卷四的周穆王西征路线。这是《穆天子传》地学价值最精华的部分,受到学界的普遍关注。

周穆王西征的地域范围主要为西北地区,但在具体地点的考证上也有不同看法。发轫之地有镐京、洛阳、南郑等多种说法。所达之地至远者,如顾实,他认为周穆王自宗周瀍水以西首途,远迹至波斯之第希兰(西王母之邦),入欧洲大平原,大猎而还;丁谦、刘师培亦认为周穆王西越葱岭。至近者如常征,他认为周穆王西行不会超出今甘肃、青海一带,极远处应是疏勒河流域及北山丘陵地带;靳生禾认为周穆王西征至河套、阴山一线。温玉春甚至认为周穆王的西征不过是在今山东省内盘桓。(《今本〈穆天子传〉新解》)岑仲勉、顾颉刚等人则持中亚、新疆、河西走廊之说。笔者认为,小川琢治、卫聚贤、王贻樑、王守春等人的考证比较接近真实情况。小川认为周穆王自南郑出发,经宗周,西行至西王母之邦(大宛)和西北大旷原(吉木萨尔河谷平原,即今新疆天山之南的准噶尔盆地)。卫氏认为周穆王自洛邑出发,西行的终点是于阗、疏勒(大旷原)一带。王守春也认为周穆王西征的地域范围主要为西北的河套以西、黄河上游、河西走廊和新疆地区。(《〈穆天子传〉地域范围试析》)他进一步指出:"《穆传》的记载表明那时新疆地区与黄河流域的交通路线有三条:一条是经由黄河上游和青海的柴达木盆地到罗布泊地区;一条是经河西走廊到哈密和吐鲁番地区，再到塔里木盆地或沿天山北侧向西到伊犁河谷地；一条是经河套地区向西北，到准噶尔盆地的北部和西部再到伊犁河谷地。”(《〈穆天子传〉与古代新疆历史地理相关问题研究》)对于《穆天子传》的地理价值，刘师培曾评价说：“然证以《山海经》诸编，则古贤遗裔恒宅西陲，西周以前往来互达。穆王西征，盖亦率行轩辕、大禹之轨耳，不得泥博望以前西域未通之说也。”可以想象，在周穆王大规模西征之前，中原人民与西域各族人民的交往，抑或各民族的往来迁徙必然是历史悠久了。

(三)民族学价值

《穆天子传》也是一部珍贵的先秦民族学文献，其明确记载的邦国、部落有三十多个。简单罗列如下：犬戎、焉居、禺知、鄘人、河宗氏、膜昼、寿□之人、□之人□吾、赤乌氏、曹奴氏、留胥之邦、容成氏、□之人潜旹、剞闾氏、鄄韩氏、西王母之邦、智氏、阏氏胡氏、寿余之人、浊繇氏、骨饩氏、重𨙸氏、文山之人、巨蒐氏、𩕢溲、西夏氏、珠余氏、留昆、陖翟等等。《穆天子传》对这些邦国、部族的地理方位、社会活动的记载，特别是对一些部族的起源、迁徙、演变的谱系记载，更是弥足珍贵的独家史料。

河伯冯夷是中国古代的著名人物，其后人的情况仅见于《穆天子传》。《穆天子传》卷一记载了河伯后裔的两个封国——河宗氏和鄘人之邦。河宗氏为本国，国君名伯夭；鄘人之邦为其支裔，国君名鄘伯絜。卷四“有𩕢溲之□，河伯之孙，事皇天子之山”，𩕢溲也极可能是河伯冯夷后裔的封国。可见，河伯冯夷一系在西北地区势力很大。周穆王在黄河岸边以隆重的礼仪祭祀河伯。伯夭主持祭祀，并代天帝给周穆王传言、授命，为周穆王行使天子权力提供宗教支持，随后又陪伴周穆王西征。可见，河宗氏和周王朝关系最为亲密，是周王朝经略西北的重要战略伙伴。

《穆天子传》卷二：“封膜昼于河水之阳，以为殷人主。”“赤乌氏先出自周宗,大王亶父之始作西土,封其元子吴太伯于东吴,诏以金刃之刑,贿用周室之璧。封丌璧臣长绰于舂山之虱,妻以元女,诏以玉石之刑,以为周室主。”“天子乃封长肱于黑水之西河,是惟鸿鹭之上,以为周室主。是曰‘留骨之邦’。”这三个周朝所封的邦国都在河套地区之外,“膜昼”极可能是殷人的后裔,赤乌氏则与周室有血缘关系,长肱氏“以为周室主”则意味着周朝势力已达此地。这些都是研究民族学、先秦史的珍稀资料。

卷四有“重䍃之先,三苗氏之□处”,重䍃氏的祖先出自三苗氏,三苗氏则是由南方迁至甘肃三危山。《尚书·舜典》:“窜三苗于三危。”《史记·五帝本纪》:“三苗在江淮、荆州数为乱。……迁三苗于三危,以变西戎。”可见,《穆天子传》所载与古传说相合,也可以想象那是一场何等悲壮的民族大迁徙。至于西王母邦等邦国和部落的详细记载也有很多,详见书内。总之,《穆天子传》关于古代各民族的详细记载,对于今天研究古中国的民族地理学、民族经济、民族文化、民族分布与区域民族构成等具有深远而重要的意义。

(四)语言文学价值

出土于汲冢的《穆天子传》本以战国的科斗文字书写,经晋代整理者以隶书译写,并于每卷卷首标以“古文”,以便世人阅读。然此“古文”“荀勖等于时已不能尽识”,故在译写时保留了那些不能识别的古文,后经长期辗转抄写,脱讹益多。存于今本《穆天子传》中奇文异字多是人名、地名和物名,与甲骨文、金文、籀文中所载类似,皆字书所不载,文献所未闻,折射出中国文字的发展规律和演化历程,意义重大。陈逢衡在《穆天子传注补正·序》中说:“至于字画,则峕、峀、匋、䗁,可以识蝌蚪之旧;国名则重䍃、鄄韩,可以补姓氏之阙。用广见闻,兼资游览,所得多矣。”

《穆天子传》在文学史上也占有重要地位。治文学史者常将《穆天子传》当作中国小说之始,评价极高。例如,马振方认为:“产生于战国时期的《穆天子传》既非神话，也非传说，而是一部以周穆王巡游为题材、模拟编年史书体式的叙事文学作品，虽然粗略简古，却具有虚构性、夸诞性、人物形象意向化、结构蕴含凝聚力和艺术张力等多种小说品格，富于理想的浪漫色彩和大气磅礴的史诗风貌，是我国小说的初生儿和开山祖。”（《大气磅礴开山祖——〈穆天子传〉的小说品格及小说史地位》）此说肇始于明胡应麟对《记盛姬死事》的评语：“兹篇独寡脱简，文极赡缛，有法可观，三代前叙事之详，无若此者，然颇为小说滥觞矣。”先秦时期的文体处于滥觞时期，史实、子书、故事、传说经常混杂在一起，与后世文体显然不同。若以今日的小说标准来界定《穆天子传》的性质，遂起争讼。王贻樑认为：“即使将《穆传》归于小说，也必须明了：它包含有大量的真实史料与以真实史料为背景的历史故事，而决不能将它混同于后世意义上的小说。”（《〈穆天子传〉的史料价值》）从《穆天子传》的语言文字、行文风格来看，它本身就代表着先秦时期的文学艺术成就，对其后史书、小说、戏曲等文学作品的创作产生了深远的影响。

此外，《穆天子传》在礼制、民俗、经济、科技等方面亦具重要价值，限于篇幅，此处不一一展开。可以肯定，随着研究的不断深入，《穆天子传》必将充分展示其历久弥新的文献价值，为今日谱写时代新篇章奠定知识基础。

本书以清人洪颐煊校注《穆天子传》六卷（平津馆刻本）为底本，参校道藏本、檀萃注疏本、王贻樑集释本等。译注重点参考王贻樑《穆天子传汇校集释》、王天海《穆天子传译注》，并兼取先贤时彦的研究成果。由于《穆天子传》中的许多问题争议较大，故在注释时有所去取，颇有遗珠之憾，加之笔者水平所限，难以穷尽幽微，错讹不当之处，敬请读者指正，谨谢！

又，《穆天子传》中奇文异字较多，对于其中的古字注音，笔者尽可能根据上下文义及现代汉语的注音习惯择优标注，以方便读者阅读；对于那些字书所不载而诸家亦无法确定的奇字，则不勉强注音，而尽可能地予以详注，望知！

高永旺

二〇一九年三月

卷一

【题解】

穆王十二年(前965)九月,穆天子从宗周洛邑出发,巡狩北方。十月,北征犬戎。十三年(前964)冬十月,穆天子返回宗周洛邑。穆天子此次北征历时一年多,其目的是抚慰属国及消除来自北方游牧民族的威胁。据《竹书纪年》记载:"十二年,毛公班、共公利、逢公固帅师从王伐犬戎。冬十月,王北巡狩,遂征犬戎。""十三年春,祭公帅师从王西征,次于阳纡。……秋七月,西戎来宾。徐戎侵洛。冬十月,造父御王入于宗周。"本卷记述了穆天子本次北征的部分内容,始自北征犬戎,终至河宗氏温谷乐都的行程与事迹,时间则是从十月戊寅至三月乙丑,共计一百六十八日,六个多月的西北行程。其余失载。

具体地说,本卷的记载始于穆天子自宗周洛邑出发,渡黄河北上至𨺅山(在今山西高平)(以上已缺)。又从𨺅山北上,经今长治,渡漳水,穿平定磐石关,越井陉山,沿滹沱河北岸登越恒山,北巡犬戎。又西行出雁门关,经今山西平鲁到达今内蒙古河套地区。在这里,河宗氏的鄘伯絮隆重迎接穆天子。穆天子在渗泽打猎,检阅六师。二月,穆天子西征至阴山之下,河宗氏伯夭隆礼接待穆天子。穆天子在这里大会诸侯群臣,并以庄严隆重的礼仪祭祀河伯。伯夭主持祭祀,并代天帝给穆天子传言、授命,为穆天子行使天子权力提供宗教支持。这反映了西周时期的宗教信仰。祭祀完成后，伯夭为穆天子做先导，继续西征之旅。

天子控制诸侯的方式不外乎巡狩与征伐两种手段。穆天子北巡西征（周行天下）是他必须履行的天子职责。《穆传》行文简略，兼有脱文，但我们依然可以察知穆天子北征西巡的征伐战争。例如，《纪年》“取其平鲁以东”（今山西朔州平鲁），“取其五王以东”（见郭璞注）；《国语》“得四白狼、四白鹿以归”。穆天子在河套地区（河宗氏鄘伯絜领地）盘桓两个多月，很可能是在攻打威胁河宗氏的部落。只有先扫除后方的威胁，穆天子才能继续西征。由此可见，河宗氏是西周经略西北的重要战略要地。

一

饮天子蠲山之上①。

【注释】

①饮：宴饮，请人饮酒。此句上有缺文。本书卷四：“自宗周瀍水以西。”可知穆天子从宗周洛邑出发，北上到达蠲山的内容已失。顾颉刚云：“他的出发点是洛阳，书上所谓宗周；但晋朝人的本子已经脱去了首页，只从现在山西省的东部说起。”小川琢治认为穆天子由南郑至洛阳，不确。此句亦缺主语。陈逢衡云：“天子初出，尚未至诸侯国，此盖群臣饯饮之辞。”顾实云：“饮天子者，当为诸侯饮天子。”王天海云：“或当为当地小国国君。”一说为黎国，误。故宴请穆天子者不可知，译文从略。天子：即周穆王。姓姬，名满。约公元前976年至公元前922年在位，是为西周第五位帝王。据《史记·周本纪》记载，“穆王即位，春秋已五十矣”，“穆王立五十五年，崩”。蠲（juān）山：山名。在今山西高平。小川琢治云：“高平县有泫水、泫谷。……‘蠲’‘泫’音通，想即赵、秦古战场长平附近之山。”顾实云：“蠲山，当在今山西泽州高平县。”“《水经·沁水》注云：‘泫水导源泫氏县西北泫谷。’此泫谷当即泫山之谷，泫山即

蠲山。”陈建敏云：“战国韩地有泫氏，后入赵、秦，属上党郡，其地在今山西高平县。‘蠲’古音支韵见纽，‘泫’属真韵匣纽，声韵皆近可转通。其地初名‘蠲’，后作‘泫’。”

【译文】

穆天子在蠲山之上宴饮。

戊寅①，天子北征②，乃绝漳水③。

【注释】

①戊寅：十月三日。今本《纪年》：“十二年，毛公班、井公利、逢公固帅师从王伐犬戎。冬十月，王北巡狩，遂征犬戎。”丁谦《干支表》据《纪年》定为穆王十二年十月。顾实云：“戊寅，穆王十三年闰二月初十日也。”卫挺生则定为穆王十二年十一月初七。案，顾实推定周穆王十三年为公元前989年。

②北征：往北巡行。征，行，往。《左传》襄公十三年：“先王卜征五年。”杜预注：“征，谓巡狩征行。”屈原《离骚》：“济沅湘以南征兮，就重华而陈词。”

③绝：横渡。《荀子·劝学》：“非能水也，而绝江河。”漳水：漳河，古代著名大河。流经今山西长治、河北邯郸等地区。穆王渡漳河处在今山西长治境内。郭璞注：“绝，犹截也。漳水，今在邺县。”檀萃云：“乱流而渡曰绝。”“漳有二源：浊漳出长子县发鸠山，过壶关县北、屯留县、潞县北，故世人亦谓浊漳为潞水。又东过武安县东，县属邺。清漳自涉县东南来入之，所谓交漳口。又东过邺县西，穆王绝漳在是矣。”顾实云：“漳水，即源出今山西潞安府长子县发鸠山东之浊漳水也。蠲山在今高平，从高平而北绝漳水，正入潞安府长子县境内。横截浊漳水之上流而过，甚明也。”又据卷四“自宗周瀍水以西”，“则郭注以临漳县之漳水当之，未免道迂”。靳

生禾云："郭璞以来各家考定《穆传》之漳水即当今山西之漳水，在先秦文献里是不乏根据的。"王贻樑云："顾实、靳生禾考甚是，穆王绝漳当在今山西长治境。郭注云'在邺县'，盖走新乡、安阳、邯郸一线，与《传》文不合。"

【译文】

穆王十二年十月三日戊寅，穆天子往北巡狩，渡过漳水。

庚辰①，至于□②，觞天子于磐石之上③。天子乃奏广乐④。

【注释】

①庚辰：十月五日。距前"戊寅"二日。丁谦《干支表》："距前二日，所至地名已脱佚。"顾实作"十二日"。卫挺生作"十一月初九日"。

②□：此处缺地名或部族名，或为皋落氏。翟云升云："凡'□'以识缺文，字数不等。"陈逢衡云："空方当是地名。"顾实云："'至于□'，缺文当甚多。以自漳水至磐石之上，中经道途可推而知也。特所缺地名，不可知耳。"卫挺生云："磐石正在皋落氏境内"，"为皋落氏之中心地带"，"觞天子者当然为皋落氏"。王贻樑云："下为磐石，此则当在今山西昔阳、平定间，西周、春秋时为洛（或称"落""皋洛""东山皋落氏"等，为赤狄别种）与北戎交界处，未知具体地望。卫挺生说为皋洛氏，可参，然尚不能过于肯定。"译文暂从卫说。

③觞（shāng）：请人喝酒，向人敬酒。此指宴请。郭璞注："觞者，所以进酒，因云觞耳。"磐石：古代关隘名。即今山西平定故关。陈逢衡云："《太平寰宇记》河东道平定县，'磐石故关在县东北七十里'。宋平定县，今山西平定州。"顾实云："磐石当在今山西平定

州。""清《一统志》曰:'山西平定州,磐石故关在州东。'……且以下文言'载立不舍,至于钘山之下'而推证之,则必离钘山不远。今审磐石故关之地望,亦甚合也。"陈建敏云:"磐石即今山西平定县东北,汉属太原郡,名上艾。北魏为石艾县。"王贻樑云:"诸考《穆传》磐石为山西平定故关,甚是。又可参《括地志》(《史记·淮阴侯列传·正义》引)《魏书·地形志》《元和郡县志》等。今其地近处有上磐石、下磐石者,盖涉古磐石关而得名欤?"

④广乐:盛大的乐曲。一说为乐曲名,误。郭璞注:"《史记》云赵简子疾不知人,七日而寤曰:'我之帝所,甚乐,与百神游于钧天,广乐九奏万舞,不类三代之乐,其声动心。'广乐义见此。"郭注所引见《史记·赵世家》《史记·扁鹊列传》,有删改。檀萃云:"郭引《史记·赵世家》者,明'广乐'之义,非人间之乐也。……《拾遗记》云:'王(三十六年)东巡大骑之谷,……王奏环天之和乐。'环天者,钧天。和,广也。然则'广乐''和乐'可以通名,所谓千人唱,万人和,山陵震动,川谷荡波也。"陈逢衡云:"《玉篇》:'广,大也。'盖奏虞、夏、商、周四代之乐,故谓之'广乐'。"顾实云:"'广乐'一名词,《穆传》凡八见。""《韩诗传》曰:'王者舞六代之乐,舞四夷之乐,大德广之所及。'《礼记·明堂位》篇亦云:'纳四夷之乐于太庙,言广鲁于天下也。'盖广乐当以广合奏六代四夷之乐而得名,故赵简子曰'不类三代之乐'也。余详陈立《白虎通疏证》。"王贻樑云:"其乐似神欲仙,虚幻飘渺,故云'其声动心'。"

【译文】

十月五日庚辰,到达皋落氏境。皋落氏首领在磐石关上宴请穆天子。穆天子于是命乐队演奏盛大的乐曲。

二

载立不舍①,至于钘山之下②。

【注释】

①载立不舍：指站在车上不休息。郭璞注："言在车上，立不下也。"檀萃云："盖以车为宫也。"顾实云："不舍者，言不为舍以休止也。""《周官》有掌舍、掌次、幕人诸职。"据《世界史纲》，车可为舍，是此"则人不下车，故不舍也"。王贻樑云："顾说可参。由文献与考古成果看，至迟在春秋、战国时期的车乘肯定可以暂作居舍，西周甚至商代也有此可能。"王天海云："由磬石故关至钘山，不过数十里，穆天子站立车上不休息，驱车奔驰，直达钘山之下。不一定其车便有居舍，此'舍'应作'休止'讲。"舍，此处采王天海说，取休息、歇息义。

②钘(xíng)山：即井陉山，在今河北井陉，为河北、河东关要。郭璞注："燕赵谓山脊为钘，即井钘山也，今在常山石邑县。钘，音邢。"洪颐煊校注："注'燕赵谓山脊为钘'七字本脱，从《太平御览》一百六十一引补。'井'字'也'字，从《御览》八十五引补。钱辛楣詹事云：'井钘，即井陉，古读"钘"如"陉"。'"檀萃云："今井陉县也。……井陉山，今名'苍岩山'。"丁谦云："钘山，即井陉山，亦称'陉山'，在井陉县北，其西阿，今险隘地。"顾实云："井钘，即井陉山，在今直隶正定府井陉县。""惟郭注晋石邑县，在今正定府获鹿县东南，亦恐道迂耳。"顾颉刚云："《北堂书钞》引作'陉山'。""太行山自南至北有八个陉，第五个名井陉，在今河北获鹿县。"王贻樑云："《元和郡县志》：'陉山在井陉县东南八十里，四面高，中央下如井，故曰井陉。'可明其名之由来。"刘肖芜云："今井陉县有地名猎台，相传即穆天子打猎的地方。"丁谦认为此句有"壬午"（十月七日）二字，"原文脱佚，以行程核补。距前二日至钘山下"。

【译文】

穆天子站在车上不休息，直达钘山山脚。

癸未①，雨雪②，天子猎于钘山之西阿③。于是得绝钘山之队④，北循虖沱之阳⑤。

【注释】

①癸未：十月八日。距前“庚辰”三日。丁谦《干支表》：“距前（壬午）一日。”顾实作“闰二月十五日”。卫挺生作“十一月十二日”。卫聚贤认为，自卷一“戊寅”至卷二“季夏丁卯”，“共计二百九十日。季夏为六月，丁卯假定为六月的末一天，则戊寅为七月初日。按《穆天子传》说‘癸未，雨雪，……北循虖沱之阳。……庚寅，北风雨雪’，九月河北滹沱河流域或有下雪情形，七月河北滹沱河流域无下雪的情形”，并进一步指出卷一至卷四是用夏正。王贻樑云：“卫说极是。后卷五‘孟冬鸟至’下，顾实、卫氏考为周正，亦是。顾实以为《穆传》全用周正，则不若卫氏全面、准确矣。”案，夏正，即以农历正月为岁首。《史记·历书》：“夏正以正月，殷正以十二月，周正以十一月。”卷一与卷二时间并不连贯，强推无益。又，《穆传》全书皆用夏正。

②雨雪：下雪。雨，下，落。名词作动词用。

③西阿：西山坡。阿，郭璞注：“山陂也。”一说河，误。洪颐煊校注：“《太平御览》十二、八十五引皆作‘河’。”陈逢衡云：“《太平御览》八十五引作‘山足坡’。”“直隶正定府猎台在井陉县陉山之上，相传周穆王猎钘山时筑，见《一统志》。”

④绝：穿过，通过。队（suì）：通“隧”，山谷中险道。郭璞注：“谓谷中险阻道也。音遂。”

⑤循：沿着。虖（hū）沱之阳：滹沱河的北岸。虖沱河，即“滹沱河”，源于山西繁峙泰戏山孤山村一带，东流至河北献县臧桥与滏阳河相汇流入渤海，全长605公里，流域面积25168平方公里。虖，同“滹”。郭璞注：“虖沱河，今在雁门卤城县。”檀萃云：“卤城前

属代郡，后属雁门。《山海经》'泰戏之山，呼沱之水出焉'。"小川琢治云："此为虖沱河上流，忻州北、代州南之地。"顾实云："承上文'绝钘山之隧，北循虖沱之阳'，则当自今井陉县西境，而入平山县境内也。"王贻樑云："卤城县（因其地多卤得名），汉、晋属雁门郡，故郭注云'雁门卤城县'。穆王渡虖沱处，约在战国时番吾、灵寿附近。"王天海云："雁门卤城县，即今山西繁峙县，正当虖沱河上流处。而穆王当从今河北平山县渡过虖沱河，然后沿其北岸上行。"阳，水之北曰阳。《尔雅》："水北曰阳。"

【译文】

十月八日癸未，天下了雪，穆天子在钘山的西山坡狩猎。就从那里穿过钘山的深谷险道，接着又沿着滹沱河北岸向北行进。

三

乙酉①，天子北升于□②。

【注释】

①乙酉：十月十日。距前"癸未"二日。丁谦《干支表》认为距前"癸未"二日。顾实作"十七日"，亦距前两日。卫挺生作"十一月十四日"。

②升：登上。顾实云："《穆传》凡云升者，多指登山而言也。"□：此处缺文甚多，当为山名，可能为恒山山脉中的一山。丁谦云："此节下当有脱文甚多，与下'北征于犬戎'不相连接"，"考虖沱河上源，环五台山南北，云天子北升者，殆即升五台山"。顾实据清《一统志》认为是正定府平山县西北的房山。王贻樑云："乙酉，距上'癸未'仅二日，则穆王似不当仍在虖沱河北岸灵寿附近之房山。且下文即觞于当水之阳，当水，顾说为恒水（此说甚是），

离房山甚远，亦证此处所升当非房山。丁谦说为五台山，行程计算近是。但与下‘当水’亦相距较远，故亦非是。愚意此所升当是古恒山山脉中一山，方可上下无牾。”

【译文】

十月十日乙酉，穆天子向北登上恒山。

天子北征于犬戎①，犬戎□胡觞天子于当水之阳②。天子乃乐，□③，赐七萃之士战④。

【注释】

①天子北征于犬戎：犬戎，古代西戎的一支，商、周时居我国西部、北部地区。西周时也称“玁狁”。郭璞注：“《国语》曰：穆王将征犬戎，祭公谋父谏，不从。遂征之，得四白狼、四白鹿以归，自是荒服不至。《纪年》又曰：‘取其五王以东。’”洪颐煊校注：“今本《纪年》云：‘穆王十二年，毛公班、井公利、逢公固帅师从王伐犬戎。冬十月，王北巡狩，遂征犬戎。’”陈逢衡云：“‘征’字不当作‘征伐’解，盖巡行之谓。”顾实云：“北征者，犹北行也，非奉辞伐罪曰‘征’也。《国语》《纪年》所载者，当别为一事。”顾颉刚云：“《国语》说：‘穆王将征犬戎’，‘征’是征伐；这里说的‘北征犬戎’，乃是征行的意义，否则犬戎决不会立即杯酒联欢的。”案，古犬戎分布我国西北辽阔区域，商、周时期绝非统一部落，分而治之当属必然，与亲周犬戎宴饮理所当然，此与征伐犬戎未必不是一事。

②□：此处所缺说法不一，或为“之”字。檀萃云：“其君之名也。”陈逢衡云：“空方当是‘之’字。”洪颐煊校注：“‘戎’下‘□’亦疑衍。”胡：犬戎部落酋长之称谓或酋长之名。《逸周书·谥法》：“胡，大也。”檀萃云：“此犬戎乃内地之戎，其君长名胡耳。”常征云：“此

‘犬戎胡’之‘胡’字，自郭璞以下所有注家皆不晓其义。考之于实，它不过是部落酋长的位号。”当水之阳：当水的北岸。当水，恒水，源出恒山之北，与滹沱河相近。洪颐煊校注：“下文云‘犬戎胡觞天子于雷水之阿’，‘当’疑‘雷’字之讹。”顾实云：“当”“常”可通，“古书又多以‘恒’‘常’二字通用，如常山即恒山，则此当水亦即古之恒水也”。

③□：此处缺文不确。陈逢衡云：“当是日干。”王贻樑云：“亦可能再有其他字。”王天海云：“据文意，此缺文或为‘甚’字。”

④七萃之士：周穆王的禁军卫队。郭璞注：“萃，集也，聚也。亦犹《传》有七舆大夫，皆聚集有智力者，为王之爪牙也。”洪颐煊校注：“《文选》虞子阳《咏霍将军北伐诗》注、王元长《三月三日曲水诗序》注引皆无‘战’字。注‘舆’上脱‘七’字，今从《文选》注引补。”顾实云：“《穆传》七萃，实仍即《周官》之五萃而变言之，非有增也。”王贻樑认为，《穆传》“七萃”多与“六师”相伴，又在王之左右，故知其为王的禁军卫队无疑；然又考据战国燕戈铭文，认为“是《穆传》作者以周王的禁军卫队为七萃，乃源自于战国燕王的侍卫禁军。此事后人早已不知，亦可为《穆传》成书于战国之一证”。陈炜湛云：“新版《辞源》释‘七萃’为‘七支精干的队伍，指周王的禁卫军’。言王有七支队伍随行，实与《传》文不合（《传》中另有“六师”指军队）；‘赐’七支队伍‘战’，更与文意不合。穆王巡行天下，时有狩猎之举，从无与某方某国之战事。细玩《传》文，‘七萃之士’紧随于王，人数不多，如云：‘天子大飨正公、诸侯、王吏、七萃之士于平衍之中’（卷二）；‘七萃之士曰高奔戎，刺其左骖之颈，取其清血以饮天子’（卷三）；‘七萃之士曰高奔戎请生搏虎，必全之’（卷五）；‘七萃之士葽豫上谏于天子’（卷六），等等，均足为证。因疑今本‘七’为‘甲’之误释，古‘七’‘甲’同形，战国时代分别尚不严格（也可能魏地仍“七”“甲”无别），‘七萃之士’实当为‘甲萃之士’，即全副武装

之卫士也。”(《〈穆天子传〉疑难字句研究》,中山大学学报(社会科学版)1996年第3期。下同。)战:演习,狩猎。顾实云:“战(戰)者,犹今言作战也。盖演习作战之事,而以为戏娱者。”于省吾云:“战(戰)字,本应作‘獸’,即‘獸(狩)’,亦即‘狩’之假字。”“谓准予七萃之士以狩猎也。古人以狩为游乐,故言赐也。”陈炜湛云:“‘战(戰)’或系‘单(單)’之误释,古‘单’‘干’同字,定鼎有‘攻单无敌’之语,是单孳乳为战(见《金文编》卷二)。愚意原简当为‘赐甲萃之士单’,谓临行前赐之武器以随王行也。于省吾先生谓‘战(戰)’字本应作‘獸’,即‘獸(狩)’,‘然则赐七萃之士战者,谓准予七萃之士以狩猎也’。于说似亦可通。”

【译文】

穆天子又向北巡狩到达犬戎境,犬戎的部落酋长在当水北岸宴请穆天子。穆天子很高兴,就让禁军卫士狩猎游乐。

庚寅①,北风雨雪②。天子以寒之故,命王属休③。

【注释】

①庚寅:十月十五日。距前“乙酉”五日。丁谦《干支表》:“当作‘庚戌’,距前二十五日。盖由虖沱上游西抵犬戎境,非五日所能至,移后二十日,情事方合。是日觞于犬戎南雷水之上,以雨雪天寒休息。”顾实作“二十二日”,即距前“乙酉”五日。案,犬戎以今甘肃为核心区域,亦广泛分布于今宁夏、陕西、内蒙古、山西、河北一带,故五日可达接近周边境的犬戎部落。

②北风雨雪:刮着北风,下着雪。郭璞注:“《诗》曰:‘北风其凉,雨雪其雱。’”洪颐煊校注:“《广韵》十‘遇’注引诗作‘雺’。”

③命王属休:郭璞注:“令王之徒属休息也。”王属,周穆王的随行部属。

【译文】

十月十五日庚寅，北风呼啸，大雪纷飞。由于天寒地冻的缘故，穆天子就命令随从部属原地休息。

四

甲午[①]，天子西征，乃绝隃之关隥[②]。

【注释】

①甲午：十月十九日。距前"庚寅"四日。丁谦《干支表》改作"甲子"，"距'庚戌'十四日，因雪留滞，且犬戎既服，改议远征，自必增调军旅，筹备一切，至是始得启行，西绝隃之关隥"。顾实作"二十六日"，距前"庚寅"四日。王贻樑云："丁氏此改乃因上改而不得不改，亦误。"案，《穆传》日干多不用修改，不必削足适履。

②隃（shù）：地名。即今雁门山，在今山西代县境内。《尔雅·释地》："北陵西隃，雁门是也。"关隥（dèng）：关隘。隥，险峻的山坡。郭璞注："隥，阪也。疑此谓北陵西隃。西隃，雁门山也。音俞。"洪颐煊校注："注'西隃'下本有'己亥'二字，盖误以下正文羼入，今删。"檀萃云："此雁门应极远，未必即今雁门也。"陈逢衡云："此即今山西之雁门，不必远求，夸大穆王出巡。""且千古不闻有二雁门也。"靳生禾云："郭注可信，有大量先秦、汉初文献可证。"

【译文】

十月十九日甲午，穆天子向西巡狩，越过雁门山的关隘。

己亥[①]，至于焉居、禺知之平[②]。

【注释】

①己亥：十月二十四日。距前“甲午”五日。丁谦《干支表》：“距前三十五日，至焉居、禺知之平，因军旅粮刍须陆续运至，故沿途留驻以待。”顾实作“三月初二日”，距前“甲午”五日。

②焉居、禺知：古代部族名。郭璞注：“疑皆国名。”岑仲勉认为此似乎是汉代“焉耆”“月支”两国。王贻樑云：“焉居、禺知，当为古部族名。其地望以里程计，当在今山西平鲁、井坪一带。”平：通“坪”，平地。《尔雅》：“大野曰平。”檀萃云：“平，训‘坪’。”丁谦云：“平者，山间平岗也。”

【译文】

十月二十四日己亥，到达了焉居、禺知两部落境内的平地。

辛丑[①]，天子西征，至于鄘人[②]。河宗之子孙鄘柏絮[③]，且逆天子于智之□[④]，先豹皮十[⑤]，良马二六[⑥]。天子使井利受之[⑦]。

【注释】

①辛丑：十月二十六日。距前“己亥”二日。丁谦《干支表》：“距前二日，至于鄘人。”顾实作“三月初四日”，亦距前二日。

②鄘(péi)：古代国名。地在今内蒙古河套一带。郭璞注：“国名。”《集韵·等韵》：“鄘，国名。或作‘蒯’。”洪颐煊校注：“《说文》云：‘鄘，右扶风鄠乡。从邑，崩声，读若“陪”。薄回切。’《汉书》：‘鄘成侯周緤。’《史记》作‘蒯’，《索隐》云：‘音苦怀反，一音裴。’小颜音‘普肯反’，‘蒯’即‘鄘’字之讹，颜读与郭氏音同。《古今姓氏书辨证》云：‘鄘国在虞、芮之间。’”丁谦云：“鄘人为河宗氏分封之国，地在渗泽以北。”顾实云：“鄘国当在今绥远之归化以西地，南跨图尔根河，而西际博托河。”王贻樑云：“于省吾说鄘人即冯夷

（之族），鄘人为冯夷之后，其说甚是。推其地望，自平鲁、井坪间西行两日，则大致当在今内蒙古黑城至托克托间。”小川琢治云：“句下当脱‘之邦’二字。”

③河宗：古代以黄河为四渎之宗，因称黄河为“河宗”。此指主祭黄河的河宗氏之先祖，即河伯冯夷。陆德明《庄子释文》：“河伯姓冯名夷，一名冰夷。”檀萃云：“河宗者，犹‘六宗’之‘宗’，祭名也。其裔主河之祭，国在河源。”王贻樑云：“宗者，尊也，长也。《水经·河水》注引《考异邮》：‘河者，水之气，四渎之精也。’”鄘柏絮：人名。鄘，国名；柏，通“伯”，爵名；絮，人名。郭璞注：“柏，爵；絮，名。古‘柏’字多以木。”洪颐煊校注：“鄘，《史记·赵世家·正义》引讹作‘则’。柏，程氏、汪氏本或作‘伯’，道藏本或作‘栢’，今依字定作‘柏’。《古今姓氏书辨证》引作‘鄘伯綮’。”陈逢衡云：“下文‘河宗伯夭’，‘伯’是爵。盖其嫡派子孙承河伯冯夷之后者，故袭其爵，称‘河宗伯夭’。此鄘柏絮是其别派子孙，不得与河宗伯夭之爵同。疑‘柏絮’是二字连名。”刘师培云：“鄘伯、伯夭，同为河宗氏。伯夭在西，为河宗氏嫡裔，鄘伯另分工于东。”常征云：“兰州地区之河伯氏，周初尚为西北大邦，据有黄河两岸。”“周王在其境会诸侯所祭之河，即兰州黄河。”王贻樑云：“下文‘柏夭’之‘柏（伯）’表行次，长于是也，故可承其父祖之位而称河宗伯夭。鄘柏（伯）为其别封。”

④逆：迎接。智之□：邦国名。檀萃云：“智，国名。即智氏也。”顾实云：“‘智之□’，当为地名，在今托克托城西。”卫挺生云：“‘智之□’当作‘智之境’。‘智’当即‘禺知’，犹‘吴’之又作‘句吴’，‘越’之又作‘於越’也。且，‘徂’字，古文省彳。徂逆，往迎也。”钱伯泉云：“（晋智氏）其封地在今山西省西南部，河宗氏与智氏相邻，地处黄河边上。”（《先秦时期的“丝绸之路”——〈穆天子传〉的研究》，《新疆社会科学》1982 年第 2 期）王贻樑云：“‘智之

□’，为地名无疑。其与渗泽、鄘邦相邻，亦当在今内蒙古河套托克托一带，而绝非在今山西西南的晋智氏之地。”

⑤先：先送的礼物。古代送礼，以轻礼在先，重礼在后，先送的见面礼称为“先”。郭璞注：“古者为礼，皆有以先之。《传》曰：‘先进乘韦。’”陈逢衡云：“郭注引《传》曰‘先进乘韦’，检僖公三十三年《传》‘以乘韦先’，杜注：‘古者将献遗于人，必有以先之。’无所谓‘先进乘韦’也。郭注盖约其旨以成文。”王贻樑云：“杨伯峻《春秋左传注》僖公三十三年‘以乘韦先’下云：‘先者，古代致送礼物，均先以轻物为引，而后致送重物。’”

⑥二六：即十二。常征云：“此种计数法，东周以后已不多用（如《左传》即罕见）。后世即令用之，亦止为典雅用辞，如‘三五明月满’‘年方二九’‘二八佳人’之类，与作为计数恒语不同。《传》文多此，亦为其书不出于汉后之证。”王贻樑云：“良马二六，当是十二匹马。《穆传》赠马，凡食马、野马，概以百、十计；凡良马、骏马（用于驾车乘者）皆为‘四’之倍数。故卷四有‘四马之乘’‘良马十驷’，卷五则直言‘骏马十六’，皆可证此必为‘十二’，而绝非‘二十六’。”

⑦井利：人名。周穆王的大夫。郭璞注：“穆王之嬖臣。”檀萃云：“井利，《纪年》作‘共公利’，盖‘井’字之讹耳。”陈逢衡云：“《广韵》四十‘静’井氏，姜子牙之后，周有井利、井伯。”于省吾云：“‘井利’即‘邢利’，金文‘邢国’之‘邢’均作‘井’。”王贻樑云：“《穆传》‘井利’与‘邢侯’有别甚明，与金文、典籍完全相合。……据金文，该族在穆王至孝王四朝显赫一时，历居高位。可知《穆传》确有西周史料保存。”

【译文】

十月二十六日辛丑，穆天子继续向西巡狩，到达了鄘国。河宗氏的子孙鄘国伯爵絜，亲自前往智氏边境迎接穆天子，先送上十张豹皮、十二匹骏马作为觐见之礼。穆天子命大臣井利收下了这些礼物。

癸酉①，天子舍于漆澤②，乃西钓于河③，以观□智之□④。

【注释】

①癸酉：十一月二十八日。距前“辛丑”三十二日。丁谦《干支表》：“距前三十二日，舍漆泽，西钓于河。翟本作‘癸卯’。”顾实作“三月初六日癸卯”，天子舍于滲泽，西钓于河，距前“辛丑”二日。檀本作“癸卯”，陈逢衡、翟云升、顾实、王贻樑皆从之。顾实云：“‘酉’当作‘卯’。”常征云：“‘癸卯’误为‘癸酉’。”皆根据“酉”“卯”古文形似而判定。若作“癸卯”，即十月二十八日，距前二日。案，穆王此间一月余，可能在这一带作战，或于此备战，计议远征。不应为使日期紧凑、前后相连而肆意篡改。

②舍：住了一夜。郭璞注：“一宿为舍。”漆澤：湖沼名。澤，古“泽”字。洪颐煊校注：“孙同元云：‘漆澤，疑即下‘滲泽’之讹。’案，《初学记》二十二引下文‘天子猎于漆泽’，‘滲’‘漆’字相近，孙说是也。”小川琢治云：“癸卯舍于漆泽，次于滲泽，及归途所经之澡泽，均系指一沼泽地而言，恐为同一地名，因字形相似误为三耳。其中‘滲’字当为本字，他均转误。”顾实云：“‘漆’为‘滲’之形讹字，卷四又讹作‘澡’。今归化城南之图尔根河，亦名曰大黑河，流径萨拉齐之南境，又西南而汇为泽，曰山黛湖者，即滲泽也。‘滲’‘山’音近；泽，古音如‘萚’，亦与‘黛’音近。则山黛即滲泽，不过古今语音之变也。”王贻樑云：“‘漆澤’即下文‘滲泽’，亦即卷四之‘澡泽’，此皆后世传抄所致。……似‘滲泽’当为本字。其地望盖以山黛湖近是。”

③河：此指河套一段的黄河。靳生禾云：“《穆传》的‘河’，则指河套一带的黄河。”岑仲勉认为是张掖河，误。

④以观□智之□：此句有两处缺文。陈逢衡云："上空方是'于'字。""'智'下亦当脱'氏'字。"王天海云："前一缺文或是'于'字，后一缺文或是'境'字。"

【译文】

十一月二十八日癸酉，穆天子住在滲泽，又西行至黄河岸边钓鱼，并巡视了智氏境内的情况。

甲辰[①]，天子猎于滲泽[②]，于是得白狐玄貈焉[③]，以祭于河宗[④]。

【注释】

①甲辰：十二月二十九日。距前"癸酉"三十一日。丁谦《干支表》："距前三十一日，猎于滲泽。"顾实作"三月初七日"，距前一日。

②滲泽：湖沼名。即上文"漆泽"。王贻樑云："穆王此时在鄘邦盘桓游乐，自可纵横驰骋，多次往来于滲泽，非如他处在征程中，往而不返也。更何况滲泽较大，此与上未见得为同一地。"

③玄貈（háo）：黑色的貉。貈，同"貉"，貉子，一种毛皮兽。似狐，善睡，锐头尖鼻，穴居河谷、山边和田野间，杂食鱼、鼠、蛙、虾、蟹和野果、杂草等，皮毛极为珍贵。洪颐煊校注："貈，本作'狢'，从《广韵》十九'铎'注引改。《太平御览》六十一引作'貉'，皆古今字。"案，白狐、玄貈疑为两部落。

④以祭于河宗：郭璞注："以将有事于河，奇此获，故用之。汉武帝郊祀，得一角白鹿，以为祥瑞，亦将燎祭之类。"洪颐煊校注："郭氏《尔雅·释兽》注：'汉武帝郊雍，得一角兽若麃然，谓之麟。'检《史记》《汉书》原文俱同，此注云白鹿，约言之耳。"河宗，指黄河的水神，即河宗氏远祖河伯冯夷。陈逢衡云："即指河伯冯夷，盖河宗氏之远祖为夏时河伯能治水者。"

【译文】

十二月二十九日甲辰，穆天子到渗泽狩猎，在那里捕获白狐和黑貉，就用来祭祀河伯。

丙午①，天子饮于河水之阿②。天子属六师之人于鄘邦之南、渗泽之上③。

【注释】

①丙午：正月一日。距前“甲辰”二日。依周正正月一日为穆王十三年三月二日。丁谦《干支表》改作“丙子”，“距前三十二日，饮于河水之阿，属六师于渗泽之上。考《纪年》：‘十三年春，祭（郗）公帅师从王西征’，此则前在犬戎境时所增调者，及是方至，乃足六师之数。留屯渗泽者，因祭河宗后，须还经此地，乃赴西域，且不欲烦扰河宗国人也。翟本作‘丙午’”。顾实作“三月初九日”，距前二日。

②河水之阿：黄河岸边。阿，郭璞注：“水崖也。”顾实云：“河水之阿，当在山黛湖之西北，当黄河东南流之屈曲处。阿，曲隅也。”王贻樑云：“‘阿’字郭注不误。顾氏于《穆传》‘阿’字皆训‘曲隅’，便不免多有勉强，不如郭注切实妥帖。”

③属：集合，聚合。郭璞注：“犹会也。”陈逢衡云：“兼聚合、存恤二义。”六师：穆天子的随行军队。顾实云：“二千五百人曰师，六师则万五千人也。若万二千五百人为军，天子六军，则凡七万五千人也。黄以周《礼书通故》曰：‘天子国制六军，及出征，只用六师。’”王贻樑云：“据西周金文与文献，周初有二支主力大军：西六师（即“六师”）与成周八师（即“殷八师”。或以“殷八师”为另一支大军）。西六师为周人本土的嫡系部队。西周中期以后，当殷遗民已不再是西周统治者的重要威胁时，金文与

文献中就只见‘六师’(即“西六师”)而不见‘成周八师’(殷八师)了。”

【译文】

正月一日丙午,穆天子在黄河岸边宴饮。并命他的随行军队到鄘国南面的渗泽集合。

五

戊寅①,天子西征。骛行②,至于阳纡之山③。河伯无夷之所都居④,是惟河宗氏⑤。河宗伯夭逆天子燕然之山⑥,劳用束帛加璧⑦。先白□⑧,天子使鄒父受之⑨。

【注释】

①戊寅:二月四日。距前“丙午”三十二日。穆王于此休整一月余。丁谦《干支表》:“距前六日,骛行至阳纡山。翟本作‘戊申’。”檀本改“寅”作“申”,陈逢衡、翟云升、吕调阳、顾实等俱从之。常征云:“‘戊申’误为‘戊寅’(“寅”字古文为“臾”,与“申”字古文形似)。通学之士如荀勖等不识误译之字且如是其多,等而下者晋人堪能造此古文《穆天子传》乎?”王贻樑云:“计以时日,当作‘申’为是。”顾实作“三月十一日”,距前二日。案,不必改。穆王或于此休整,或在此作战,不必仅据里程。

②骛(wù)行:奔驰而行,疾驰。骛,通“鹜”。郭璞注:“犹驰也。”

③阳纡之山:又名“阳山”,即今河套之阴山。洪颐煊校注:“今本《纪年》云:‘十三年春,鄒公帅师从王西征,次于阳纡。’《水经·河水》注云:‘河水又出于阳纡、凌门之山。’《淮南子》云:‘昔禹治水,具祷阳纡。’盖于此也。”吕调阳云:“今河套北。”沈曾植云:“阳纡之山,盖今贺兰山。”小川琢治云:“当在穆王渔猎之渗泽附

近地方，阳纡即阴山南麓之别名。”顾颉刚云：“就‘绝喻关隥’以至河宗的道路来看，似乎即是现在的大青山。”赵俪生云：“在叫做阳纡的河和湖的北面有山，这就是现在内蒙古的大青山，文献中又名之曰‘阳山’。”王贻樑云：“小川、顾实说为今内蒙古阴山，是。顾颉刚、赵俪生说为大青山，则更具体。古以其在河之北而名阳山，后则以其遮蔽阳光而名阴山。”

④河伯无夷：即河伯冯夷。郭璞注：“无夷，冯夷也。《山海经》云‘冰夷’。”洪颐煊校注：“《水经·河水》注、《艺文类聚》八十九俱引作‘冯夷’，因注而误。”陈逢衡云：“《竹书》作‘冯夷’。”丁谦云：“盖河宗伯夭之远祖，祀为水神者也。”顾实云：“无夷，盖为鄘柏絮、河宗伯夭之祖先也。”于省吾云：“冯夷谓夷之国名也。死为河伯，因其为冯夷之国君，沿习既久，遂以冯夷为河伯之名也。”王贻樑云：“顾炎武《日知录》卷二十五‘河伯’条云：‘是河伯者，国居河上而命之为伯，如文王之为西伯，而冯夷者，其名尔。’此说极为简明扼要。”都居：国都所在的地方。王贻樑云：“‘都居’者，台湾‘中华学术院’编《中文大字典》(1979年修订版)释为‘奠都而居之也’，较他说为佳。”

⑤河宗氏：邦国名。位于黄河上游。郭璞注：“河，四渎之宗，主河者因以为氏。”洪颐煊校注：“《初学记》六引《穆天子传》云：‘河与江、淮、济三水为四渎，河曰河宗，四渎之所宗也。’疑此注文。《史记·赵世家·正义》云：‘河宗在龙门，河之上流，岚、胜二州之地。’”丁谦云：“河宗者，河水之源在中国境内。足当河源名称者，惟星宿海与罗布泊。”然考卷四所载里程，“知河宗必指星宿海。若罗布泊，则太远而里数不合”。案，星宿海在青海，亦太远。

⑥伯夭：伯爵，名夭。郭璞注：“伯夭，字也。”燕然之山：山名。地望不确。刘师培云：“此燕然山在今甘肃境。”“非《汉书·匈奴传》

之燕然也。"陈逢衡云:"燕然山,今在多伦诺尔界。"王贻樑云:"依《传》文,燕然山显然为今阴山山脉中一山,具体当今何山,尚难确定。"山,洪颐煊校注:"伪《说郛》本引此篇讹作'上'。"

⑦劳:慰劳。郭璞注:"郊劳也。"洪颐煊校注:"本讹作'力',从道藏本改。"檀萃云:"郊劳,天子待诸侯来朝之礼。"束帛:捆为一束的五匹帛。帛在古代属于贵重礼物。束,郭璞注:"五两为一束。两,今之二丈。"

⑧白□:或为白圭。古代帝王或诸侯在举行典礼时拿的一种玉器,上圆下方。□,檀本填作"马"。卫挺生云:"当作'圭'字。圭,天子所执。"王天海云:"白圭,是白玉做成的圭形礼器,上尖下方。"

⑨郮(zhài)父:人名。周公之后,周穆王的卿士。郭璞注:"郮父,郮公谋父,作《祈招》之诗者。"洪颐煊校注:"《说文》云:'郮,周邑也。从邑,祭声。'程氏本惟此作'郮',余俱省作'祭',今悉改正。"陈逢衡云:"韦注《国语》云:'祭,畿内之国,周公之后也。为王卿士。谋父,字也。'《祈招》诗见《左传》昭公十二年子革曰:'祭公谋父作《祈招》之诗以止王心。王是以获没于祗宫。'杜注:'谋父,周卿士;祈父,周司马也。……招,其名。'"卫挺生云:"祭,周公旦之后也。"雷学琪《竹书纪年义证》:"祭公谋父者,周公之孙。其父武公与昭王同没于汉。谋父,其名也。"乃其一说。

【译文】

二月四日戊寅,穆天子向西巡狩。穆天子的车驾奔驰前行,到达了阳纡山。这里是河伯冯夷建都居住的地方,也就是河宗氏的国都。河宗氏的国君伯夭前往燕然山迎接穆天子,用五匹帛和玉璧慰劳穆天子。先奉上白圭作为觐见之礼,穆天子命郮父收下了这些礼物。

六

癸丑[①],天子大朝于燕□之山、河水之阿[②]。乃命井利、梁固聿将六师[③]。

【注释】

①癸丑:三月初九。距前“戊寅”三十五日。丁谦《干支表》:“距前三十五日,在阳纡又停月余者,殆祭品未备故耶。是日大朝于燕然之山。”顾实作“三月十六日”,距前“戊申”五日。

②大朝:谓天子大会诸侯群臣。郭璞注:“盖朝会郡官,告将礼河也。”檀本、翟本作“群官”,疑误。此处当指穆天子会见地方官员。□:应为“然”字。洪颐煊校注:“‘□’疑‘然’字。”卫挺生云:“此乃在今包头市之西山嘴附近之平野大朝也。”

③梁固:人名。周大夫。郭璞注:“梁门大夫。”洪颐煊校注:“注‘门’字疑是‘固’字之讹,下似又脱一‘周’字。”故“梁门大夫”当作“梁固,周大夫。”今本《纪年》作“逢公固”。聿(yù):语气助词,用在句首或句中,无实义。郭璞注:“聿,犹‘曰’(语气助词,常用于句首)也。”

【译文】

三月九日癸丑,穆天子在燕然山下、黄河岸边举行大朝会。命井利、梁固两位大臣统率六师。

天子命吉日戊午[①]。天子大服[②]:冕祎、帔带、搢曶、夹佩[③],奉璧南面立于寒下[④]。

【注释】

①吉日戊午:三月十四日。距前“癸丑”五日。郭璞注:“《诗》曰:‘吉日庚午。’”丁谦《干支表》:“距前五日,祭于河宗。”顾实作“三月二十一日”,亦距前五日。

②大服：盛装，穿戴衣冠隆重。

③冕袆(huī)：古代帝王在重要场合所穿戴的衣冠。郭璞注："冕，冠；袆，衣。盖王后之上服，今帝服之，所未详。袆，音晖。"《周礼·天官·内司服》："内司服掌王后之六服、袆衣。"郑玄注："王后之服，刻缯为翚之形，而彩画之，缀于衣。……从王祭先王，则服袆衣也。"顾实云："袆，画衣也。郭注以为王后之上服，于义荒矣。"孙诒让云："此'冕袆'于《周礼·司服》当祀四望山川之毳冕，《内司服》郑注云：'袆衣，画衣也。'王冕服皆衣画而裳绣，故亦通谓之袆。"王贻樑云："此冕袆即金文赏赐物中习见之'冕、衣'也。'冕'即'冠'，'袆'即袆衣(画衣)，孙说是。"帗(fú)带：古代朝觐或祭祀时遮蔽在衣服前的一种服饰。用熟皮制成，形似围裙，系于下衣的外面，用以蔽膝。帗，通"韨"。郭璞注："帗，韠也，天子赤帗。音弗。"洪颐煊校注："《说文》云：'市，韠也。'篆文作'韨'。帗，一幅巾也。从巾，犮声，读若'拨'。今借作'韨'字。注'韠'本讹作'韗'，今改正。"带，即围于腰际的绅带。搢曶(jìn hù)：插笏版于腰带上。搢，插。曶，古"笏"字。笏，君臣朝见时手中所执的狭长板子，用玉、象牙或竹片制成，用以比画或在上面记事，以备遗忘。古代自天子到士都执笏，后世只有品官执笏，到清代始废。此处应指穆天子祭祀时所执的玉版。郭璞注："曶长三尺，杼上椎头，一名'珽'，亦谓之'大圭'。搢，犹带也。曶，音忽。"洪颐煊校注："曶，《太平御览》六百九十二引作'笏'。曶，古'笏'字。"夹佩：腰间左右所佩饰物。郭璞注："左右两佩。"陈逢衡云："疑是佩玉。"

④奉：同"捧"。南面：穆天子站在黄河北岸，向南面对黄河，故称"南面"。寒下：河神木像之下。郭璞注："受河宗也。寒下，未详。"洪颐煊校注："《太平御览》六百九十二引此句讹入注文。注'受河宗也'四字本脱，从《御览》引补。"檀萃云："寒下，盖地名。"

陈逢衡云:"此立于寒下露处也。谓上无屋宇可蔽风雪,非地名。"顾实云:"寒者,河宗之神也。昭四年《左氏传》曰'以享司寒',杜注云:'司寒,玄冥水神也。'此古谓水神曰寒之证。水神即河神也。天子立于寒下者,殆将受命而立于河神之前,神在上,故曰'寒下'也。"权从顾说。

【译文】

穆天子选定吉日为三月十四日戊午。这一天,穆天子穿戴隆重:头戴王冠,身穿袆衣,腰系蔽膝帗服和绅带,绅带上插着笏版,左右两边挂着玉佩,双手捧着玉璧,面朝南对着黄河,站在河神木像之下。

曾祝佐之①,官人陈牲②,全五□具③。

【注释】

①曾祝:即太祝,主祭祀的重臣。郭璞注:"曾,重也。《传》曰:曾臣偃。"刘师培云:"曾祝,盖职位崇高之祝,即太祝也。卷六'曾祝'亦然。"顾实云:"'曾''层'古字通用,谓二重也。……则曾祝者,或训太祝,或训陪祝,义皆可通也。"王天海云:"《周礼·春官》有太祝一职,掌祭祀、主颂祝辞。"佐:辅助,帮助。《老子》三十二章:"以道佐人主者,不以兵强于天下。"此处引申为主持祭祀。

②官人:即"馆人",负责馆舍的官员。《左传》昭公元年:"不然,敝邑,馆人之属也,其敢爱丰氏之祧?"杜预注:"馆人,守舍人也。"陈牲:陈列牛羊等用于祭祀的牺牲。

③全五□具:即全五牲具,指用毛色纯正、形体完整的牛、马、猪、羊、犬五牲做祭祀的供品。□,应为"牲"。郭璞注:"牛羊之品曰牲,体完曰全牲。或曰全,色纯也。《传》曰:'牲全肥腯。'"陈逢衡云:"'全'与'牷'通。《周礼·牧人》:'以供祭祀之牲牷。'《犬

人》'用牷物'。郑司农注皆云:'牷,纯也。'《礼记·表记》'牲牷礼乐齐盛'注:'牷,犹纯也。'《释文》:'牷,纯色也。'郭引《传》见桓六年,杜注:'牷,纯色完全也。'《书·微子》:'今殷民乃攘窃神祇之牺牷牲。'《孔传》:'体完曰牷。'郑注:'牷,体完具。'又见《周礼·牧人》注。又郭注《西山经》亦云:'牷,谓体全具也。'衡案,当以体全具为正解。"

【译文】

太祝主持祭祀,馆吏陈列牺牲祭品,色纯体全的牛、马、猪、羊、犬五牲俱全。

天子授河宗璧。河宗伯夭受璧,西向沉璧于河①,再拜稽首②。祝沉牛、马、豕、羊③。

【注释】

①西向:面向西方。因黄河自西方昆仑山而来,故面向西方。郭璞注:"河位载昆仑。"陈逢衡云:"河从西来,故西向。"王贻樑云:"此盖言河之神位在昆仑,因古人以河源在昆仑。又,'载'可训'始',言河源自昆仑,意亦通。"

②稽(qǐ)首:古代一种跪拜礼。行跪拜礼时,拱手胸前先拜,而后叩头至地,为古人最恭敬的礼节。郭璞注:"首至地也。"

③祝:太祝,曾祝。

【译文】

穆天子将玉璧交给河宗伯夭。河宗伯夭接受了玉璧后,面向西将玉璧沉入黄河,又叩头至地,拜了两拜。太祝又将牛、马、猪、羊等祭品沉入黄河。

河宗□命于皇天子①。河伯号之②，帝曰③："穆满④！女当永致用旹事⑤。"南向再拜⑥。

【注释】

①河宗□命于皇天子：□，或为"致"字。檀萃、卫挺生等主此说。致命，即代天帝传言。皇天子，即穆天子。"皇"为尊称。郭璞注："加'皇'者，尊上之。"洪颐煊校注："《太平御览》八百九十六引无'□'字，'命于'作'孟乎'，'命''孟'声相近。"

②河伯号之：河伯拖长声音大声呼唤穆天子。上文河宗、此处河伯皆指伯夭。郭璞注："呼穆王。"丁谦云："'号之'者，大声以诵也。古时西方各国，君皆听命于神，即借巫祝以传其语。"

③帝：此处指天帝。

④穆满：周穆王，名满。郭璞注："以名应，谦也。言谥，盖后记事者之辞。"檀萃云：郭注"以帝为穆王，上下文义不贯"。顾实云："'穆满'亦河伯呼穆王之名也。"又"周成王生前已称'成'(《吕览·权勋》曰：'周公旦抱少主而成之，故曰成王。'《史记·鲁周公世家》载周公曰：'我，文王之子，武王之弟，成王之叔父。'皆其证也)，则穆王何不可生前已称'穆'？故'穆满'云者，不必为死后追记之辞可知也。"

⑤女当永致用旹(shí)事：郭璞注："语穆王当长干理世事也哉。"王天海云："指诸侯、大夫对帝王的四时贡职。"女，通"汝"。致用，尽其所用，治理。《周易·系辞上》："备物致用，立成器以为天下利，莫大乎圣人。"孔颖达疏："谓备天下之物，招致天下所用。"旹事，即时事、世事。旹，古"时"字。《说文·日部》："旹，古文'时'。"洪颐煊校注："旹，古'时'字。本作'时'，从程氏本改。"

⑥南向再拜：穆天子面朝南向黄河拜了两次。郭璞注："穆王拜。"

【译文】

接着，河宗伯夭便向穆天子传达天帝的旨意。河宗伯夭拖长声音高声呼唤，代天帝说道："穆满！你应当永远治理世事。"穆天子面向南方拜了两次。

河宗又号之，帝曰："穆满！示女春山之珤①，诏女昆仑□舍四②，平泉七十③，乃至于昆仑之丘④，以观春山之珤，赐语晦⑤。"天子受命，南向再拜⑥。

【注释】

①春山：山名。山多珍宝，故名。郭璞注："《山海经》'春'字作'钟'，音同耳。言此山多珍珤奇怪。"顾实云："春山，即钟山。《穆传》春山在昆仑之北，与《山海经》昆仑在钟山之南正合。"常征云："赤水以西为青海高原与湟水沃地之界山日月山，即《传》之春山（《山海经》作"钟山"）。"卫挺生云："钟山，即春山，今帕米尔。"王守春云："春山，应当是吐鲁番地区的天山。""《穆传》中的'春山，是惟天下之高山也'一语，为春山就是天山的这一认识提供又一有力证据。因吐鲁番盆地最低点低于海平面，而它北面的天山，最高点的博格达峰绝对高度达5400多米，低于海平面的盆地和与之毗邻的高山，二者的相对高差达5500米以上。这样大的相对高差，在青藏高原上也是很少见的。至于帕米尔高原，虽然其绝对高度较高，但其高原上的山地的相对高度远没有如此之大。另外，《穆传》中记述的'春山'上有种类很多的野生动物，有'赤豹白虎，熊罴豺狼，野马野牛，山羊野豕……'，而在《穆传》中的其他任何地方都没有如此多的野生动物。根据野生动物多这一情况，把春山认定为天山，比认定为帕米尔高原更合理。天山北面是辽阔的准噶尔盆地，这里有面积广大的草原。

‘在历史的早期’，这里无疑会有种类繁多的野生动物；‘甚至到上一世纪末’，准噶尔盆地还有较多野马。俄国人普尔热瓦尔斯基在这里捕到野马，这里的野马因此被命名为‘普氏野马’。而帕米尔高原因地势高亢，气候寒冷，植物稀少，动物也应比准噶尔盆地少得多，不会有像《穆传》中描写的那样多的动物。因此，从这一点来说，把春山比定为帕米尔高原也是不恰当的。”(《〈穆天子传〉与古代新疆历史地理相关问题研究》，《西域研究》1998年第五期)珤(bǎo)：古“宝”字。洪颐煊校注：“本作‘宝’，今悉程氏本改。”檀萃云：“珤，古‘宝’字。”

②诏：告知。昆仑：山名。古今所指位置不一。王天海云：“或指今巴颜喀拉山，为黄河之源，与今昆仑山相邻。”王守春云：“这里的‘昆仑’应当是广义的。古代关于‘昆仑’存在着广义和狭义两种理解。广义的‘昆仑’包括祁连山的西段、阿尔金山和且末南面的昆仑山东段。结合下文‘珠泽’综合分析，‘昆仑之丘’很可能是指祁连山的西端或新疆阿尔金山的东段。”洪颐煊校注：“《汉书》凡‘昆仑’字皆不从山，程氏本皆作‘昆仑’，间有从山者，传写讹也，今悉改正。”□：檀萃填作“宫”字。

③平泉：泉水名。陈逢衡云：“平泉，平壤之甘泉也。”顾实云：“大野曰平，平泉，或即大野之泉。平泉七十者，卷二所谓‘春山之泽，清水出泉’。或即其一欤?”郭璞注：“疑皆说昆仑山上事物。”王天海云：“郭璞注‘疑皆说昆仑山上事物’，而下文明言‘乃至于昆仑之丘’，可知‘□舍四，平泉七十’乃去昆仑途中之事物，郭注未妥。”

④昆仑之丘：昆仑山的顶峰。昆仑山，又叫“昆仑丘”“玉山”，依语义应为昆仑山的山顶。王天海云：“昆仑山的高峰。”

⑤赐语晦：赐给你财宝。郭璞注：“月终为晦，言赐女受终福。”洪颐煊校注：“注‘赐’下本有‘语’字。程氏本、吴氏本重一‘赐’字；汪

氏本又衍‘盖’字，今从道藏本删。”于省吾云：“郭注非。依邵本及注文，‘语’应作‘女’，‘晦’实读作‘贿’。《仪礼·聘礼记》‘贿，在聘于贿’注：古文‘贿’皆作‘悔’，……然则‘赐女晦’即‘赐女贿’也。”

⑥南向再拜：穆天子又面朝南向黄河拜了两次，表示接受天帝之命。郭璞注：“受河伯命。”

【译文】

河宗伯夭又拖长声音高声呼唤，代天帝说道：“穆满！给你看舂山上的珍宝，告诉你昆仑山上有宫室四处、平泉七十处，等到了昆仑山的最高峰，观赏到舂山的珍宝，赐给你财宝。”穆天子接受了天帝的旨意，面向南方拜了两次。

七

己未①，天子大朝于黄之山②。

【注释】

①己未：三月十五日。距前“戊午”一日。丁谦《干支表》：“距前一日，大朝于黄山。”顾实作“三月二十二日”，亦距前一日。

②天子大朝于黄之山：郭璞注：“将礼河而去。”黄之山，黄山。檀萃云：“黄山无草木，多竹箭，盼水出焉，西流注于赤水。”陈逢衡云：“檀所说黄山见《西山经》。”顾实云：“黄之山，当即今绥远鄂尔多斯右翼后旗，西北套外之阿尔坦山。”又：“《水道提纲》曰：‘黄河东折处，正当阿尔坦山之南。’蒙古语凡谓金黄色，辄曰阿尔坦，则‘黄之山’即阿尔坦山，至今犹可目验也。”王贻樑云：“此‘黄之山’与《西山经》‘黄山’盖当一山。其山不在今陕西，郝懿行《山海经笺疏》早已辨明。由《穆传》看，穆王此时尚在河套河宗伯夭领地，故黄之山当为阳山（今阴山）山脉中一山或其附近，而不当

为套外的阿尔泰山。”王天海云:“以王贻樑说近是。”

【译文】

三月十五日己未,穆天子在黄山大会诸侯群臣。

乃披图视典[①],周观天子之珤器[②]。曰天子之珤[③]:玉果、璿珠、烛银、黄金之膏[④]。天子之珤万金[⑤],□珤百金[⑥],士之珤五十金,鹿人之珤十金[⑦]。天子之弓射人步[⑧],剑牛马犀[⑨],□器千金[⑩]。天子之马走千里,胜人猛兽[⑪]。天子之狗走百里,执虎豹[⑫]。

【注释】

①披图视典:翻阅图籍典册。郭璞注:“省河所出礼图。”洪颐煊校注:“注‘出’本作‘视’,从《太平御览》八十五引改。”陈逢衡云:“此所谓图,乃河宗伯夭世守之图籍,如后世地图之类,非穆王时又出河图也。”丁谦云:“河图者,自古相传,出于河中,典则图后附记之文。”顾颉刚云:“河图是图,河典是说明书。”

②周观:遍览。洪颐煊校注:“周,本作‘用’,从《事类赋》注九引改。”陈逢衡云:“用,以也。洪本作‘周’字,误。”王贻樑云:“‘周’字是,‘周观’即遍览。”

③曰:指河图的记载。郭璞注:“曰,河图辞也。”

④玉果:像果子的玉。郭璞注:“石似美玉,所谓如果者也。”洪颐煊校注:“注‘如’本作‘大’,从《太平御览》八十五引改。道藏本作‘女果’。”顾实云:“玉果,《水经·河水》注、《御览》及《艺文类聚》玉部引均同,惟《说文系传》玉部引《穆天子传》曰‘天子之宝玉琨’,注曰:‘琨,石似珠也。’《传》《注》文俱不同。盖‘果’‘琨’一声之转,故通用。”王贻樑云:“玉果,即如果之玉。《说文》:‘琨,

石之美者。'《韵会》:'琨,一曰石似珠。'是两者近同。"璿(xuán)珠:美玉之珠。郭璞注:"璿,玉类也。音旋。"烛银:光亮闪耀的银器。此"银"或为白金。郭璞注:"银有精光如烛。"洪颐煊校注:"烛,《文选·江赋》注引作'爥'。"顾实云:"烛银,盖即以银之光耀,能烛照人面,故名。卷二云'白银之麏',则银为白金也。"王贻樑云:"《尔雅·释器》:'白金谓之银,其美者谓之镣。'……此烛银即镣,乃质地精美,光华耀目之银。"黄金之膏:熔成膏状的黄金,用以装饰。郭璞注:"金膏,亦犹玉膏,皆其精汋也。"洪颐煊校注:"注'汋',《太平御览》八百十一引作'液'。"顾实云:"黄金之膏,未审何物。或即金泥(盖以纯金为之),用以涂饰器物者欤?"王贻樑云:"顾先生疑为金泥可参。考古发掘在西周宫室墙壁上有涂金现像,盖即以金泥涂敷,但尚未知具体情况。"

⑤万金:指价值万金,形容极其珍贵。

⑥□珤百金:大夫之珤百金。此处缺文甚多。郭璞注:"自'万金'以下,宜次言'诸侯之珤千金,大夫之珤百金'。此书残缺,集录者不续,以见阙文耳。"译文据此补。

⑦鹿人:庶人。洪颐煊校注:"孙同元云:鹿人,疑'庶人'之讹。案,《夏小正》有'鹿人从',鹿人亦兽人之属。"王贻樑云:"此与天子、士等对言,必作'庶人'为是。"

⑧天子之弓射人步:射人,官名。掌射法以习射仪。《周礼·夏官·射人》:"若有国事,则掌其戒令,诏相其事。掌其治达。以射法治射仪。"郑玄注:"射法,王射之礼;治射仪,谓肄之也。"孙诒让《正义》谓"肆""肄"字通,"此治射仪,亦谓习肄其礼仪也"。《仪礼·大射礼》:"射人戒诸公卿大夫射。"步,狸步。古代大射时测量侯道的器具。长六尺,因为上面画有狸形,故名。狸善捕,比喻百发百中。《周礼·夏官·射人》:"若王大射,则以狸步张三侯。"郑玄注:"狸,善搏者也,行则止而拟度焉,其发必获,是

以量侯道法之也。"孙诒让《正义》:"谓此量侯道之器,即准度野六尺之步也。"侯,箭靶。三侯,即虎侯、熊侯、豹侯。《仪礼·大射》:"司马命量人量侯道与所设乏以狸步。"郑玄注:"狸之伺物,每举足者,正视远近,为发必中也,是以量侯道取象焉。"檀萃:"越王被五胜之衣,带步光之剑。……射人,官名。天子之弓合九而成规,射人量侯不以狸步而以剑步,剑长三尺。其弓加牛马犀之胶,价值千金。"陈逢衡:"大约'天子之弓射人步'是一事,《周礼》所谓'射人,王大射则以狸步张三侯'是也。'剑牛马犀'又是一事,谓剑之利者,可以陆断牛马、水断蛟犀之类。""然皆不可以武断。"顾实云:"'天子之弓'一段,缺文甚多,不可全晓。弓箭为射猎之具,狗马尤为要需。"案,射人步,应指天子依照射法的规则射箭,比喻天子之弓百发百中。据上下文义句式,陈说近是。

⑨剑:天子之剑。郭璞注:"步剑,疑步光之剑也。"顾实云:"步剑,翟曰:'步上剑下,似皆有缺文。注以步剑属句,亦疑之也。'"案,剑指天子之剑,似不应指步光剑。犀:犀牛。郭璞注:"犀似水牛,庳脚,脚为三蹄,黑色。"洪颐煊校注:"注本讹作'库脚,脚为三角',今据《尔雅》注改正。"

⑩□器千金:□器,似指"珐器"。指天子之弓、剑价值千金。□,此处缺文不止一字。王天海云:"犀角之器价值千金。"

⑪胜人猛兽:超过猛兽。郭璞注:"言炁势杰骇也。"王贻樑云:"'人'字在此不类。人本远慢于马,何以能衬托马之疾速?以下句'执虎豹'对勘,疑为衍字,或为'于''乎'等字之讹。"

⑫执虎豹:捕捉虎豹。郭璞注:"言筋力壮猛也。"檀萃云:"渠叟以鼩犬。鼩犬者,露犬也,能飞食虎豹。"

【译文】

穆天子翻阅河宗氏的图书典册,遍览历代天子的珍宝器物。图册记载历代天子的珍宝有:玉果、璿珠、烛银、黄金之膏。天子的宝物价值万金,诸侯的宝物价值千金,大夫的宝物价值百金,士人的宝物价值五十金,庶民的宝物价值十金。天子有良弓每发必中,有宝剑可斩牛、马、犀等大兽,皆价值千金。天子之马能奔跑千里,胜过猛兽。天子之狗能奔跑百里,可以捕捉虎豹。

伯夭曰:"征鸟使翼[①],曰□乌鸢[②],鹍鸡飞八百里[③]。名兽使足[④],□走千里[⑤],狻猊□野马走五百里[⑥],邛邛距虚走百里[⑦],麋□二十里[⑧]。"

【注释】

①征鸟使翼:飞鸟使用羽翼。征鸟,远征的飞鸟。

②曰□:曰,疑为"□"之误,□□,疑为鸟名。陈逢衡云:"上'曰'字疑衍。……空方疑是鸟名。"翟云升云:"上'曰'字疑'□'之讹。"乌鸢(yuān):乌鸦。郭璞注:"音缘,鵄也。"陈逢衡云:"'乌鸢'下疑脱'飞百里'三字。"

③鹍(kūn)鸡:即鶤鸡,一种大鸟,鹄类。郭璞注:"即鶤鸡,鸿鹄属也。"洪颐煊校注:"鹍,本作'鹳'。从《文选·西京赋》注、《太平御览》九百十六引改。注'鹄'上脱'鸿'字,从《御览》引补。《尔雅·释畜》云:'鸡三尺为鹍。'《西京赋》云:'驾鹅鸿鹍鹄。'上当有'鸿'字。"王贻樑云:"鹍(鶤)鸡,简称'鹍(鶤)',旧或说为凤凰别名,或说为'鸡三尺'者,在此俱不甚合。《文选·张衡〈西京赋〉》:'翔鹍仰而不逮,况青鸟与黄雀。'注:'薛曰:鹍,大鸟,青鸟、黄雀,皆小鸟。'李善注则引本《传》与郭注为说。可明此鹍为大鸟,郭注不误。又枚乘《七发》有'溷章白鹭,孔鸟鹍鹄'句,亦明鹍、鹄同属。"

④名兽使足:名兽使用足力。王天海云:"名兽,大兽。"名,有名,著

名，以善跑著名。《吕氏春秋·季夏纪》："令民无不咸出其力，以供皇天上帝，名山大川，四方之神。"

⑤□：此处疑为"狻猊"。陈逢衡云："《尔雅》'狻猊食虎豹'，据下文，则上空方当是'狻猊'二字，而衍下'狻猊□'三字，文义自顺。"

⑥狻猊(suān ní)□：疑衍。狻猊，中国古代神话传说中龙生九子之一（一说是第五子，另说是第八子）。形如狮，能食虎豹，亦是威武百兽率从之意。郭璞注："狻猊，师子，亦食虎豹。"洪颐煊校注："《尔雅·释兽》注、《初学记》二十九、《太平御览》八百八十九引皆云：'狻猊日走五百里。'《一切经音义》二十一引无'日'字。"《尔雅·释兽》："狻麑（猊）如虦猫，食虎豹。"郭璞注："即狮子也，出西域。"同等体量的狮子一般不是老虎的对手，权从文字解。野马：野外生存的马。野马性机警，善奔驰，群居，栖草原、丘陵，体型较小。郭璞注："野马，亦如马而小。"《尔雅》："如马而小，出塞外。"

⑦邛邛(qióng)距虚：传说中的兽名。似马而色青。又作"邛邛岠虚""蛩蛩距虚"。一说"邛邛距虚"为一兽，又说"邛邛"与"距虚"为相类似而形影不离的二兽。《逸周书·王会》："独鹿邛邛距虚，善走也。"又传说邛邛距虚与蹷互相依存，平时蹷以美草供给邛邛距虚，遇难时邛邛距虚负蹷而逃。见《尔雅·释地》。郭璞注："亦马属。《尸子》曰：'距虚不择地而走。'《山海经》云：'邛邛距虚，并言之耳。'"洪颐煊校注："距，《尔雅释文》引作'岠'。《史记·司马相如列传·集解》引'虚'下有'日'字。"

⑧麋□：麋走。□，疑为"走"字。郭璞注："自'麋'以下，似次第兽能走里数远近。"洪校本作"以下"，似误。王天海云："此'二十里'疑有误，麋鹿善奔走，何止二十里？"案，此或指麋鹿能够连续奔走的里程。

【译文】

伯夭说道："飞鸟挥动翅膀，乌鸦、鸨鸡能飞八百里。名兽使用脚力，狻猊能奔跑千里，野马能奔跑五百里，邛邛距虚能跑百里，麋鹿能跑二十里。"

曰伯夭既致河典①。乃乘渠黄之乘②，为天子先③，以极西土④。

【注释】

①曰：句首语气助词，为西周以来陈述事实的发端词，无实义。陈逢衡云："此'曰'字疑作空方。"既：洪颐煊校注："'既'本作'皆'，从《太平御览》八百九十六引改。"河典：即河宗氏典册。郭璞注："典，礼也。自此以上事物皆河图数载，河伯以为礼，礼穆王也。"王贻樑云："此上自'天子之宝'起，皆河典之文。郭注训'典'为'礼'，失之。"

②乘渠黄之乘：乘坐四匹黄马拉的车。渠黄，应为"乘黄"，即四匹黄马。乘黄是古代中国神话传说中的异兽名或神马。《山海经·海外西经》："白民之国在龙鱼北，白身披发。有乘黄，其状如狐，其背上有角，乘之寿二千岁。"《逸周书·王会》："白民乘黄，乘黄者，似狐，其背有两角。"洪颐煊校注："《太平御览》八百九十六引无'渠'字。注云'所乘马尽黄色，为之驱也'，与此亦少异。"顾实亦认为"渠"字为后人妄加。王贻樑云："渠黄乃穆王所乘，此则伯夭之乘，不当亦作'渠黄'。"王天海云："'渠'乃'乘'之讹，此当作'乘黄'之'乘'。乘黄，即传说中神马名。见《管子·小匡》：'河出图，雒出书，地出乘黄。'一说为四匹黄马。《诗经》中多有之。又见《汉书·礼乐志》。'乘黄之乘'，此'乘黄'作四匹黄马为是；'之'下'乘'字，即为所乘之车。"

③先：先导，在前引路。郭璞注："先驱，导路也。"

④极：极尽，穷尽，到达。郭璞注："竟。"

【译文】

伯夭把河宗氏的图书典籍都呈给穆天子阅览。然后，他就乘坐四匹黄马拉的车乘，为穆天子做先导，要走到西方的尽头。

八

乙丑①，天子西济于河②。□爰有温谷乐都③，河宗氏之所游居④。

【注释】

①乙丑：三月二十一日。距前"己未"六日。丁谦《干支表》："距前六日，西济于河源。"顾实作"三月二十八日"，亦距前六日。

②济：渡过，过河。河：黄河。丁谦云："'西济于河'下当脱一'源'字。"顾颉刚云："然而那里还不是河源，恐怕是脱了别的话。"小川琢治云：此至"用申八骏之乘"，"其中认出有若干之脱落"。又，"此次渡河地点，当在黄河北端支流（北河）自北南折处"。顾实以卷四证之："此缺文当即记至于西夏氏之事，殆可推而知也。"王天海云："二顾所说近是，然脱文不可详知。"

③□：此处缺文，具体不详。爰(yuán)有：那里有。爰，何处。温谷乐都：意谓温暖的河谷城邑。郭璞注："温谷，言冬暖也。燕有寒谷，不生五谷。"顾实云："温谷乐都，当即今甘肃西宁府之碾伯县治。"钱伯泉云："渡河之后，进入今青海地区西宁市一带，汉、晋、南北朝，这里有乐都城，在乐都谷口，正符合温谷乐都的情景。上古这里是羌人居住的地方。"卫挺生云："此六日间，若按平常速度，所行当在七八百里上下，乃在今宁夏银川市至灵武、中卫一带，其土壤皆膏腴。《秦边纪略》称其用河水灌溉而有'塞外江

南'之誉,可当'温谷乐都'矣。"王贻樑云:"下文方言'用申八骏之乘',可知穆王此时尚未离河套地区远征,故众说皆劳而无功。穆王此处所济之河,乃今河套西端之乌加河——先秦时为黄河主道。在乌加河(古黄河)与今黄河(《穆传》下文之"南河")间,支流密布,正合于下文所言'枝涛'。因此,河宗氏的游居之地温谷乐都也应当是在这里,因此处在北地确可无愧于'温'与'乐'。"

④游居:游牧的地方。郭璞注:"伯夭之别州邑。"郝懿行云:"游居,游牧也。"

【译文】

三月二十一日乙丑,穆天子向西渡过黄河。那里有温暖的河谷城邑,是河宗氏游牧的地方。

丙寅[①],天子属官效器[②],乃命正公郊父受敕宪[③],用申八骏之乘[④]。以饮于枝涛之中[⑤],积石之南河[⑥]。

【注释】

①丙寅:三月二十二日。距前"乙丑"一日。丁谦《干支表》:"距前一日,饮八骏于积石之南河。"顾实作"三月二十九日",距前一日。

②属官效器:命令官吏校验器物。郭璞注:"会官司阅所得瑶物。"效,校验。王贻樑云:"此'效'当读作'校'。《庄子·列御寇》'效我以功',《释文》:'效,本作"校"。'朱骏声《说文通训定声》:'效,假借为"校"。'《广雅·释言》:'效,考也。'王念孙《疏证》:'效'之言'校'也。《穆传》此'效'即'校检'之意,校检所有器物,为继续起程西征作准备。卷三'收皮效物'之'效'亦正此意。"王天海云:"王说可从。郭璞注'会官司阅所得瑶物',似不妥。"

③正公:官名。天子重臣,位在诸侯之上。郊父:人名。郭璞注:“正公谓三上公,天子所取正者,郊父为之。”洪颐煊校注:“《后汉书·周嘉传》注引谢承书曰:‘其先出自周平王之后。汉兴,绍嗣封为正公。’郊父,即圻父也,古‘郊’‘圻’通用。”陈逢衡云:“此正公郊父犹之祭公谋父也。但‘祭’是封邑,‘正’则其爵号耳。郊父,疑是名。”顾实云:“‘正’‘政’古字通。正公者,执政之上公也。后凡两言‘天子大飨正公、诸侯王’,正公在诸侯王之上,可证。”又,“郊父,人名。亦犹造父、谋父,皆人名也”。受敕宪:接受天子告诫和教令。敕,敕令,告诫。宪,教令。郭璞注:“宪,教令也。《管子》曰:‘皆受宪。’”洪颐煊校注:“敕,本作‘勑’,从吴氏本改。张参《五经文字》云:‘敕,古‘勑’字,今相承作‘勑’。”

④用申八骏之乘:申,准备。洪颐煊校注:“‘申’本作‘伸’,下又有‘□’字,从《太平御览》四十引改删。臧镛堂云:宋板《尔雅》疏引作‘用中八骏之乘’,‘申’为‘中’之讹。中八骏者,内厩所畜也。”顾实云:“必至此而始申八骏之乘者,盖自此而西,山路峻危,非骏马之力不胜任也。”王贻樑云:“申,整饬,备马也。下文饮马‘于枝洔之中,积石之南河’,即其中一事。又,穆王行程自宗周洛邑至河宗氏‘三千四百里’(其中亦不乏崇山峻岭)之后方言‘用申八骏之乘’者,是因为从前的行程基本上是在中域范围内,因此是将出河套以后的行程才视为真正的西征,故俨然整装,充分准备。由此句亦可见此时穆王尚未登程离开河宗国(今河套地区)。”

⑤枝洔(zhǐ):河流分支处的水中小洲。郭璞注:“水岐成洔。洔,小渚也。音止。”洪颐煊校注:“《文选·海赋》‘枝岐潭瀹’注引《管子》云:‘水别于他水,入于大水及海者,命曰枝。’《毛诗·江有汜》传云:‘水岐成渚。’陆氏《释文》:‘本作“水枝成渚”。’此注‘岐’字当依正文作‘枝’。钱侗云:‘“洔”与“沚”通。’《玉篇》:‘沚,小渚

也。亦作“洔”。’”王贻樑云：“洔，通‘沚’，小渚也。此枝洔在今乌加河(古黄河主道)与黄河主道(即《穆传》之“南河”)间，正是一大片小水支道与小渚。”

⑥积石：山名。郭璞注：“山名。今在金城河关县南，河出北山而东南流。”洪颐煊校注：“注‘关’本讹作‘间’。《汉书·地理志》：‘积石山在金城郡河关县西南。’今改正。”顾颉刚云：“他们从河宗国走了两天即到积石，足见积石即在河套，又在昆仑之东，和《山海经·西山经》说在昆仑西的不同。自从西向渡河之后到了积石，在他的意想中，积石是河套西北角的一座山。从积石以下就是南河，他(《穆传》作者)大概要穆王沿了贺兰山南行。”钱伯泉云：“唐张守节《史记正义》：‘黄河源出大昆仑，经于阗，入盐泽，东南潜行，至吐谷浑界积石山，又东北流至小积石山。’大积石山在今青海西宁南约五百多里，不当西行孔道；小积石山在今青海湖东北，这里的‘积石之南河’及‘枝洔’，当指今湟水。穆王由此西进柴达木盆地。”南河：黄河南面的支流。王贻樑云：“诸说大多未能细审文义，而未悟穆王此时只是在河套西北角而尚未离开河套。或者只顾去印证古地名，自然谬误百出。唯顾颉刚先生最具慧眼，其说可确信无疑。只是具体当今何山难以确定……南河，即今黄河主道，古时因在黄河(今乌加河)之南而得名南河。”

【译文】

三月二十二日丙寅，穆天子命令官吏检查旅途所需的器物，命令正公郊父接受告诫和教令，又吩咐准备好八匹骏马要拉的车乘。穆天子又在积石山下南河支流间的小洲上饮酒。

九

天子之骏①：赤骥、盗骊、白义、踰轮、山子、渠黄、华骝、绿耳②。狗：重工、彻山、藿猳、□黄、南□、来白③。天子之御④:造父、叅百、耿翛、芍及⑤。

【注释】

①骏:骏马。郭璞注:"骏者,马之美称。"

②赤骥:红色骏马。郭璞注:"世所谓骐骥。"盗骊:黑色骏马。郭璞注:"为马细颈。骊,黑色也。"洪颐煊校注:"《史记·秦本纪》作'温骊'。'温'即'盗'字之讹。《索隐》引《刘氏音义》云:'盗骊,騧骊也。'"白义:白色骏马。王天海云:"卷四作'白薮',《史记·赵世家》无此马名。《列子·周穆王》作'白蘂',《博物志·物名考》载周穆王八骏作'白蚁',皆同名而异文。"踰轮:紫色骏马。洪颐煊校注:"《史记·秦本纪·索隐》引《穆王传》作'骝骝'。《玉篇》云:'骝,紫色马。'"王贻樑云:"踰,《广韵》'紫马',与《玉篇》同。又,《集韵》训'马杂色',另一义。《博物志》引作'騧骝','騧'《说文》训'黄马黑喙'……总而观之,该马有紫、黄、白、杂色四种不同的说法。以八骏中别有黄、白之马与'騧骝'为《博物志》所作考虑,则踰轮以为紫色及杂色的可能性较大,尤以紫色的可能性更大些。"山子:黄色骏马。顾实云:"盖或传闻有异也。"小川琢治云:"山子为 Sary,想因含有黄色之意味乎?"王天海云:"《博物志·物名考》中无'山子',另有'飞黄'。……此或为黄色马。"渠黄:黄白色骏马。陈逢衡云:"《文选·江赋》注引'天子之八骏曰渠黄'。""渠黄,一曰'駏騜',《尔雅》'黄白騜'注'黄白相间色'。"王贻樑云:"陈逢衡说是,《玉海》《广韵》等与《尔雅》说同。"华骝:赤色骏马。又作"骅骝""枣骝"。郭璞注:"色如华而赤。今名马骠赤者为枣骝。骝,赤马也。"洪颐煊校注:"骝,《史记·秦本纪·集解》引作'骊'。注'骠'作'标','赤'下无'马'字,今从《集解》引改。"绿耳:耳绿色骏马。郭璞注:"《纪年》曰:'北唐之君来见,以一骊马,是生绿耳。'魏时,鲜卑献千里马,

白色而两耳黄，名曰黄耳，即此类也。八骏皆因其毛色以为名号耳。案，《史记》'造父为穆王得盗骊、华骝、绿耳之马，御以西巡游，见西王母，乐而忘归'，皆与此同，若合符契。"洪颐煊校注："注《纪年》本讹作'绿耳'，从《史记·秦本纪·集解》引改。'以一骊马'本作'骝马'，从《太平御览》八百九十六引改。臧镛堂云：宋板《尔雅》疏引，'鲜卑'作'西卑'，'西''鲜'声相近。此'鲜'字当是后人据他书所改。"

③重工：五色花狗。檀萃云："重工者，五色花狗，如染工之重入也。"彻山：又作"彻止"，纯黑色狗。天一阁本作"止"，洪颐煊校为"山"。洪颐煊校注："山，本作'止'，从道藏本改。"檀萃云："彻止者，色黧如止水之碧澄也。"雚猳(jiā)：青色猎犬。檀萃云："雚猳者，毛色如雚叶之青也。"雚，芄兰，亦名"女青"，应为 guàn。陈逢衡云："雚，当通作'獾'，言其形如獾猳，盖猎犬也。""雚"通"獾"，则为 huān。□黄：茹黄，黄色的狗。檀本填作"中黄"，注云："中黄者，毛色黄也。"陈逢衡云："《吕氏春秋》楚文王得茹黄之狗，疑即此类。"南□：红色的狗。檀本填作"南丹"，注云："南丹者，毛赤得南火之精也。"来白：白色的狗。洪颐煊校注："张华《博物志》云'周穆王有犬名耗，毛白。"檀萃云："来白者，来，古莱，莱叶面心白，其毛色似之也。"陈逢衡云："来白，盖白色犬。《广韵》：'𤞷，兽名，似狼。'"郭璞注："皆骏狗之名，亦犹宋鹊之类。"檀萃云："盖八骏应五方之色，而六狗亦如之。"王贻樑云："六狗之名，除'来白'可征诸于《博物志》外，它皆无可考。"

④天子之御：为穆天子驾车的车夫。御，驾驭，驭手。

⑤造父：周穆王车夫，赵国始祖。郭璞注："造父善御，穆王封之于赵城，余未闻也。"《史记·赵世家》："造父幸于周缪王。造父取骥之乘匹，与桃林盗骊、骅骝、绿耳，献之缪王。缪王使造父御，西巡狩，见西王母，乐之忘归。而徐偃王反，缪王日驰千里马，攻

徐偃王，大破之。乃赐造父以赵城，由此为赵氏。”絫百：人名。周穆王车夫。亦作“三百”。絫，亦作“参”“參”“叁”，通“三”。郭璞注：“下云‘絫百’，为御者。”洪颐煊校注：“‘絫’本作‘三’，注引下文本作‘絫’，因改。絫，古‘三’字。”《列子·周穆王篇》作“参百为御”。耿翛（xiāo）：亦为周穆王车夫。刘师培云：“疑‘耿翛’即《尚书》之‘伯冏’也。”王天海云：“古文《尚书·周书序》：‘穆王命伯冏为周太仆正（掌管车马的官员），作《冏命》。”芍及：人名。周穆王车夫，事迹不详。

【译文】

穆天子的骏马有：赤骥、盗骊、白义、踰轮、山子、渠黄、华骝、绿耳。穆天子的良犬有：重工、彻山、藋猳、茹黄、南丹、来白。穆天子的车夫有：造父、絫百、耿翛、芍及。

曰天子是与出□入薮[①]，田猎钓弋[②]。

【注释】

①曰：句首发端词，表陈述。出□入薮（sǒu）：出入于山林、湖泽之间。□，或为“林”字，与“薮”相对。薮，多草的湖泽。王贻樑云：“出□入薮，‘出’与‘入’对，‘□’即与‘薮’对，则‘□’当只一字。钓在薮，则田猎必在陵。故疑‘□’盖‘林’字之类。”

②田猎钓弋（yì）：围猎、钓鱼、射鸟。田猎，又作“畋猎”，是一种围猎的形式，注重军事训练，并与祭祀相关。弋，用带绳子的箭射鸟。郭璞注：“缴射也。”《诗经·郑风·女曰鸡鸣》：“弋凫与雁。”《史记·李斯列传》：“日游弋猎，有行人入上林中，二世自射杀之。”

【译文】

穆天子带着他们出入于山林沼泽之中，狩猎、钓鱼、射鸟。

天子曰："於乎！予一人不盈于德①，而辨于乐②，后世亦追数吾过乎③！"七萃之士□天子曰④："后世所望，无失天常⑤。农工既得⑥，男女衣食⑦；百姓珤富⑧，官人执事⑨。故天有訔⑩，民□氏响□⑪。何谋于乐⑫！何意之忘⑬！与民共利⑭，世以为常也⑮。"天子嘉之⑯，赐以左佩玉华⑰。乃再拜顿首⑱。

【注释】

①不盈于德：德行不够，德行不足。盈，满，充满。郭璞注："犹充也。"

②辨于乐：沉溺于游乐。郭璞注："作游乐之事。"辨，通"般"，大，盛。洪颐煊校注："《列子·周穆王篇》作'谐'。"刘师培云："古籍'般''班''辨'诸字互相通用。故此文假'辨'为'般'。般，即《孟子》'般乐'之'般'。赵注：'般，大也。'(《尔雅·释诂》"般，乐也。")而'般于乐'犹言淫于乐也。"

③后世亦追数吾过矣：郭璞注："穆王游放过度，行辄忘归，故作此言以自警也。"洪颐煊校注："《列子·周穆王篇》此段在纪迹弇山之后。"追数，追计，追算。

④□：劝慰。檀萃填作"谏"字，"谏"有"劝诫"义。王天海云："'谏'上或缺一人名。"

⑤无失天常：郭璞注："奉天时也。"洪颐煊校注："注'天'本作'六'，从汪氏本改。"天常，天道，天理，纲纪法度。《荀子·天论》："天行有常，不为尧存，不为桀亡。"陈逢衡云："天常，盖纪纲法度之谓，在天为天常，在人为人纪。"王天海云："'无失天常'本意为不要违背天道，可引申为不要失去纲纪法度，故陈说亦可通。"

⑥农工既得：农夫、百工各得其所。郭璞注："岁丰登也。"

⑦男女衣食:人人丰衣足食。郭璞注:“无饥寒也。”

⑧百姓珤富:百姓温饱富裕。郭璞注:“富者,安也。”于省吾云:“‘珤富’二字不辞,‘珤’应读作‘饱’。”“然则‘百姓珤富’即‘百姓饱富’。”王贻樑云:“于说甚是。古从包、从保、从缶者多相通作,其例极多,此不赘举。”

⑨官人执事:官吏各司其职。郭璞注:“各视职事。”

⑩旹:古“时”字,此指四时。郭璞注:“四时。”

⑪民□氏响□:此句当为十二字,语义未详。郭璞注:“音国。”洪颐煊校注:“孙同元云:注‘音国’二字,疑即正文‘响国’之讹,‘响’与‘飨’古通用。‘国’讹作‘□’,‘音’即‘响’字之半耳。”陈逢衡云:“‘响’字当断句,与下文‘忘’‘常’叶。”“此句本有讹误,不可强通。”翟云升云:“以上下四字韵语例之,‘民□氏响’为句。氏,‘是’也。是,古通用‘氏’。‘响’则‘飨’之讹也。□,音国,不可晓。‘□’盖缺文,非字也。‘音国’二字,即‘响□’之重出者,传写滋讹,且误以为注耳。”孙诒让云:“翟校近是,但此文皆四字句,则‘响’下不当更有缺文,‘□’盖误衍。”王贻樑云:“‘□’下郭注既云‘音国’,则缺文必非‘国’字,檀说非。又,此处乃韵文,前以‘望’‘常’‘得’‘食’‘富’‘事’叶韵;后以‘忘’‘常’叶韵。此处今存八字以上,则当共有十六字,亦或可能有二十四字(从“故天有旹”至“响”字处)。再多的可能性就小了。由于缺字过甚,此处文意难明。”综上,此句大义应是民有飨福,余义未知,盖与上句对应。

⑫何谋于乐:为什么说是追求享乐呢?郭璞注:“言不规乐而乐自及。”

⑬何意之忘:怎能认为是忘了德行呢?郭璞注:“常慎德也。”

⑭共利:共享利益,利益相同。

⑮常:常规,常理。

⑯嘉:赞赏,欣赏。郭璞注:“善其有辞。”

⑰左佩玉华：左边所佩美玉。郭璞注："玉华之佩，佩之精也。"洪颐煊校注："'玉'字本脱，'华'下讹增一'也'字，从《太平御览》六百九十二引改。"陈炜湛云："郭注是以'华也'为佩之饰，至为牵强。今案，'左佩华也'当是二物而非一事。古文字'它''也'同字，'也'实即'匜'（yí，古代舀水、注水的器具。金文多有其例），故简文'华也'当读作'华匜'，意即花纹精美之匜。"

⑱顿首：叩头至地，义同"稽首"。顾实云："顿，当作'䭫'，'䭫'即'稽'之本字，与'顿'形近而误。卷三云'奔戎再拜䭫首'，可证。"王贻樑云："诸说'顿'当作'䭫'，是。以金文察之，臣拜君唯见'稽首'一礼。䭫，又可隶作'頴'（今即多作此），则与'顿'更为形近。"

【译文】

穆天子说："唉！我自己德行不够，耽于游乐，后人也许会指责我的过错吧！"一位禁军将领劝慰穆天子说："后世希望的是，天子您不要违背天道。农夫、百工各得其所，人人丰衣足食；百姓温饱富裕，官吏各司其职。所以天有四季，人有禨福。为什么说是追求享乐呢！怎么能认为是忘了德行呢！天子与百姓共享利益，世人皆以此为常规。"穆天子很赞赏他这番话，解下左边的玉佩赏赐给他。于是他叩头至地，拜了两拜。

卷二

【题解】

本卷主要记载了穆天子巡游了昆仑山一带，顺利抵达西王母之邦的历程。本卷卷首缺文甚多，开卷始于"封膜昼于河水之阳"，随后穆天子巡狩了寿余、珠泽、赤乌、曹奴、长肱、容成、群玉山、剞闾氏、鄄韩氏等地。这些部落向穆天子进献重礼，穆天子则向他们馈赠回礼，并封赐了一些重要部落首领，如封膜昼于河水之阳，封珠泽之人于昆仑山侧，封赤乌人亓于舂山之西，封长肱于黑水之西河等，这些封赐表明周王朝的影响与势力已达西王母国之东界。在西进途中，穆天子登昆仑之丘，观黄帝之宫；登舂山之巅，勒铭悬圃；又取舂山之孳木华与嘉禾，攻群玉山之玉石，等等。综合以上情况可知，穆天子西征并不是欲肆其心的游乐之行，而是以天下雄主的姿态对属国的巡狩与征伐，以确保国家西北部的安定。

本卷记载的是穆天子于十七年（前960）的第二次西征，与卷一在时间、空间上并不连接。穆天子的本次西征或许与第一次西征的路线相同或相近。若如此，自阳纡之山往西，还要经过西夏氏、珠余氏、河首、襄山等地，方能到达昆仑之丘。其间的具体行程还需进一步研究。

一

□伯夭曰[①]。□封膜昼于河水之阳[②]，以为殷人主[③]。

【注释】

①□：卷首缺文颇多，难以详知。丁谦《干支表》："距前五十一日。案，此上脱文甚多，盖自河宗至昆仑、赤水，须经西夏、珠余、河首、襄山诸地，五十一日行四千里恰合。"小川琢治云："自卷一之末'戊寅'至卷二之首'丁巳'，其间凡五十一日，无一事记载，故卷二篇首脱简颇多，推测其达于十余简，六百字内外。其间自阳纡至于西夏氏二千五百里，又自西夏至于珠余氏及河首千五百里，合计经过四千里之行程。"顾实云："缺文在卷端，当所缺甚多，不可详知。"王贻樑云："此上缺文甚多，据卷四文知其间行程是：自阳纡至西夏氏，再至珠余氏、河首、襄山，又至舂山、珠泽、昆仑之丘，共四千七百里。此处距昆仑尚有二三日或稍多一些的行程，则此处距阳纡应在四千五百里左右（折合今里在三千至三千七百余里间）。《穆传》虽有大致方向、里程的记载，但具体难免有盘旋曲折，故其间的具体行程、位置都难以考察清楚。诸家的说法在此有很大的分歧，而须注意的是，有学者往往以现代的地理知识去套合，则是绝对不可取的。"曰：洪颐煊校注："'曰'本作'□'，从道藏本、程氏本改。"

②□：穆天子。顾实云："'封'上当脱'天子乃'三字，后言'天子乃封长肱于黑水之西阿'可为例证。"王天海云："顾实此说近是……然不仅缺'天子乃'三字，其上所缺必为伯夭对膜昼历史的介绍。"膜昼，人名。部落首领。郭璞注："人名。疑音莫。"丁谦云："膜昼当是伯夭子姓，故分河水以北地，请天子封之。"小川琢治云："'膜昼'与'亳丑'同音通用。其地位在汉武威郡朴劇之

边，……则膜昼封域其位凉州之东南，在凉、兰两邑之街道以东之地方甚明。”河水之阳：黄河北岸。

③以为殷人主：让他主持祭祀殷人的祖先。主，郭璞注：“谓主其祭祀，言同姓也。”

【译文】

伯夭向穆天子进言。穆天子就把黄河北岸的一块土地封赐给膜昼，让他主持祭祀殷人的祖先。

丁巳[①]，天子西南升□之所主居[②]。爰有大木硕草[③]。爰有野兽，可以畋猎。

【注释】

①丁巳：穆王十七年六月九日。丁谦《干支表》：“距前五十一日。”顾实作“五月二十日”。案，此是穆王第二次西征，时间上与卷一不连贯。

②□：山名。具体不详。郭璞注：“似说古之贤圣所居。”王贻樑云：“依《穆传》文例，所升者必山。由下文知此在昆仑近傍，具体未明。穆王一行此时已由河首、襄山临近昆仑，其方向正是‘西南’。”又说：“据下文，则此当为：寿□之人居虑之所主居。”王天海云：“王说近是。此‘□’缺文先有所升之山名，后有‘昜□之人居虑’数字。”主居：主要居住地。丁谦云：“主居，谓主宰居住，与上卷‘无夷之所都居’句法相同。”

③大木硕草：大树丰草。硕草，百草丰茂之意。硕，郭璞注：“大也。”

【译文】

十七年六月九日丁巳，穆天子从西南方登上□山，那里是寿余人的主要居住地。那里有高大的树木和丰茂的野草。那里有成群的野兽，可以狩猎。

戊午[1]，㽙□之人居虑[2]，献酒百□于天子[3]。天子已饮而行，遂宿于昆仑之阿[4]，赤水之阳[5]。爰有鹖鸟之山[6]，天子三日舍于鹖鸟之山[7]。

【注释】

①戊午：六月十日。距前“丁巳”一日。丁谦《干支表》：“距前一日，宿于赤水之阳。”顾实作“五月二十一日”，亦距前一日。

②㽙□：部族名。檀本填作“寿余”。㽙，郭璞注：“古‘畴’字。”洪颐煊校注：“‘㽙’本作‘𠷎’，今据《说文》改正。”王贻樑云：“此即‘寿’字，郭注为古‘畴’字，实迂远矣。‘寿’字异体异构殊多，无需改字。”居虑：人名。寿余部落首领。

③□：酒器名。檀本填作“斛”。郭璞注：“‘百’下脱盛酒器名。”王贻樑云：“填‘斛’字可取耳。盛酒容器甚多……斛，十斗也，其起于东周。《穆传》多用‘斛’，亦其西周后成书之一证矣。”

④昆仑之阿：昆仑山山脚。古代昆仑山的位置历来诸说不一。王贻樑总结诸家之说，两相推勘，指出：“本《传》之昆仑当为今甘肃祁连山。史界对昆仑的地望有以下四说：一说在酒泉南，即今祁连山；二说在新疆于阗（今和田）南，即今昆仑山脉；三说在青海，即今巴颜喀喇山；四说以为古昆仑乃融合西域（包括今新疆、青海、甘肃等）诸地理特点而成的传说。四说虽然各有其理，但考稽其时代，在先秦至西汉武帝以前，唯有第一说存在，其他皆为后出。如此，《穆传》之昆仑与历史上的古昆仑所在正相吻合。”阿，洪颐煊校注：“《山海经·西山经》注引作‘侧’。”

⑤赤水之阳：赤水河的北岸。郭璞注：“昆仑山有五色水，赤水出东南隅而东北流，皆见《山海经》。”顾实云：“昆仑之阿，赤水之阳，

当在今巴颜喀喇山之西部，那木齐图乌兰木伦河之北岸。”顾颉刚云：“《西山经》说赤水出昆仑而东南流，与此正合。”

⑥䲦(zhān)鸟之山：山名。具体位置有争议。顾实云：“䲦鸟之山，当即今新疆于阗东境之勒科尔乌兰达布逊山。”王贻樑云：“䲦鸟之山为古昆仑山中一山，具体则不明。以《山经》对照，则槐江之山与鸟山皆有可能，然未能确定。”䲦，郭璞注：“音甄，一音栴。”

⑦三日舍：住了三天。

【译文】

六月十日戊午，寿余人的首领居虑向穆天子献上百斛美酒。天子饮酒后上路，晚上住在昆仑山山脚，赤水河北岸。那里有座䲦鸟山，穆天子就在䲦鸟山上住了三天。

□吉日辛酉[①]，天子升于昆仑之丘[②]，以观黄帝之宫[③]，而封□隆之葬[④]，以诏后世[⑤]。

【注释】

①□：缺文不详，或衍。陈逢衡云：“《艺文类聚·山部》引‘吉日’上无空方。”辛酉：六月十三日。距前“戊午”三日。丁谦《干支表》：“距前三日，升于昆仑之丘。”顾实作“五月二十四日”，亦距前三日。

②昆仑之丘：洪颐煊校注：“《汉书·地理志》云：‘金城郡临羌县西北至塞外有西王母石室，又西有弱水、昆仑山祠。’崔鸿《十六国春秋》云：‘张骏时，酒泉太守马岌上言：酒泉南山即昆仑之体。周穆王见西王母，乐而忘归，谓此山也。’”

③黄帝之宫：黄帝的行宫。郭璞注：“黄帝巡游四海，登昆仑山，起宫室于其上。见《新语》。”王天海云：“此《新语》即贾谊《新书·修政》，其云：‘故黄帝职道义、经天地、纪人伦、序万物，以信与仁为

天下先，然后济东海，入江内、取绿图，西济积石、涉流沙，登于昆仑，于是还归中国，以平天下。天下太平，唯躬道而已。'未闻起宫室于昆仑山之上。此'黄帝之宫'或为后人据传说所筑纪念性的宫室，供人朝拜与观览。"

④封□隆之葬：即封丰隆之葬，指给丰隆的坟墓培土。封，给坟墓培土。□隆，丰隆，传说中的云师，一说为雷神，黄帝的官员。相传黄帝受命有云瑞，故以云纪事，以云名官。葬，坟墓。郭璞注："'隆'上字疑作'丰'。丰隆，筮御云，得大壮卦，遂为雷师。亦犹黄帝桥山有墓。封，谓增高其上土也，以标显之耳。"洪颐煊校注："《山海经·西山经》注、《水经·河水》注俱引作'封丰隆之葬'，后《传》写脱'丰'字。注'"隆"上字疑作"丰"'六字，本后人校者之文，今本误羼入注中。正文'封'讹作'丰'，今依注改正，而注中六字姑仍其旧。"陈逢衡云："丰隆为雷师，犹赤松为神农时雨师，皆古官名，非指先天之神。"丁谦云："丰隆，人名。当是从黄帝西征而道卒者，故葬于此。"顾实云："丰隆之葬，当与黄帝之宫相近。"卫挺生云："黄帝有天下而为'云师'，乃丰隆附于黄帝亦称云师。此可见丰隆乃黄帝之大臣也。"

⑤诏：昭示，告知。郭璞注："谓语之。"

【译文】

六月十三日辛酉这天是个吉利的日子，穆天子登上昆仑山，观看了黄帝的行宫，并给丰隆的坟墓培土，以此昭示后世之人。

癸亥①，天子具蠲齐牲全②，以禋□昆仑之丘③

【注释】

①癸亥：六月十五日。距前"辛酉"二日。丁谦《干支表》："距前二日，禋于昆仑。"顾实作"五月二十六日"，亦距前二日。

②蠲齐(juān zī):洁净的粢盛。蠲,清洁,洁净。《周礼·天官·宫人》:"除其不蠲,去其恶臭。"《吕氏春秋·孟夏纪·尊师》:"临饮食,必蠲絜。"齐,通"粢",稷,粟米,泛指谷物。《礼记·曲礼下》:"稷曰明粢,稻曰嘉蔬。""齐"在此处指粢盛,即盛在祭器中供祭祀用的谷物。《孟子·滕文公下》:"牺牲不成,粢盛不洁,衣服不备,不敢以祭。"郭璞注:"蠲者,洁也。齐祭神曰'禋'。《书》:'天子禋于六宗。'蠲,音圭。"翟云升云:"注'齐'上当有'洁'字,言蠲齐即洁齐也。《左传》隐公十一年注:'絜齐以享谓之禋祀。'絜,'洁'本字。"牲全:即"牲牷",用以祭祀的纯色完整的牛、马、猪、羊等动物作牺牲。

③禋(yīn)□:禋祀,古代烧柴升烟以祭天,也泛指祭祀。《诗经·周颂·维清》:"维清缉熙,文王之典,肇禋。"《国语·周语上》:"不禋于神而求福焉,神必祸之。"□,或为"祀"。檀本、顾实填作"于"。王天海云:"《周礼·春官·大宗伯》:'以禋祀祀昊天上帝。'故'禋'下当缺'祀祀'二字。禋祀,升烟以祭神灵,即把祭神的谷物与牺牲置于柴堆上,烧柴升烟,表示告天。也泛指祭祀。"

【译文】

六月十五日癸亥,穆天子准备了洁净的粢盛和纯色完整的牛、马、猪、羊等牺牲,以烧柴升烟来祭祀昆仑山。

二

甲子[①],天子北征,舍于珠泽[②],以钓于沂水[③]。曰珠泽之薮[④],方三十里。爰有萑苇、莞蒲、茅萯、蒹、葽[⑤]。

【注释】

①甲子:六月十六日。距前"癸亥"一日。丁谦《干支表》:"距前一日,北舍于珠泽。"顾实作"五月二十七日",亦距前一日。

②珠泽：盛产宝珠的湖泊。地望不明。郭璞注："此泽出珠，因名之云。今越嶲平泽出青珠是。"丁谦云："此'珠泽'《山海经》作'稷泽'，今名伊斯库里泊，在和阗西北百余里。此泊西南有桑珠披、雅尔满二水流入之，与《传》言'北征'及'钓于沵水'合。"顾实云："珠泽，当在今和阗之玉珑哈什河、哈喇哈什河合流处。"常征云："沵水发源之小沼，细泉出地，水泡如联珠，因称'珠泽'。"亦为一说。卫挺生云："珠泽当即巴格思海子，海拔约 5200 公尺。其命名殆非因产蚌珠而实无之，似因其下（西）玉河多玉石子，其形似珠，而此泽乃其发源地也。"王贻樑云："珠泽，当今何地不明。由下文看，方圆三十里（合今里为二十至二十五里间），并非浩瀚大泽，故名不甚著。"王守春云："'珠泽'应当是古罗布泊。笔者的根据是这里有'萑苇、莞蒲……'也即这里芦苇和菖蒲等植物很多。统观西北地区的诸多湖泊，只有古代罗布泊周围芦苇、菖蒲等植物很多，故《汉书·西域传》中记载古罗布泊名为'蒲昌海'。近代的考古调查表明，罗布泊干湖床的西侧，芦苇根分布的面积很广。这在斯坦因的《亚洲腹地》一书中有较详细的记述。"

③沵（liú）水：即流水，指珠泽向外流泄的河流。洪颐煊校注："'沵'本作'流'，从《太平御览》八百九十六引改。沵，古'流'字。"

④薮：湖泽。亦指水少草木多的沼泽。郭璞注："泽中有草者为薮。"陈逢衡云："《周官·职方氏》注'大泽曰薮'。"王贻樑云："此薮内遍长芦苇一类植物，盖为盐碱性池沼，今甘肃、新疆等西北地区内颇多此类池沼。"

⑤萑（huán）苇：又作"萑苇""雚苇"，指芦荻和芦苇，多生长于江边、湖泽。萑，通"萑"，荻类植物，俗称"芦荻"，形如芦苇。《诗经·小雅·小弁》："萑苇淠淠。"朱熹《集传》："萑苇，即蒹葭也。"蒹、葭长成后称为"萑""苇"。洪颐煊校注："'萑'本作'雚'，从《太平御览》九百九十九引改。"莞（guān）蒲：即蒲草。也指用莞草织的

席子。《诗经·小雅·斯干》："下莞上簟，乃安斯寝。"郭璞注："莞，葱蒲，或曰莞蒲，齐名耳。关西云'莞'，音丸。"王贻樑云："莞属莎草科，多年生草本植物，生于沼泽、水畔。茎细而圆，高五六尺，丛生，茎可织席。"茅萯(fù)：茅草和黄蓓草。《诗经·召南·野有死麕》："白茅纯束，有女如玉。"郭璞注："萯，今'菩'(草名。可以织席。菩，通"蓓"。《尔雅·释草》："蓓，黄蓓，草名。")字，音倍。"洪颐煊校注："道藏本、程氏本皆作'苐萯'。《太平御览》九百九十九引作'蕣苐'。"蒹(jiān)：没有长穗的芦苇。《诗经·秦风·蒹葭》："蒹葭苍苍，白露为霜。"郭璞注："蒹，薕也，似萑而细。音兼。"洪颐煊校注："《尔雅·释草》：'蒹，薕。'郭氏注云：'似萑而细。'注'薕'字本讹作'荷'，今改正。"葽(yāo)：草名。又叫"师姑草""赤雹子"。《诗经·豳风·七月》："四月秀葽，五月鸣蜩。"郭璞注："葽属。《诗》曰：'四月秀要。'"

【译文】

六月十六日甲子，穆天子往北巡狩，住在珠泽，在流水处钓鱼。珠泽水域，方圆三十里。那里生长着各种芦苇、蒲草、茅草、黄蓓草和狗尾草。

乃献白玉①，□隻，□角之一，□三，可以□沐②。乃进食□③，酒十□④，姑劓九□⑤，亦味中糜胃而滑⑥。因献食马三百⑦，牛羊三千。

【注释】

①乃献白玉：珠泽之人向穆天子献上白玉石。洪颐煊校注："《事物纪原》三引作'珠泽之人，献白玉石'。"檀萃云："其献之者，即下文'□吾'也，其国名缺。"

②可以□沐：此处缺文甚多，据"角""沐"推测，可能是生活用具。

③食□：某种事物。□，可能是食物名称与数量。

④酒十□：十斛酒。□，可能是"斛"字。

⑤姑劓(yì)：事物不详，可能是一种食品。□：可能是数量词。

⑥亦：道藏本作"亓"。亓，古文"其"字。中：适合。郭璞注："犹合也。"糜胃：使胃舒适。糜，原意为破碎。或是姑劓极为美味。一作"麋胃"，误。翟云升云："又考《礼记·内则》有'鹿胃'，《疏》以为不可食，'麋胃'当与同。气亦不可食麋胃，岂'麋腈'之讹欤？'麋腈'亦见《内则》。"

⑦食马：供食用之马。俗称"肉马"，今无。郭璞注："可以供厨膳者。"

【译文】

珠泽人向穆天子先献上白玉石和各种生活用品。又献上美酒和各种食物。最后又献上三百匹食用马和三千头牛羊。

天子□昆仑[①]，以守黄帝之宫，南司赤水[②]，而北守舂山之珤。

【注释】

①天子□昆仑：天子乃封珠泽之人□吾于昆仑旁。郭璞注："此以上似说封人于昆仑山旁。"卫挺生云："郭注是也。所封之人似即下文之'□吾'。"

②南司赤水：往南管辖到赤水河。司，掌管，管理。

【译文】

穆天子于是就封珠泽之人□吾于昆仑山旁边，让他守护黄帝宫室，往南守护赤水河，向北守护舂山上的珍宝。

天子乃赐□之人□吾黄金之环三五①，朱带贝饰三十②，工布之四③。□吾乃膜拜而受④。

【注释】

①天子乃赐□之人□吾：天子于是赏赐珠泽之人□吾。"赐"下之"□"应为"珠泽"。□吾，人名。珠泽之人的首领。洪颐煊校注："'赐'字本脱，从《北堂书钞》一百二十九引补。"卫挺生云："'乃赐'二字下之阙文，当是'珠泽'二字。"黄金之环三五：十五个黄金环。环，郭璞注："空边等为环。"顾实云："'环'之造字，从玉得义，明中国本只有玉环也。"三五，即十五个。

②朱带贝饰：用贝壳装饰的朱红色大带。郭璞注："《淮南子》曰：'贝带，鵕鸃是也。'"洪颐煊校注："贝，《太平御览》六百九十六引作'具'。《史记·佞幸列传》云：'孝惠时，郎、侍中皆冠鵕鸃，贝带。'《匈奴列传》云：'黄金饰具带一。''具''贝'各异注。引《淮南》为证者必作'贝'也。注'贝'上本衍'其'字。'鵕鸃'讹作'骏䮭'，今从《佞幸列传·索隐》《淮南》改正。"陈逢衡云："鵕鸃自是冠饰，与'朱带贝饰'无涉。朱是其色，贝饰则用贝之甲以为带饰，故曰'朱带贝饰'。"顾实云："朱带贝饰，后文亦简名曰'贝带'，必朱色之带而以贝为饰也。"

③工布之四：工巧之布四匹。檀萃云："'之'当为'疋'，谓工精之布四疋也。"陈逢衡云："疋四，文不顺。'之'当作'三'，三四，十二也。"章太炎云："《越绝书·外传》记宝剑，欧冶子、干将作为铁剑三枚：一曰龙渊，二曰泰阿，三曰工布。此'工布'亦当为剑名。"王天海云："工布，宝剑名。"案，国之利器，不可轻易予人，章说不可取。陈说可取，或为精工之布十二匹。译文暂从原文。

④膜拜：古代礼节。合掌加额，长跪而拜。郭璞注："今之胡人礼佛，举手加头，称南谟拜者，即此类也。"洪颐煊校注："注'谟'本

作'膜',从程氏本改。"陈逢衡云:"《玉藻》:'君赐稽首,据掌致诸地。'膜拜者,据掌致地之谓也。"卫挺生云:"膜拜云者,谓西膜式之参拜也。"王贻樑云:"膜拜,西膜人之拜式,具体不明。郭注无端牵于佛礼,遂使后人生疑。"

【译文】

穆天子又赏赐给珠泽人的首领□吾十五只黄金环,三十条红色贝饰大带,四匹精工布料。□吾于是合掌加额,跪地拜谢穆天子,然后收下了这些礼物。

天子又与之黄牛二六[①],以三十□人于昆仑丘[②]。

【注释】

①黄牛二六:黄牛十二头。郭璞注:"以为牺牲种。"檀萃云:"彼方无黄牛,多予为种。"

②以三十□人:留下中土人三十人。檀萃云:"又以中土人三十人,同守昆仑丘。十,或作'千'。"

【译文】

穆天子又赐给他十二头黄牛,并留下三十人守卫昆仑山。

三

季夏丁卯[①],天子北升于舂山之上[②],以望四野。曰:"舂山,是唯天下之高山也!"孽木华不畏雪[③],天子于是取孽木华之实,持归种之[④]。

【注释】

①季夏丁卯:六月十九日。距前"甲子"三日。丁谦《干支表》:"距

前三日，北升于春山。”顾实作“六月初一日”，亦距前三日。

②春山：山名。小川琢治云：“春山，即《山经》之钟山。”张公量云：“此‘春山’为《山海经》之‘钟山’无疑，在贺兰山麓。”顾实云：“春山即葱岭，今曰帕米尔。”王贻樑云：“春山，昆仑山中一山，即今祁连山脉中一山。以文曰‘春山，是唯天下之高山也’视，似为主峰。然穆王一行非登山家，且古无精确测量手段，仅大约而言之。又，由下文视之，似春山即县圃，则与《山经》相异。”参前注。

③孳木华不畏雪：孳木花不畏风雪。孳木华，植物名。疑为雪莲。华，同“花”。洪颐煊校注：“今本‘孳’本下作‘□华畏雪’。《太平御览》二十二引作‘蕃不畏霜’，‘蕃’即‘华’字之讹。以下句证之，‘孳’本下不应有‘□’字，因从《御览》引改正，惟‘霜’字尚不如今本‘雪’字之善耳。”顾实云：“孳木华，未详何物。今帕米尔境内，树木难遇，但有草根似木者（据《戈登游记》），或即此物欤！”王贻樑云：“孳木华，疑为雪莲。雪莲，属菊科，多年生草本，高五十厘米左右，茎倒立，下部有褐色残叶。又有绵头雪莲，高十至二十五厘米，全株密被白色绵毛，叶线形或狭倒卵形。皆因不畏雪而得名。但未可终定。”

④持归种之：拿回来培育它。洪颐煊校注：“‘持归种之’本讹作注，从《太平御览》二十二引改正。”

【译文】

夏六月十九日丁卯，穆天子向北登上春山山顶，眺望四野，说：“春山真是天下最高的山啊！”山上有孳木花不畏风雪，穆天子于是采摘了孳木花的种子，要把它带回去培育。

曰：“春山之泽[①]，清水出泉，温和无风，飞鸟百兽之所饮食，先王所谓县圃[②]”天子于是得玉荣、枝斯之英[③]。

【注释】

①春山之泽:春山上的湖泊。丁谦云:“春山之泽即萨雷库里湖(湖纵约九里,横约三十里。水面高于平地,万四千二百公尺。左右之山又高于湖五千尺。湖水西流,为阿母河源)。”顾实云:“春山之泽,即今新疆莎车(即叶尔羌)之大帕米尔湖也。”卫挺生云:“其泽当指小帕、大帕、阿尔楚尔帕之诸湖而言。其湖四面皆有山环绕,故‘温和无风’。”王贻樑云:“春山之泽,当今地望不明,但必在春山。”

②先王:古代帝王。县(xuán)圃:即悬圃,传说中昆仑山顶上神仙居住的仙境。郭璞注:“《淮南子》曰:‘昆仑去地一万一千里,上有曾城九重;或上倍之,是谓阆风;或上倍之,是谓玄圃。以次相及。’《山海经》云:‘明明昆仑、玄圃各一山,但相近耳。’又曰:‘实为帝之平圃也。’”胡应麟云:“春山之名,后世不甚传,而县圃神仙家所盛依托,以为数倍昆仑。据此,‘先王所谓县圃’之文,不过如秦汉所谓《上林》《长杨》所记,鸟兽虽众,皆人世所尝有求。如《山海经》九首八足食人之怪,固无一也。则二书讵可同日语哉!”(《少室山房笔丛》)王守春云:“把‘春山’比定为吐鲁番盆地北面的天山,那么《穆传》中‘春山’上的‘悬圃’,可以认为是哈密地区的巴里坤湖或乌鲁木齐东面博格达峰下面的天池,将‘悬圃’如此定位,比丁谦所认为的是帕米尔高原上的萨雷库里湖也显得更合理。因为天池或巴里坤湖都是位于高山盆地或高山谷地之中,由山下到湖泊,要攀登陡峻的山地,使人感到它们是高悬在半山之上的。而帕米尔高原的萨雷库里湖则是在高原上面的,虽然从塔里木盆地到帕米尔高原上要攀登很大的高度,但一旦登上高原后,还要在高原上经过很长的距离才能到达萨雷库里湖,因此,该湖不会使人产生‘悬’的感觉。更值得推敲的是‘圃’字,该字有植物茂盛的苑囿之意。位于帕米尔高原上的萨

雷库里湖周围地区，气候寒冷干燥，植物较稀少，而天池或巴里坤湖周围地区的山地，生长着茂密的森林，正合'圃'字的含义。"县，同"悬"。洪颐煊校注："《艺文类聚》六十五引'王'下有'之'字。"

③玉荣：即玉华，指玉石之精华。郭璞注："谓玉华也。"《山海经·西山经》："黄帝乃取峚山之玉荣，而投之钟山之阳。"枝斯：古代传说中的美玉。《尔雅·释地》："枝斯，……美玉也。"英：精英，精华。郭璞注："英，玉之精华也。《尸子》曰：'龙泉有玉英。'《山海经》曰：'黄帝乃取密山之玉荣，而投之钟山之阳。'是也。"洪颐煊校注："'荣'本作'策'。注同。《后汉书·张衡传》注引《山海经》亦作'策'。同裹弟震煊云：'郭氏彼注云谓玉华也。字当作"荣"，作"策"者误也。'《玉海》八十七引《山海经》云：'玉策。'小字注云：'《穆天子传》注作"玉荣"。'王厚斋所见本尚不误，今改正。"

【译文】

穆天子说："舂山上的湖泊，清水自出，气候适宜，温和无风，真是飞鸟、百兽饮水觅食的好地方，也就是先王所说的悬圃仙境啊。"穆天子在那里还采得玉华、枝斯此类的美玉精品。

曰："舂山，百兽之所聚也，飞鸟之所栖也。"爰有□兽①，食虎豹，如麋而载骨②，盘□③，始如麕④，小头大鼻。爰有赤豹、白虎、熊罴、豺狼、野马、野牛、山羊、野豕⑤。爰有白鹌、青雕⑥，执犬羊，食豕鹿。

【注释】

①□兽：猛兽。□，或为"猛"字。陈炜湛云："'兽'上当为'青''黑'

之类颜色字。”

②如麋而载骨：形貌如麋而骨骼似豺。载，或通“豺”。于省吾云：“载，应读作‘豺’。……‘如麋而载骨’，形象如麋而骨骼如豺也。”

③盘□：盘角，意为其角盘曲。□，或为“角”字。陈炜湛云：“‘盘’下则当为‘盂’字，‘盘’‘盂’连文，古书恒见。”案，然不知“盘盂”在此作何解？

④麕(jūn)：即“麇”，獐子，似鹿而小，无角，黄黑色。郭璞注：“麕，麞是也。”《埤雅》：“麞如小鹿而美，故从章。章，美也。”

⑤熊罴(pí)：熊和罴。罴，熊的一种，即棕熊，又叫“马熊”“人熊”，毛棕褐色，能爬树，会游泳。郭璞注：“《诗》曰：‘赤豹黄罴。’”

⑥白鵻(sǔn)：白色的隼。鵻，同“隼”，雕的一种。青雕：黑色大雕。郭璞注：“今之雕亦能食麕鹿。”洪颐煊校注：“‘鵻’本作‘鸟’，从《山海经·海内西经》注引改。《一切经音义》六引作‘白枭’。注‘麕’本作‘獐’，从《文选·鹪鹩赋》注引改。”卫挺生云：“白鵻、青雕而能‘执犬羊，食豕鹿’，则皆今日所谓‘鹫’类也，与上文鹞鸟之山之鹰鹞同物。”

【译文】

穆天子说：“舂山真是百兽聚集之地，飞鸟栖息之所。”那里有种猛兽，能捕食虎豹，外形似麋鹿而骨骼如豺狼，头上长着盘角，幼年时像獐子，小脑袋大鼻子。那里有赤豹、白虎、熊罴、豺狼、野马、野牛、山羊、野猪。那里还有白隼、黑雕，能捕捉犬羊，能吃猪和鹿。

曰天子五日观于舂山之上。乃为铭迹于县圃之上①，以诏后世。

【注释】

①铭迹：将事迹铭刻于碑石之上。郭璞注：“谓勒石铭功德也。秦

始皇、汉武帝巡狩登名山，所在刻石立表，此之类也。”县：洪颐煊校注：“《山海经·西山经》注、《太平御览》五百九十引作‘玄’。”

【译文】

穆天子在舂山上游览了五天。在悬圃上建立石碑，铭刻他的功绩，以昭示后世之人。

四

壬申[①]，天子西征。

【注释】

①壬申：六月二十四日。距前“丁卯”五日。丁谦《干支表》：“距前五日，西征。”顾实作“六月初六日”，亦距前五日。

【译文】

六月二十四日壬申，穆天子继续向西巡狩。

甲戌[①]，至于赤乌[②]。之人丌献酒千斛于天子[③]。食马九百，羊牛三千，穄麦百载[④]。天子使□父受之。

【注释】

①甲戌：六月二十六日。距前“壬申”二日。丁谦《干支表》：“距前二日，至于赤乌。”顾实作“六月初八日”，亦距前二日。

②赤乌：西域部族名。陈逢衡云：“赤乌氏国，盖在舂山之西。《路史·国名纪》七：‘《穆传》有赤乌氏在泰山西。’盖因《御览》八百九十九引作‘泰山’而误也。《史记·匈奴传》：岐、梁山、泾、漆之北有乌氏之戎，疑即此赤乌氏之遗种也。”赵俪生云：“《山经》中的‘赤国妻氏’是否就是《穆传》中的‘赤乌氏’，我们不敢说定，但

很可能是。”常征云：“赤乌氏部落为周人婚姻之族。周族在太王居豳原（在今固原北）之前，曾在祖厉河流域。其先君‘祖类’即因祖厉河而得号。……故当周族后来东返后，其婚姻部落赤乌氏得留居青海边。”王贻樑云：“赤乌在舂山西三百里（合今里在二百至二百四十九里间），则仍当在昆仑区（今祁连山脉区域）内。赵先生说可能是《山经》（《大荒西经》的‘赤国妻氏’，颇可考虑。”钱伯泉云：“赤乌氏的祖先为周太王的嬖臣和大女婿，则原来一定居住于周国附近，后来才迁到舂山之侧。……赤国也就是赤乌国，这里明说它为西周之国。据《汉书·西域传》，自青海祁连山经新疆昆仑山到葱岭（今帕米尔高原），都有若羌人居住，羌即是姜，羌人为姜姓民族，原居于陕西省北，与周族世代通婚，关系密切，赤乌国很可能就是姜姓民族羌人建立的国家，其他约在葱岭东部，今新疆塔什库尔干东境。”王守春云：“‘赤乌氏’之地与《山海经》中的‘赤国’当是同一个地方。但是‘其地并不在阿富汗境内。吐鲁番地区因有火焰山，构成山体的红色砂页岩，使山体呈现一片红色。因此……将‘赤乌氏’‘赤国’认定为吐鲁番盆地是比较恰当的。”

③之人丌：赤乌之人的首领丌。此承上省略“赤乌”二字。《穆传》多有此例，盖系古语法。郭璞注：“丌，名，赤乌人名也。”洪颐煊校注：“注‘丌’下‘名’字疑衍。”又“‘丌’本作‘其’。案，下文‘丌乃膜拜而受’‘赤乌之人丌’，字皆作‘丌’，古‘其’字，传写者讹作‘其’耳。‘至于’下依文义当脱‘赤乌氏’三字。”

④穄（jì）麦百载：穄米和麦子一百车。穄，没有黏性的黍子。俗称“糜（méi）子”。《吕氏春秋·孝行览·本味》：“饭之美者，玄山之禾，不周之粟，阳山之穄，南海之秬。”郭璞注：“穄，似黍而不黏。”洪颐煊校注：“《玉篇》云：‘穄，关西糜，似黍不黏。’《太平御览》八百四十二引作‘稔’。”顾实云：“今燕鲁之民，犹谓穄饭曰细米子

饭。”载，车。

【译文】

六月二十六日甲戌，到达赤乌氏。赤乌氏首领丌向穆天子献上千斛美酒。又献上九百匹食用马、三千头牛羊和一百车穄米和麦子。穆天子让郗父收下了这些礼物。

曰：“赤乌氏先出自周宗①，大王亶父之始作西土②，封其元子吴太伯于东吴③，诏以金刃之刑④，贿用周室之璧⑤。封丌璧臣长绰于舂山之虱⑥，妻以元女⑦，诏以玉石之刑⑧，以为周室主⑨。”

【注释】

①周宗：与周王族同一祖先。郭璞注：“与周同始祖。”《路史·国名纪》三：“《穆传》赤乌之国在春山西三百，与周同祖，谓是高辛氏后。”洪颐煊校注：“《艺文类聚》六十七引作‘宗周’。”

②大王亶（dǎn）父：即古公亶父。姬姓，名亶，豳（今陕西旬邑）人。上古周部落的领袖，相传为轩辕黄帝十六世孙、后稷十二世孙，周文王祖父。因受戎狄逼迫，率领族人由豳迁到岐山下的周原（今陕西岐山北），“复修后稷、公刘之业”，使周族逐渐强盛，成为周王朝的奠基人，周朝建立后，追谥他为“周太王”。郭璞注：“即古公。亶父，字也。”西土：当指岐山一带。郭璞注：“言作兴于岐山之下，今邑在扶风美阳是也。”

③元子：天子和诸侯的嫡长子。《尚书·微子之命》：“王若曰：猷，殷王元子。”吴太伯：又称“泰伯”，古公亶父的长子，吴国第一代君主。相传古公亶父欲传位给三子季历（周文王姬昌之父），太伯乃与其二弟雍仲（吴国第二代君主）避祸至吴，断发文身，耕田

自足，创立吴国。郭璞注："太伯让国入吴，因即封之于吴。"案，亶父时，吴地不属周，至周武王时方追封吴太伯。

④诏以金刃之刑：告诉他制作金属武器的方法。郭璞注："南金精利，故语其刑法也。"顾实云："金刃之刑及玉石之刑，刑、型，古字通，谓范型法则也，即铸金刃及制玉石之范型法则也。"金刃，刀剑之类的金属武器。刑，通"型"，方法，法则，技术。

⑤贿：赠送财物。郭璞注："赠贿也。"《左传》宣公九年："孟献子聘于周，王以为有礼，厚贿之。"周室之璧：周王室的玉璧。璧是古代中国用于祭祀的玉质环状物，凡半径是空半径的三倍的环状玉器称为"璧"。《尔雅》："肉倍好谓之璧，好倍肉谓之瑗，肉好若一谓之环。"

⑥丌：同"其"，指古公亶父。璧臣：贤德的大臣。一说"璧臣"为"嬖臣"，即亲信之臣。顾实云："孙曰：璧，疑作'嬖'，形近而讹。然当承上文'周室之璧'而讹。"又说"璧臣"为人名。"璧臣"当以贤臣之说为佳。长绰：人名。一作"长季绰"。洪颐煊校注："吴氏本'绰'上有'季'字。"陈逢衡云："长季，犹长子也。璧臣、绰，皆人名。皆赤乌氏之先氏。绰为璧臣之子。"虘：西。洪颐煊校注："虘，疑是古文'㕢'字之讹。"丁谦云："'虘'字无解，或是'原'字之讹。"陈逢衡云："'虘'盖古文'西'字之误。"常征云："虘，即尸，'尸'古作'夷'，夷者，裔也，又即边裔。春山之虘，就是春山之边。《山海经》名之曰：'边春之山。'"钱伯泉云："虘，侧也。山麓的意思。"王贻樑云："虘，疑'西'字之讹。"

⑦妻以元女：把长女嫁给他为妻。元女，长女。《左传》襄公二十五年："庸以元女大姬配胡公。"杜预注："元女，武王之长女。"

⑧诏以玉石之刑：告诉他制作玉石的方法。郭璞注："昆仑山出美玉石处，故以语之。"

⑨以为周室主：让他做祭祀周人祖先的主祭人，意即任命他为赤乌

氏首领，效忠周朝。

【译文】

郄父说："赤乌氏的祖先与周王族同宗，古公亶父开始兴起于西岐时，就封他的长子吴太伯到东方的吴国，教给他制作金属武器的方法，赠给他周王室的玉璧。又封赐他的贤臣长绰到舂山以西，并把长女嫁与他，传给他制作玉石的方法，让他做祭祀周人祖先的主祭人。"

天子乃赐赤乌之人□丌墨乘四[①]，黄金四十镒[②]，贝带五十，朱三百裹[③]。丌乃膜拜而受。

【注释】

①□：缺文不详，疑衍。墨乘四：黑色车四辆。墨乘，不加文饰的黑色车乘。《周礼·春官·巾车》："大夫乘墨车。"郑玄注："墨车，不画也。"

②镒(yì)：古代重量单位。郭璞注："二十两为镒。"二十两为一镒，四十镒则为八百两。古代度量衡不一，秦至晋每两约13.92—16.14克。

③朱三百裹：朱砂三百袋。朱，即朱砂，为硫化汞的天然矿石，大红色，有金刚光泽至金属光泽，属三方晶系，可用于炼汞，亦可作药物、染料。裹，量词。用于包裹之物。

【译文】

于是穆天子赏赐给赤乌人首领□丌四辆黑色车、八百两黄金、五十条贝带、三百袋朱砂。□丌于是合掌加额，跪地拜谢穆天子，然后收下了这些礼物。

曰："□山是唯天下之良山也[①]，珤玉之所在，嘉谷生之[②]，草木硕美[③]。"天子于是取嘉禾[④]，以归树于中国[⑤]。

【注释】

①□山：春山。□，或为"春"。

②嘉谷：古以粟（小米）为嘉谷，后为五谷的总称。《尚书·吕刑》："稷降播种，农殖嘉谷。"

③硕美：硕茂，高大繁茂。

④嘉禾：同嘉谷。王贻樑云："《广韵》：'粟，禾子也。'可知'禾''粟'乃一也。细言之，则'禾'乃指植株，而'粟'专指籽粒。混言之，则皆可独指全物。'禾''粟'乃北地与西北主要粮食作物，各处自有不同的良种。《传》之'嘉禾'，乃是赤乌人培育之良种，移赠华夏民族也。此事之背景，即民族间的交流之事实。"

⑤以归树于中国：带回中原种植。郭璞注："汉武帝取外国香草美菜种之中国。"

【译文】

穆天子说："春山真是天下最好的山啊，盛产宝玉，嘉谷生长，树木高大，花草丰茂。"于是穆天子收取了粟米种子，以带回中原种植。

曰天子五日休于□山之下[①]，乃奏广乐。赤乌之人丌好献二女于天子[②]，女听、女列以为嬖人[③]。曰："赤乌氏，美人之地也，珤玉之所在也！"

【注释】

①□山：春山。□，或作"春"。

②好献：为结好而进献。郭璞注："所以结恩好也。"二：洪颐煊校注："'二'字本脱，从《艺文类聚》十七、《太平御览》三百八十一

引补。”

③女听、女列以为嬖(bì)人：女听、女列，丌所献二女的名字。郭璞注：“一名听，名失，一女名下文。”郭注错乱，义不可知。洪颐煊校注：“‘以’字从《艺文类聚》十七引补。注有脱讹，不可晓。”陈逢衡云：“《太平御览》三百八十一引‘赤乌之人献二女于天子，女听、女列。赤乌氏美人之地也’。”嬖人，指被宠幸的姬妾或侍臣。《左传》隐公三年：“公子州吁，嬖人之子也。”《正义》：“嬖，必计反。贱而得幸曰嬖。”

【译文】

穆天子在春山之下休息了五天，并演奏了盛大的乐曲。赤乌人的首领丌为了结好穆天子，献上两位美女，一个名听，一个名列，都成为穆天子宠幸的姬妾。穆天子说：“赤乌氏真是盛产美女和宝玉的地方啊！”

五

己卯[1]，天子北征，赵行□舍[2]。

【注释】

①己卯：七月一日。距前“甲戌”五日。丁谦《干支表》：“距前五日，济泽水，入于曹奴氏。”顾实作“六月十三日”，亦距前五日。

②赵行□舍：奔驰不停。赵，驱驰，奔驰。□，檀萃本作“不”。郭璞注：“赵，犹超腾。舍，三十里。”

【译文】

七月一日己卯，穆天子往北巡狩，急驰不停。

庚辰[1]，济于洋水[2]。

【注释】

①庚辰：七月二日。距前“己卯”一日。丁谦《干支表》脱“庚辰”。顾实作“六月十四日”，距前一日。洪颐煊校注：“《山海经·西山经》注引作‘戊辰’。”

②洋水：水名。水系不明。郭璞注：“洋水出昆仑山西北隅而东流。洋，音详。”檀萃云：“《经》云：‘洋水出焉，而西北流注于醜涂之水。’又云：‘洋水、黑水出西北隅……’则洋水即黑水。”顾实云：“洋水即今新疆疏勒府之喀什噶尔河。”卫挺生云：“洋水，即喷赤河。”常征云：“洋水，亦称‘养水’，或名‘养女川’，即今西宁市境之长宁河。”王贻樑云：“本《传》之‘洋水’当在今甘肃西部酒泉左近。上古此处水系不明，汉时流入居延泽有两大河流：呼蚕水与羌谷水，二水合而为弱水。又西有籍端水（冥水）流入冥泽。此‘洋水’与下‘黑水’当在此处水系中，只是未能确指（郦道元时已不明）。”

【译文】

七月二日庚辰，渡过洋水。

辛巳①，入于曹奴②。之人戏觞天子于洋水之上③。乃献食马九百，牛羊七千，穄米百车。天子使逢固受之④。天子乃赐曹奴之人戏□黄金之鹿⑤，白银之麕⑥，贝带四十，朱四百裹。戏乃膜拜而受。

【注释】

①辛巳：七月三日。距前“庚辰”一日。丁谦《干支表》脱“辛巳”。顾实作“六月十五日”，距前一日。

②入于曹奴：曹奴，西域部族名。顾实云：“曹奴，当即疏勒。”“《汉书·西域传》之疏勒国，今新疆疏勒府之疏勒县治。适在喀什噶

尔河之上。”常征云:“赤乌氏东邻曹奴氏,以‘洋水’为界。”洪颐煊校注:“《水经·漾水》注引同今本。依文义,‘入于’下当脱‘曹奴氏’三字。”

③之人戏:曹奴之人戏。戏,人名。曹奴人的首领。郭璞注:“国人名也。”

④逢固:人名。周大夫,又作“逢公固”。郭璞注:“逢固,周大夫。”

⑤□:或为“以”字。亦或衍。陈逢衡云:“空方当是‘以’字。”黄金之鹿:用黄金铸成的鹿。

⑥白银之麕(jūn):用白银制造的麕。郭璞注:“今所在地中得玉肫、金狗之类,此皆古者以赂夷狄之奇货也。”洪颐煊校注:“‘白银之麕’本讹脱作‘□’,从《艺文类聚》九十五、《太平御览》九百六引补。”陈逢衡云:“‘黄金之鹿、白银之麕’,乃是以金银镕铸而成,若如郭云‘玉肫’‘金狗’之类,则是生成之物矣。”顾实云:“白银之麕等物,当亦皆依西方之俗而特制以赐之者。”卫挺生云:“此乃中原高度文化所产生之工业艺术上品也。”

【译文】

七月三日辛巳,穆天子进入曹奴氏境。曹奴人的首领戏在洋水岸边宴请穆天子。又献上九百匹食用马、七千头牛羊和一百车穄米。穆天子让逢固收下这些礼物。穆天子于是赏赐给曹奴氏的首领戏黄金鹿和白银獐,以及四十条贝带、四百袋朱砂。戏于是合掌加额,跪地拜谢穆天子,然后收下了这些礼物。

六

壬午[①],天子北征,东还[②]。

【注释】

①壬午:七月四日。距前“辛巳”一日。丁谦《干支表》:“距前(己

卯)三日,北征东还。"顾实作"六月十六日",距前一日。王天海云:"丁说有误,实距前'辛巳'只一日。"案,丁谦距前"己卯"三日,中间"庚辰""辛巳"脱。

②东还:转东路折向西行。郭璞注:"从东头而还归。"洪颐煊校注:"注'还'道藏本作'旋'。"

【译文】

七月四日壬午,穆天子继续向北行进,又转东路折向西行。

甲申[1],至于黑水[2],西膜之所谓鸿鹭[3]。于是降雨七日,天子留骨六师之属[4]。

【注释】

①甲申:七月六日。距前"壬午"二日。丁谦《干支表》:"距前二日,至于黑水。"顾实作"六月十八日",亦距前二日。

②黑水:水名。地望不明。郭璞注:"水亦出昆仑山西北隅而东南流。"常征云:"黑水即今武威境内之石羊河。其河三源并发冷龙岭,东源曰'长泉水',又名'白塔河',中源曰'马城河',西源曰'五涧水',或曰'沙河'。三源汇流于武威北,即称黑水。"顾实认为黑水,即今新疆的叶尔羌河。钱伯泉云:"黑水即今新疆的叶尔羌河。突厥语和维吾尔语称之为'喀拉苏','喀拉'为黑的意思,'苏'为水的意思。"

③西膜:字面意思是西方的沙漠,意谓西方广大空旷,如同沙漠,即指西域。郭璞注:"西膜,沙漠之乡。以言外域人名物与中华不同。《春秋》叔弓败莒师于濆水,《穀梁传》曰'狄人谓濆泉失台,号从中国,名从主人'之类也。"小川琢治云:"穆王之旅行中,其在北方者为西夏,而其在南方者为西膜("膜"即"薄"及"亳"),是殷民族所散布之部落。"岑仲勉云:"提到西膜语言的地方,都属

于今新疆范围内,《汉书·西域传》之南道。而特提'西膜之人'只有文山一处,可见文山是彼时西膜的住地。"赵俪生云:"观隋、唐类书中,提到西域概念时,有时作'西胡',有时作'西极',那么'西膜'会不会是与'西极''西胡''西域'是同义的一个词呢?待考。"王贻樑云:"西膜,当以郭注及赵俪生说近之。《穆传》言西膜者分布较广,可知并非一地或一国之名,而当如后人之谓西域者。膜,当读为'广漠'之'漠'。"鸿鹭:即西膜人对黑水的称呼。

④留骨:疑为"留胥"之讹。留胥,义为停留等待。胥,等待。《管子·法法》:"四者备体则胥足,上尊时而王不难矣。"洪颐煊校注:"'骨'疑是'胥'字之讹,'胥'有待义。《韩敕碑》'胥'作'肙',与'骨'字相近,因误。刘九华云:'《文选》枚乘《七发》云:"通厉骨毌之场。"《越绝书》作"胥毌"。'此其证也。"檀萃云:"'骨'当为'胥',……胥者,待与俱也。"顾实云:"'胥'为'顉'之借用字。留胥者,留待也。"王贻樑云:"由《传》文'降雨七日'及郭注视,此'骨'字当'胥'字之讹。胥,汉以后别体甚多,……皆与'骨'字形近。此当是后世传抄所致。"陈逢衡云:"檀、洪二说固当,然下文有'留骨之邦',若作'留胥之邦'颇无义味。且穆王先六师之属以待不止一处,何独命此邦为留胥也?……五月从行军士必有死路中者,至是埋骨于此,故曰'留骨六师之属',而名其地曰'留骨之邦'。"案,陈说虽可通,且颇有意义,然五、六月间带着死亡军士的尸体长途行军颇为不妥。又,因下雨而停驻,未必是埋骨于此。

【译文】

七月六日甲申,穆天子抵达黑水,西域人把黑水叫作"鸿鹭"。在那里遇上连绵七天的大雨,穆天子只好留下来等待后续的六师部属。

天子乃封长肱于黑水之西河①,是惟鸿鹭之上②,以为周室主。是曰“留骨之邦”[3]。

【注释】

①长肱：此为人名或部族名。郭璞注：“即长臂人也。身如中国，臂长三丈，魏时在赤海中得此人裾也。长脚人国又在赤海东。皆见《山海经》。”陈逢衡云：“长肱，疑古贤裔，久而式微，穆王举废国，故封于此。或曰即《大荒南经》之张弘国，亦非也。”丁谦云：“长肱，人名，当是其地酋长。……旧注以长肱为长臂人，非是。”常征云：“留胥国君曰‘长肱氏’，封地在黑水之西阿。”王贻樑云：“长肱者，人名也。郭注以长臂解之，未允。此长肱或为穆王之臣子（同姓），或为前赤乌长季绰之后裔（亦同姓），故可又为‘周室主’。”王天海云：“郭注长肱为长臂人，大不妥。所引《山海经》本为神话传说，不足为据，或望文生义所致。”黑水之西河：即黑水上游流域。黑水由西北向东南流，故其西为上游。

②是惟鸿鹭之上：是在黑水河的上游。洪颐煊校注：“《山海经·西山经》注引‘惟’下有‘昆仑’二字。”鸿鹭，即黑水。王贻樑云：“《太平御览》《太平寰宇记》记载酒泉有鸿鹭山，虽然山水相异，但何尝又不是一条间接的证据呢？证明酒泉附近确有鸿鹭者。山名鸿鹭，或是由水名而及者。鸿鹭，当是译音，亦可能是言黑水之盛，或有鸿鹭栖息于此处，未能终定。”

③留骨之邦：即“留胥之邦”。郭璞注：“因以名之。”依陈逢衡说，作“留骨之邦”更有意义。

【译文】

穆天子于是把黑水西河一带封给长肱氏，即鸿鹭水的上游地区，并让长肱氏的首领做祭祀周人祖先的主祭人。穆天子又将此地命名为“留胥之邦”。

七

辛卯[①]，天子北征，东还，乃循黑水[②]。

【注释】

①辛卯：七月十三日。距前“甲申”七日。丁谦《干支表》：“距前七日，北征东还。”顾实作“六月二十五日”，亦距前七日。

②循：顺着，沿着。

【译文】

七月十三日辛卯，穆天子向北行进，转东路再折向西行，依然沿着黑水河前进。

癸巳[①]，至于群玉之山[②]，容成氏之所守[③]。曰群玉田山□知阿平无险[④]，四彻中绳[⑤]，先王之所谓册府[⑥]，寡草木而无鸟兽[⑦]。爰有□木[⑧]，西膜之所谓□[⑨]。

【注释】

①癸巳：七月十五日。距前“辛卯”二日。丁谦《干支表》：“距前二日，至于群玉山。”顾实作“六月二十七日”，亦距前二日。

②群玉之山：即群玉山，今祁连山脉中的一山。郭璞注：“即《山海经》玉山，西王母所居者。”洪颐煊校注：“注本脱‘即’字。又‘经’下有‘群’字，从《文选》谢玄晖《郡内高斋闲坐答吕法曹》诗注引改。”丁谦云：“群玉山，《山海经》作‘峚山’，今称‘密尔岱山’，在叶尔羌西南，库克雅尔池、克里克二庄之西。《汉书》西夜、子合国产玉石，即其地。”顾实云：“群玉之山，当在今叶尔羌及西南之密尔岱山。”“《山海经》有峚山，有玉山。‘峚’音密，‘峚山’即密

尔岱山。”“郭注谓即玉山者，误也。”密尔岱山，史称“玉山”，在今天新疆喀什地区叶城县棋盘河源头。顾颉刚云：“祁连山出玉，所以有群玉山。”王贻樑云：“顾颉刚说是。据卷四文，群玉山在赤乌氏、舂山东北，方约七百里（折合今里在四百六十五至五百八十里间），则当在今祁连山脉中或至合黎山、龙首山一带。”王守春云：“《穆传》中记载了有关‘群玉之山’的若干地理特征：‘阿平无险’，‘寡草木而无鸟兽’。若把‘黑水’比定为张掖地区的黑水，那么‘天子’循黑水而到达群玉之山，就应当是溯黑水而上，向地势高的群玉之山上走去。因此，‘群玉之山’应当是黑水上游地区的祁连山地。祁连山地也出产玉石。如酒泉地区早在古代就用祁连山地出产的玉石雕凿成酒杯，素负盛名。而‘阿平无险’，‘寡草木而无鸟兽’，诸地理特征表明‘群玉之山’所在的地区又是一个广阔平坦、动植物稀少的荒漠高原地区。这样的地区，可能就是柴达木盆地。这样，‘群玉之山’可能包括张掖南面的祁连山地以及与其毗连的柴达木盆地。如若认为‘黑水’是叶尔羌河，‘群玉之山当在今叶尔羌及西南之密尔岱山’，我们认为，这是错误的。因为实际上叶尔羌河上游地区是由昆仑山脉和喀喇昆仑山脉构成的地形极为崎岖险峻的山地，没有‘阿平无险’的地形。统观我国西北和新疆地区以及中亚地区的地理形势，任何地方都不如这里更合适。”案，祁连山脉位于青海省东北部与甘肃省西部边境，与密尔岱山相距遥远。

③容成氏：部族名。洪颐煊校注：“成，本作‘□’，从《太平御览》六百十八引改。《路史前纪》五引作‘庸成氏之所守’，‘庸’‘容’古通用。”钱伯泉云：“‘容成’与‘也里虔’‘叶尔羌’谐音，……叶城，中古也叫‘也里虔’，上古叫‘容成’，这不一定是偶然的巧合。”王贻樑云：“容成氏出于黄帝时史官容成公（传为始造律历、房中术者），参《庄子·胠箧篇》《淮南子·本经训》等。本《传》置容成氏

于群玉山者,盖因与黄帝传说有关(而黄帝传说又与昆仑有关)之故。”

④群玉田山:即群玉之山。□知:疑衍。檀萃云:“郭注《山海经》引此《传》谓‘群玉之山,见其山河无险,四彻中绳’。与此更明,当从共之。”陈逢衡云:据《山经》注引,此处“‘田’字是‘之’字之误,‘山’下‘□知’二字当衍”。阿平无险:地势平坦,没有险阻。郭璞注:“言边无险阻也。”洪颐煊校注:“阿,《史记·太史公自序·索隐》《山海经·西山经》注引皆作‘河’。险,《太平御览》六百十八、《路史前纪》五引皆作‘隘’。”郝懿行云:“郭氏《西山经》‘玉山’注引作‘山河无险’。”

⑤四彻中绳:四通八达,道路平直。彻,通,达。洪颐煊校注:“《山海经·西山经》注引作‘辙’。”中绳,平直。郭璞注:“言皆平直。”陈逢衡云:“四彻,四达也。中绳言直。”

⑥册府:指帝王的藏书之所。又作“策府”。郭璞注:“言往古帝王以为藏书册之府。所谓藏之名山者也。”册,洪颐煊校注:“‘册’本作‘策’,从《文选》谢玄晖《郡内高斋闲坐答吕法曹》诗注引改。《说文》云:‘册,符命也。象其一长一短,中有二编之形。’‘策,马箠也。’‘册’‘策’本不同,今经典通用。”

⑦寡草木而无鸟兽:郭璞注:“言纯玉石也。”寡,少。

⑧□木:大木。□,檀本作“大”字。

⑨□:檀本作“櫾”字。櫾(yáo),大树。《山海经·西山经》:“槐江之山,……其阴多櫾木之有若。”郭璞注:“櫾木,大木也。其上复生若木。”

【译文】

七月十五日癸巳,到达群玉之山,这是容成氏的领地。群玉山地势平坦,没有险阻,四通八达,道路平直,先王称这里是藏书的地方,草木很少又没有鸟兽。那里有种大树,西域人称之为櫾。

天子于是攻其玉石①，取玉版三乘②，玉器服物③，载玉万隻④。天子四日休群玉之山⑤，乃命邢侯待攻玉者⑥。

【注释】

①攻其玉石：开采玉石。洪颐煊校注："'攻其玉石'四字本脱，从《山海经·西山经》注引补。"攻，开采，挖掘。

②玉版：玉板，玉片。版，洪颐煊云："字从《西山经》注、《太平御览》三十八引补。"

③玉器服物：即玉器佩物，指用于佩戴的玉器。郭璞注："环佩之属。"

④载玉万隻：装载美玉万双。隻，当为"雙"。郭璞注："雙玉为瑴，半瑴为隻。见《左氏传》。"洪颐煊校注："'载'上本有'于是'二字。注又脱'半瑴为隻'一句，今从《西山经》注、《御览》三十八引改正，惟《御览》引'隻'讹作'候'，今不从。"陈逢衡云："（隻）即古省'雙'字"，"玉必以双玉为献"。卢文弨："凡此书'隻'字皆当为'雙'字。"顾实云："'隻'借为'雙'，犹'屮'借为'艸'。"王贻樑云："注'瑴'为'玨（珏）'之异文，《说文》'二玉相合为一玨'。核之甲文，其形正合。瑴，从玉，㱿声，是后起的形声字。由此可知，'隻'当作'雙'，故从改。"

⑤休：游玩休息。郭璞注："游息也。"

⑥邢侯：姬姓，周公之后，封于邢（今河北邢台），穆王时任周大夫。郭璞注："留待之也。邢，今广平襄国县。"陈逢衡云："襄国，汉属赵国，晋属广平郡，今直隶顺德府邢台县，古邢国地。"王贻樑云："此邢侯与前井利非一族，卷一已辨。此邢侯为姬姓，周公之后。其封地旧有二说：一说在今河北邢台，即郭注所言地；一说在今河南温县附近。旧以前说为主，但亦未能终决。近来考古发掘竟在两地都找到了一定的证据，尤使人莫衷其是。"攻玉者：即制

作玉器的人。檀萃云:“攻玉者,役群玉之人攻其玉。天子将北征,而留邢侯于群玉以待之也。”攻,加工,雕刻。《诗经·小雅·鹤鸣》:“它山之石,可以攻玉。”

【译文】

穆天子在那里开采玉石,获得三车玉版,还有玉器佩物,又用车装载了一万双美玉。穆天子在群玉山休息了四天,就命令邢侯在这里接待制作玉器的人。

八

孟秋丁酉①,天子北征,□之人潜旹觞天子于羽陵之上②,乃献良马、牛羊。天子以其邦之攻玉石也,不受其牢③。

【注释】

①孟秋丁酉:七月十九日。距前“癸巳”四日。丁谦《干支表》:“距前四日,北征,觞于羽陵。”顾实作“七月初一日”,亦距前四日。

②□之人:群玉之人。□,檀本填作“群玉”。岑仲勉云:“据余揣之,缺名地似当在喀什噶尔附近。”潜旹:人名。当地的部族首领。郭璞注:“潜旹,名也。”羽陵:地名。位置不详。丁谦云:“羽陵地未详,当去群玉山不远。”顾实云:“羽陵亦必为丘陵,而其上皆禽鸟所落羽毛,故名之曰羽陵耳。”卫挺生云:“此羽陵当即铁格山或海立雅山。”王贻樑云:“顾说是。”

③不受其牢:不接受群玉之人所献的礼物。郭璞注:“重慎其费。牢,牲礼也。”郭注原作“重慎费其”,语义不通,今改。王贻樑云:“‘费其’不类,权改‘其费’。”牢,古代供祭祀或宴飨的牛、羊、豖等。《战国策·赵策三》:“鲁人曰:‘吾将以十太牢(太牢,牛、羊、豖三牲具备谓之太牢)待子之君。’”此处“牢”应指重礼,即上文的“良马、牛羊”。郭注“牢,牲礼也”,不确。

【译文】

孟秋七月十九日丁酉，穆天子将要往北巡狩，群玉山的部族首领潜旹在羽陵之上宴请穆天子，又献上好马和牛羊。穆天子考虑到他的邦国承担了采集玉石、制作玉器的任务，就没有接受他所献的礼物。

伯夭曰："□氏[①]，槛□之后也[②]。"天子乃赐之黄金之罂三六[③]，朱三百裹。潜旹乃膜拜而受。

【注释】

①□氏：容成氏。小川琢治云："'氏'上之空格，当为重容氏之一族。"

②槛□：即槛诸，同"礛诸"，攻玉之石。此指玉工，攻玉人。小川琢治云："'槛'下之字，当以'诸'字填之。《淮南子·修务训》云：'玉坚无敌，镂以为兽，首尾成形，礛诸之功。'高诱注：'礛诸，治玉之石，可以为错。'是'礛'读'廉氏'之'廉'，一曰'濫'也。"

③罂：即罌，盛酒、水的陶器或木器，小口大腹。《墨子·备穴》："令陶者为罌。"《史记·淮阴侯列传》："而伏兵从夏阳以木罌缻渡军。"郭璞注："即盂也，徐州谓之罂。"洪颐煊校注："'罂'本作'罌'，《山海经·西山经》注引作'黄金之罂'，罂，古'罌'字。《玉海》一百五十四引亦作'罂'，皆古字之仅存者，今悉改正。"王贻樑云："罌，郭注训'盂'（与其注《山经·西山经》同），误。《说文》：'罌，缶也。'字又作'甖''甇''盎'。《尔雅·释器》：'盎，谓之缶。'《诗·宛丘·释文》：'缶，盎也。'……颜师古注：'缶，即盎也。大腹而敛口。'是。"

【译文】

伯夭说："容成氏是攻玉人的后裔。"穆天子于是就赏赐给潜旹十八只黄金缶、三百袋朱砂。潜旹于是合掌加额，跪地拜谢穆天子，然后收下了这些礼物。

九

戊戌[①],天子西征。

【注释】

①戊戌:七月二十日。距前“丁酉”一日。丁谦《干支表》:“距前一日,西征。”顾实作“七月初二日”,亦距前一日。

【译文】

七月二十日戊戌,穆天子向西巡狩。

辛丑[①],至于剞闾氏[②]。天子乃命剞闾氏供食六师之人于铁山之下[③]。

【注释】

①辛丑:七月二十三日。距前“戊戌”三日。丁谦《干支表》:“距前三日,至于剞闾氏。”顾实作“七月初五日”,亦距前三日。

②剞(jī)闾氏:西域部族名。地望不明。剞,郭璞注:“音倚(yǐ)。”常征云:“‘剞闾’读如‘倚吕’,即战国后期出现之匈奴国家王族‘虚连氏’。”钱伯泉云:“晋郭璞注‘音倚’,所以‘剞闾’当是‘伊犁’的不同音译。《汉书·陈汤传》译作‘伊列’,《长春真人西游记》译作‘益离’。”

③六师:即天子六军。郭璞注:“天子六军。《诗》曰:‘周王于迈,六师及之。’”铁山:山名。或因产铁而得名,地望不明。洪颐煊校注:“‘铁’本作‘鐡’,俗字,从《北堂书钞》十六、《太平御览》五十引改。”丁谦云:“铁山在其(剞闾氏)东北完治河上游,是山产铁,

质地精纯，为各部落所争售。”顾实云：“剞闾氏当在帕米尔西之达尔瓦兹，铁山在完治河边。”小川琢治云：“剞闾氏、铁山之位置，……自群玉山五日行程，约在百五十粁内外之西，想在肃州以西，嘉峪关北侧，黑山之边。”

【译文】

七月二十三日辛丑，到达剞闾氏境。穆天子就命令剞闾氏在铁山之下为六师部属准备饮食。

壬寅①，天子祭于铁山②，祀于郊门③，乃彻祭器于剞闾之人④。温归乃膜拜而受⑤。

【注释】

①壬寅：七月二十四日。距前“辛丑”一日。丁谦《干支表》：“距前一日，登于铁山。”顾实作“七月初六日”，亦距前一日。

②祭：祭祀。洪颐煊校注：“‘祭’本作‘登’，从《北堂书钞》十六、《太平御览》五十引改。”

③祀于郊门：祭祀郊关。郊门，又作“郊关”，指古代城邑四郊起拱卫防御作用的关门。《孟子·梁惠王下》：“臣闻郊关之内，有囿方四十里。杀其麋鹿者，如杀人之罪。”此处应指扼守铁山的险要关隘。洪颐煊校注：“四字本脱，从《北堂书钞》十六引补。”

④彻：撤除，撤去。祭器：祭祀时所陈设的各种器具。《礼记·王制》：“祭器未成，不造燕器。”周朝祭祀有六器，即璧、琮、珪、璋、琥、璜。郭璞注：“以祭余胙赐之。”

⑤温归：人名。剞闾氏部族首领。郭璞注：“名也。”

【译文】

七月二十四日壬寅，穆天子祭祀了铁山和郊关，又把祭器和祭品赐给了剞闾人。剞闾人的首领温归于是合掌加额，跪地拜谢穆天子，然后收下了这些礼物。

天子已祭而行，乃遂西征。

【译文】

穆天子祭祀完毕后，就继续往西巡狩。

十

丙午[①]，至于鄄韩氏[②]。爰有乐野温和[③]，穄麦之所草[④]，犬马牛羊之所昌[⑤]，珤玉之所□[⑥]。

【注释】

①丙午：七月二十八日。距前“壬寅”四日。丁谦《干支表》：“距前四日，至于鹑韩氏。”顾实作“七月初十日”，亦距前四日。

②鄄(juàn)韩氏：西域部族名。郭璞注：“鄄，之然切。”洪颐煊校注：“‘鄄’本作‘鹯’(zhān)，下同。又注四字本脱，从《事类赋》注二十三引改补。”刘师培云：“鹯韩之地，以地望审之，疑即撒马尔干。”吕调阳云：“鹯韩，今都尔伯乐津回庄。”丁谦云：西出葱岭，“抵今布哈尔部地，即《传》鹯韩氏国”。顾实云：“鹯韩当即今中央亚细亚之撒马尔干。”卫挺生云：“此鹯韩当在今安集延城一带。”王贻樑云：“此距剞闾氏又四五日行程，大约在今敦煌至罗布泊一线上。或稍准确些说，约在科什库都克与库木库都克附近，边上正库姆塔格沙漠北缘，即下文之‘平衍’。”

③乐野：欢乐的郊野。檀萃云：“乐野即大乐之野，一曰大遗之野，一曰大穆，一曰大穆之野也。”陈逢衡批评说：“此乐野犹乐土、乐郊也。谓其平旷，何得以大乐之野为即乐野乎？”“大乐之野”出

自《山海经·海外西经》，是夏后启观乐舞《九代》的地方。

④草：郭璞注："此字作艸下早，疑古'茂'字。"洪颐煊校注："钱詹事云：'"草"当为"阜"字之误，隶楷形相涉耳。'宋咸熙云：'草，古"皂"字，当读《诗》"既方既皂"之"皂"。'"此字异说颇多，据上下文意，作"茂"字为宜。

⑤昌：昌盛，兴旺，兴盛。郭璞注："犹盛也。"与上文"茂"对应。

⑥□：聚。檀本填"聚"字。王天海云："视上文有'群玉之山'，为宝玉聚集而得名，此缺文疑作'出'字较妥。"

【译文】

七月二十八日丙午，穆天子到达鄄韩氏境。那里有欢乐的原野，气候温和，稌米和麦子生长茂盛，犬马牛羊繁衍兴旺，还是盛产宝石的地方。

丁未[1]，天子大朝于平衍之中[2]，乃命六师之属休。

【注释】

①丁未：七月二十九日。距前"丙午"一日。丁谦《干支表》："距前一日，大朝于平衍。"顾实作"七月十一日"，亦距前一日。

②平衍：平坦广阔的旷野。顾实云："平衍者，阿母河之下游，为撒马尔干，为布哈尔，为土兰平原，皆是也。"衍，低而平坦的土地。郭璞注："坟之下者。见《周礼》。"

【译文】

七月二十九日丁未，穆天子在平坦广阔的原野上大会诸侯群臣，并命令六师部属在此地休整。

己酉[1]，天子大飨正公、诸侯、王吏、七萃之士于平衍之中[②]。

【注释】

①己酉：八月一日。距前“丁未”二日。丁谦《干支表》脱“己酉”。顾实作“七月十三日”，距前二日。

②大飨(xiǎng)：谓天子宴饮诸侯来朝者。《周礼·春官·大司乐》：“大飨不入牲。”郑玄注：“大飨，飨宾客也。”《礼记·仲尼燕居》：“大飨有四焉。”郑玄注：“大飨，谓飨诸侯来朝者也。”

【译文】

八月一日己酉，穆天子在原野上大宴正公、诸侯、穆王属官、禁军卫士。

鄄韩之人无凫乃献良马百匹[①]，服牛三百[②]，良犬七千[③]，牥牛二百[④]，野马三百，牛羊二千，穄麦三百车。天子乃赐之黄金银罂四七[⑤]，贝带五十，朱三百裹，变□雕官[⑥]。无凫上下乃膜拜而受[⑦]。

【注释】

①无凫：鄄韩氏的部族首领。

②服牛：指可以役使的牛。《周易·系辞下》：“服牛乘马，引重致远，以利天下。”服，郭璞注：“可服用者。”洪颐煊校注：“‘服’本作‘用’，从《北堂书钞》三十一引补。

③良犬：经过调教训练的狗。良，郭璞注：“良，调习者。”洪颐煊云：“注‘良’字本脱，从《北堂书钞》三十二引补。”七千：似乎过多，应为“七十”。陈逢衡云：“‘七千’疑误，当作‘七十’。”王贻樑校为“七十”。

④牥(fāng)牛：一种颈背部隆起的野牛，即单峰驼。《玉篇》："牥，良牛名。日行二百里。又云'牥驼'。"卷四注有"牥牛二百"下本有"以行流沙"。郭璞注："此牛能行流沙中，如橐驼。"二百：洪颐煊校注："《太平御览》八百九十九引作'三百'。"

⑤黄金银罂：黄金和银制成的罂。本《传》唯此处为"黄金银罂"，其他数处皆作"黄金之罂"。

⑥变□雕官：即"丝缋雕管"，指雕有纹理并系有丝带流苏的管状乐器。檀萃云："第四卷天子赐觮鍪有'丝缋雕官'，当即此四字，今所谓克丝之类。"于省吾云："按卷四有'丝缋雕官'……'官''管'古字通，《仪礼·聘礼》注古文'管'作'官'。《荀子·赋篇》'管以为母'，注'管所以盛箴'。疑'变□''丝缋'皆丝类。雕管，管之雕以华文者。丝类与盛箴之管，均用之相因者。"陈逢衡云："古文'管'为'官'……则'雕官'即'雕管'，盖乐器之类。"顾实云："盖赐以雕工之官，专司刻镂之事者。"亦为一说。

⑦上下：指无凫君臣上下。郭璞注："疑古'上下'字，今夷狄官多复名。"洪颐煊校注："注'疑古"上下"字'正文必不作'上下'，凡书中讹字无别本可校者，俱仍其旧。注'复'字吴氏本作'覆'。"檀萃云："言其君臣上下同膜拜而受天子之赐也。"顾实云："上下，当指无凫及其从属而言，郭注未谛。"陈逢衡认为"上下"是一种礼拜的仪节。

【译文】

鄄韩人的首领无凫献上一百匹好马、三百头役用的牛、七十只训好的狗、二百头牥牛、三百匹野马、二千头牛羊和三百车穄米和麦子。穆天子便赏赐给他二十八件金银缶、五十条贝带、三百袋朱砂和系有流苏的雕纹管状乐器。于是，无凫君臣上下都合掌加额，跪地拜谢穆天子，然后收下了这些礼物。

十一

庚戌[①],天子西征,至于玄池[②]。天子休于玄池之上[③],乃奏广乐,三日而终,是曰乐池[④]。天子乃树之竹[⑤],是曰竹林[⑥]。

【注释】

①庚戌:八月二日。距前"己酉"一日。丁谦《干支表》:"距前(丁未)三日,西征,至于玄池。"顾实作"七月十四日",距前一日。

②玄池:湖泊名。或为今新疆罗布泊。檀萃云:据《山经》:"河水之间附禺之山,帝颛顼之丘,方圆三百里,帝俊竹林在焉,大可为舟。其西有沉渊,颛顼所浴,帝水精所浴,之池黑。即玄(元)池也。"陈逢衡云:"穆王是时方周循黑水,其玄池是必黑水之支流停蓄而为小水泊者,断非《山海经》之'沉渊'。"丁谦云:"玄(元)池,今布哈尔城西南有登吉斯湖,地望相合,且舍此别无他池。"顾实云:丁谦说是,"今锡尔河上,与此合"。常征云:"而玄池则马城河畔、姑臧故城之'渊池',又名'灵渊池者'是也(见《水经注》)。"钱伯泉云:"伊犁之西有玄池,此必伊塞克湖。"王贻樑云:"玄池距西王母邦仅近十日左右之程,而西王母邦距群玉山有三千里(折合今里在二千至二千五百里间),则此玄池与黑水当已不相干。愚意此玄池当今新疆之罗布泊。罗布泊古名泑泽,见《山经·西山经》等。……玄、泑,皆水色黝黑之意,此乃湖滨多芦苇、水草及腐殖质,又有盐分积累,遂使湖水微带黑色。旧或说罗布泊乃游移湖,乃误。罗布泊为历代通西域之要道,考古发掘在这一带已发现自先秦以来大量的中域遗物,更是明确无误的证明。"

③休于玄池之上:洪颐煊校注:"'休'上本有'三日'二字,当涉下文

而误。从《事类赋》注二十四、《玉海》一百七十一引删。”

④乐池:即玄池,因穆天子闻广乐而名之。郭璞注:“因改名为‘乐池’,犹汉武改‘桐乡’为‘闻喜’之类。”洪颐煊校注:“注‘桐’本作‘祠’,今改正。”

⑤树之竹:在玄池周围种上竹子。郭璞注:“种竹池边。”

⑥竹林:茂盛的竹林。郭璞注:“竹木盛者为林。”洪颐煊校注:“下文云:‘天子南葬盛姬于乐池之南。’注云:‘即玄池也。’地当在河、济之间,不应次在此。震煊云:‘乐池名同地异,郭氏注误也。’《太平寰宇记》三十:盩厔县下,‘司竹园,在县东一十二里,穆天子西征至玄池,乃植之竹。是此。故《史记》云:“渭川千亩竹。”汉谓鄠杜竹林’。”

【译文】

八月二日庚戌,穆天子往西巡狩,到达玄池。穆天子在玄池边休息,并演奏了盛大的乐曲,三天后才结束,便把这里命名为“乐池”。穆天子又在玄池周围种上竹子,便将此地命名为“竹林”。

十二

癸丑[①],天子乃遂西征。

【注释】

①癸丑:八月五日。距前“庚戌”三日。丁谦《干支表》:“距前三日,西征。”顾实作“七月十七日”,亦距前三日。

【译文】

八月五日癸丑,穆天子又继续向西前行。

丙辰[①],至于苦山[②],西膜之所谓茂苑[③]。天子于是休猎④，于是食苦⑤。

【注释】

①丙辰：八月八日。距前“癸丑”三日。丁谦《干支表》：“距前三日，至于苦山。”顾实作“七月二十日”，亦距前三日。

②苦山：山名。地望不明。洪颐煊校注：“《山海经·中山经》有苦山，与帝台相近。《晋书·束皙传》言此书记‘周穆王游行四海，见帝台、西王母’，疑即此山。”陈逢衡以洪说非，认为“此苦山当以苦菜得名”。卫挺生云：苦山，“当在撒马尔干一带”。王贻樑云：“苦山距玄池二三日程，距西王母邦五六日程，具体未明。苦，以之为名植物甚多，此可食者，盖即苦菜（苦荼）也。文献多见，属菊科草本植物，嫩苗可食。”

③茂苑：草木茂盛的园林。案，“谓”字原文脱，今补。

④休猎：休整游猎。

⑤苦：苦菜。郭璞注：“苦，屮名，可食。”

【译文】

八月八日丙辰，到达了苦山，西域人把苦山叫作“茂苑”。穆天子于是便在这里休整游猎，并品尝了山上的苦菜。

丁巳①，天子西征。

【注释】

①丁巳：八月九日。距前“丙辰”一日。丁谦《干支表》：“距前一日，西征。”顾实作“七月二十一日”，亦距前一日。

【译文】

八月九日丁巳，穆天子继续西征。

己未①，宿于黄鼠之山西□②。

【注释】

①己未：八月十一日。距前“丁巳”二日。丁谦《干支表》：“距前二日，宿于黄鼠山西阿。”顾实作“七月二十三日”，亦距前二日。

②黄鼠之山：山名。地望不明。西□：西阿，即西山坡。丁谦《干支表》作“西阿”。

【译文】

八月十一日己未，穆天子住在黄鼠山的西坡。

乃遂西征。癸亥①，至于西王母之邦②。

【注释】

①癸亥：八月十五日。距前“己未”四日。丁谦《干支表》：“距前四日，至于西王母邦。”顾实作“七月二十七日”，亦距前四日。

②西王母之邦：西域部族国名。该国位于西域，且以女性为首领，故称。王贻樑云：“西王母从一开始在文献中露面，便充满传奇色彩。古今中外考证者无数，但凡言之具体者，则皆在似是似非之间，无一可确凿而信者。今考《穆传》西王母者，当撇开其传言，就《穆传》而论，其位置可由两个方向推定：(一)昆仑为今祁连山，群玉山在昆仑东北约三五百里(折合今里约二百至四百里间)，西王母邦又在群玉山西三千里(折合今里在二千至二千五百里间)。(二)前考昆仑时已阐明旷原之野当今新疆准噶尔盆地，西王母邦在其南一千九百里(折合今里在一千二百至一千六百里间)。由此两方勘合，则西王母之邦当在今新疆塔里木盆地与塔里木河东北缘之库尔勒、尉犁一带。西王母者，乃其邦之女酋长、女首领。考古发掘表明，这一带确有母系社会遗迹，一些

女性(特别是老年女性)的随葬品明显高于他人,则在考古上证明了我们的考证确有实据。”

【译文】

穆天子继续往西巡狩。八月十五日癸亥,穆天子到达了西王母的邦国。

卷三

【题解】

本卷记述了穆天子会见西王母，大猎于旷原，然后东归，经智氏、阏胡氏，南越沙漠，到达寿余的行程与事迹。

西王母之邦是西域一大国，是周王朝势力所至之西极，故也是穆王此次西征的最后一站。西王母之邦以女性为首领，大概尚处于母系社会，女性地位高于男性，因此该部族可能不具有很强的侵略性。而周穆王一路西征，远离周王朝统治的核心区域，又遇此爱好和平的西方大邦，便无继续西征的可能与必要。穆王与西王母在瑶池宴饮，相互唱和，情意浓浓，颇富情趣，不仅抒发了二人之间的相互仰慕之情和表达了两国之间和平友好之愿景，而且成为中国宗教史和小说史上演绎不绝的传奇故事。中国神话传说中的西王母演绎实肇始于历史上一位客观真实的、爱好和平、聪明睿智的西方女君主。与西王母作别后，穆天子率六师大猎于旷原，“得获无疆，鸟兽绝群”，场面颇为壮观。若细细品味，其中极有可能包含对夷族的征伐。然后，穆天子踏上回国的征程，路上继续巡狩一些周属部族。在南越沙漠时，穆天子口渴缺水，高奔戎取马颈血以饮天子，不仅塑造了生动质朴的人物形象，使人有身临其境之感，也使人更加确信本《传》的作者必是穆王身边的史官所作。

一

吉日甲子①，天子宾于西王母②。乃执白圭玄璧以见西王母③，好献锦组百纯④，□组三百纯⑤。西王母再拜受之⑥。

【注释】

①甲子：八月十六日。距前"癸亥"一日。丁谦《干支表》："距前一日，宾于西王母。"顾实作"七月二十八日"，亦距前一日。

②天子宾于西王母：穆天子到西王母那里做客。西王母，西域部族女首领称号。郭璞注："西王母如人，虎齿，蓬发戴胜，善啸。《纪年》：'穆王十七年，西征昆仑丘，见西王母。其年来见，宾于昭宫。'"洪颐煊校注："注'善啸'道藏本作'善笑'，'宫'本讹作'公'，从《山海经·西山经》注、《太平御览》八十五引改。"《山海经·西山经》："玉山，是西王母所居也。西王母其状如人，豹尾虎齿而善啸，蓬发戴胜，是司天之厉及五残。""豹尾虎齿"必是西域王者的装饰，以增显气质。陈逢衡云："豹尾者，其衣有尾也。""虎齿，言齿粗大也。"顾实云："'豹尾虎齿'，当为古时一种仪式，今谓之曰假面具是也。"于省吾云："西王母者，西母也，加'王'字乃尊大之义。"

③执：持，握。郭璞注："执贽者，致敬也。"白圭玄璧：白玉圭、黑玉璧。白圭，又作"白珪"，古代白玉制的礼器。《诗经·大雅·抑》："白圭之玷，尚可磨也。"圭，洪颐煊校注："《太平御览》八百十五引作'珪'。"玄璧，黑色的玉璧。也是一种礼器。

④锦组：有彩色花纹的丝绢。纯：束，匹。郭璞注："纯，匹端名也。《周礼》曰：'纯帛不过五两。'组，绶属，音祖。"王贻樑云："由文献可知，一纯为一束，五两、十端、二十丈。三百纯，六千丈也。"

⑤□组：素组，指白色的丝绢。□，檀本填"素"字，与"锦"相应。洪

颐煊校注:“《山海经·西山经》注引作‘锦组百缕,金玉百斤’。”

⑥再拜:拜了两拜。西王母之邦为西域大邦,且不隶属于周朝,故无须膜拜。

【译文】

八月十六日甲子是个吉利的日子,穆天子到西王母那里做客。他手执白圭和玄璧庄重地会见西王母,献上一百匹锦绣丝绢和三百匹白色丝绢以示友好。西王母拜了两拜收下了礼物。

二

□乙丑[①],天子觞西王母于瑶池之上[②]。

【注释】

①□:疑衍。陈逢衡云:“□,衍字。”乙丑:八月十七日。距前“甲子”一日。丁谦《干支表》:“距前一日,觞西王母于瑶池。”顾实作“七月二十九日”,亦距前一日。

②瑶池:湖泊名。具体不确。或为博斯腾湖,亦或为赛里木湖。小川琢治云:“瑶池,是湖水之所在也。接巴里坤近傍,有巴尔库勒淖尔,为汉代之蒲类海。……据徐松《西域水道记》(卷三),则在今之镇西府西北四十余里。”顾实认为瑶池在第希兰之南的王之海。卫挺生则认为瑶池可能是昔有而今无的人造池。王贻樑云:“瑶池,愚疑为今新疆和硕县南、库尔勒东北之博斯腾湖。西汉时名海,东汉时名秦海,亦即《水经注》之敦薨薮。此处湖光山色甚美,颇合‘瑶池’之名。”戴良佐:“瑶池,今地应为今天山天池。”(《〈穆天子传〉中的瑶池今地考》,《西北民族研究》2004 年第 1 期)王守春云:巴里坤湖或天池,“虽然蓝天白云的天气较多见,但周围山地的相对高度都很大。尤其是天池,位于天山谷地中,周围是高耸陡峻的山地,不像是《穆传》中所描写的‘瑶池’的景

象。博斯腾湖周围，虽然其南面、东面和西面的山地相对高度较小，接近于丘陵地形，但它的北面的天山山地相对高度却很大，尤其是从吐鲁番盆地到博斯腾湖盆地，要经过相对高度较高的天山山地中的谷地，因此，虽然博斯腾湖位于一个很宽阔的盆地中，它的三面都是较低矮的地形，但并不能使人感到它的周围是丘陵地形，它也应被排除在外。乌伦古湖周围则是非常平坦的原野，没有任何起伏的丘陵，因此，乌伦古湖也不可能是'瑶池'。……比较符合《穆传》所描写的'瑶池'周围自然景象的是塞（赛）里木湖。这里'蓝天白云'的天气较为多见。它虽然也是位于天山的山间盆地中，但湖面宽阔，周围的山地相对高度显得很低，好像是丘陵。另外，赛里木湖位于交通要道上，从准噶尔盆地到伊犁河谷，赛里木湖是必经之地。同时，湖泊周围有美丽的草地。""'瑶池'就是赛里木湖，'西王母之邦'就是位于包括伊犁河谷地区的今准噶尔盆地西部这一广大地区。"洪颐煊校注："《史记·大宛列传·索隐》《初学记》十八引无'于'字。"

【译文】

八月十七日乙丑，穆天子在瑶池宴请西王母。

西王母为天子谣①，曰："白云在天，山陵自出②。道里悠远③，山川间之④。将子无死⑤，尚能复来⑥。"

【注释】

①谣：清唱。郭璞注："徒歌曰谣。"陈逢衡云："《太平御览》八十五引作'谣，徒歌也'。""郭注见《尔雅·释乐》，言：'但以人声，不用丝竹也。'"

②山陵（líng）：山岳，丘陵。陵，古"陵"字。洪颐煊校注："《文选》沈休文《早发定山》诗注、《太平御览》八引作'丘陵'。"顾实云："下

言‘山川’,则此当言‘丘陵’。山莫大于昆仑,犹尚称昆仑之丘也。”陈炜湛云:验以金文,隊,“确系‘陵’字。荀氏不识,遂楷写作‘隊’,右半似从山、人、心矣”。案,据下文“道里悠远,山川间之”,此处原文以“丘陵”为宜。自出:字义颇为费解。或有两义:一为“阻之”。高高的丘陵阻挡着天上悠悠白云。与下文“间之”对应。诸德彝:“‘自出’二字疑作‘阻之’,‘阻’字古文‘且’,篆文‘土’与‘出’字同。”二为“屹立”。丘陵稳稳屹立于大地之上,与天上悠悠白云相对应。译文权从后者。

③道里:道路。里,洪颐煊校注:“《太平御览》八引作‘路’,八十五引作‘理’。”

④间:间隔,阻隔。

⑤将(qiāng)子无死:请您不要死去。意谓希望您健康长寿。将,请,希望。郭璞注:“请也。”檀萃云:“助也,助子以不死之道,得来还之丹术也。”案,檀说属臆测。顾实云:“此谣辞与下吟辞,皆周人纯粹之四言诗也。是亦西王母必为中国女子之证也。”王贻樑云:“顾实说非,此辞可由中原人译写。”案,亦可能是史官据当时的翻译而记载。

⑥尚:希望,但愿。郭璞注:“庶几也。”

【译文】

西王母为穆天子唱道:“白云悠悠飘荡在天上,丘陵稳稳屹立于大地。道路悠远漫长,山川重重阻隔。祝愿您健康长寿,希望您再来我邦。”

天子答之曰:“予归东土,和治诸夏①。万民平均②,吾顾见汝③。比及三年④,将复而野⑤。”

【注释】

①和治诸夏:和平治理中原诸国。和治,和平治理。治,洪颐煊校

注："《山海经·西山经》注引作'理'，是唐时避讳所改。《太平御览》五百七十二引作'洽'。"诸夏，指周朝分封的中原各诸侯国。后泛指中原、中国、华夏。

②平均：平等安乐。陈逢衡云："《艺文类聚》四十三引作'乐均'。"

③顾：还来，再来。郭璞注："还也。"洪颐煊校注："'顾'《太平御览》五百七十二引作'愿'。"

④比及：等到，或等不到。《礼记·檀弓上》："太公封于营丘。比及五世，皆反葬于周。"

⑤将复而野：将会又来到此原野见你。郭璞注："复反此野而见汝也。"洪颐煊校注："注'而'字本脱，从道藏本补。"

【译文】

穆天子唱和道："我返回东方后，将和平治理中原诸国。使万民平等安乐，那时我会再来见你。等到三年之后，我将会又来到此原野。"

西王母又为天子吟，曰："徂彼西土①，爰居其野②。虎豹为群，於鹊与处③。嘉命不迁④，我惟帝女⑤。彼何世民，又将去子⑥！吹笙鼓簧⑦，中心翔翔⑧。世民之子，唯天之望⑨。"

【注释】

①徂(cú)彼西土：来到这西方国土。洪颐煊校注："今本作'比徂西土'。"又，"自道藏本以下皆作'西王母之山还归丌□'，'世民作忧以吟'，云云，本在下文'眉曰西王母之山'下，与《山海经·西山经》注所引不同。今本多讹舛，不可句读，或是后人传写之误。《山海经》注文义明顺，又同为郭氏所注，所引当得其真，因改此而从彼。"徂，来到，前往。郭璞注："往也。"

②爰:于是。《诗经·魏风·硕鼠》:"乐土乐土,爰得我所。"野:洪颐煊校注:"《西山经》注作'所'。"

③於鹊:乌鸦。於,同"乌"。洪颐煊校注:"《西山经》注作'乌'。"

④嘉命不迁:天命不变。郭璞注:"言守此一方。"嘉命,即天帝的敕命。迁,洪颐煊校注:"《事类赋》十九引作'还'。"陈逢衡云:"'还'字误。"

⑤帝女:天帝之女。帝,郭璞注:"天帝也。"女,洪颐煊校注:"'女'字本脱,从《事类赋》注十九引补。《太平御览》九百二十一引作'惟我惟女'。"

⑥"彼何世民"二句:洪颐煊校注:"今本无此二句,有'天子大命而不可称,顾世民之恩,流涕芔陨'十七字。"世民,西王母邦的人民。

⑦吹笙鼓簧:吹笙管,振簧片。郭璞注:"簧在笙中。"笙,簧管乐器,笙中有簧片,吹笙而簧片鼓动发音,能奏和声,其音色清晰透亮。

⑧中心翔翔:心中安适舒坦。翔翔,安舒的样子,悠然快意之状。郭璞注:"忧无薄也。"洪颐煊校注:"《西山经》注作'翱翔'。"

⑨唯天之望:仰望天。郭璞注:"所瞻望也。"王天海云:"每天盼望您。"亦为一说。唯,语气助词。望,瞻望,仰望。

【译文】

西王母又为穆天子吟唱道:"我来到这西方国土,便居住在这茫茫原野。虎豹野兽为群伍,乌鸦飞鸟共相处。天命不改变,我是天帝女。为何世上人,又将离开您!为您吹笙又鼓簧,心中乐洋洋。世人仰望您,犹如仰望天。"

天子遂驱升于弇山[①],乃纪名迹于弇山之石[②],而树之槐。眉曰"西王母之山"[③]。

【注释】

①弇(yǎn)山:山名。位置不详。郭璞注:"弇,弇兹山,日入所也。"洪颐煊校注:"弇,《西山经》注作'奄'。"王贻樑云:"'弇'即'奄'之古体,山在西王母邦内,当今何山未能确定。"案,此句上有"西王母之山还归丌□",洪删。

②纪名迹:在石碑上著文铭刻穆王的功绩。郭璞注:"铭题之。"洪颐煊校注:"名,本作'丌',邢昺《尔雅》疏引作'其'。《山海经·西山经》注引无'丌'字。《大荒西经》注引作'乃纪名迹'。元朱珪《名迹录》谓取义于此,则宋本固有作'名迹'者矣。以注及上文云'乃铭迹于县圃之上'校之,宋本是也,因改正。"名迹,名望与功业。

③眉:题额,书写匾额。西王母之山:西王母所居之山。郭璞注:"言是西王母所居也。"洪颐煊校注:"今本自'天子遂驱'以下,本在上文'将复而野'下。又《列子·汤问篇》言穆王越昆仑,至弇山反,有献工人偃师一段。"

【译文】

穆天子于是驱车登上了弇山,并在弇山之上刻石勒铭称颂他的功绩,又种上槐树。题写了"西王母之山"五字匾额。

三

丁未①,天子饮于温山②。□考鸟③。

【注释】

①丁未:十二月一日。距前"乙丑"一百〇二日。若距前四十二日,则为九月三十日。丁谦《干支表》:"距前四十二日,至弇山还,饮于温山。……合往返游观休息计之,故历四十二日。"顾实作"十一月十二日",距前一百〇二天。王天海云:"据《干支表》推算,

‘丁未’距前‘乙丑’，实为四十三(二)日，西王母之邦距于温山不当历四十余日，此或文有脱误。”案，顾实说是。

②温山：山名。地望不明。陈逢衡云：“疑即《西山经》之鸟山，在穆王时则名温山也。”小川琢治云：“‘温’即‘王母’之‘王’的转音。”顾实云：“此山昔曾为喷火山，故《穆传》称曰‘温山’。温者，温暖之意。”王贻樑云：“温山，距旷原一二日程，盖是天山山脉北侧、靠准噶尔盆地南缘之一山，具体当今何山不明。”

③□考鸟：捕猎鸟禽。□，檀本填“以”字。陈逢衡云：“空方当是戊申日干。”檀萃云：“考者，校也。鸟犹禽，禽犹猎，留之校猎也。”郭璞注：“《纪年》曰：‘穆王见西王母，西王母止之曰：“有鸟𩾏人。”’疑说此鸟，脱落不可知也。”洪颐煊校注：“今本《纪年》无此文，原本《纪年》久佚，今本乃后人采掇成书，故年数次第多与此传不合。”

【译文】

十二月一日丁未，穆天子在温山宴饮。又弋射鸟禽。

己酉[①]，天子饮于溽水之上[②]。乃发宪命[③]，诏六师之人□其羽[④]。

【注释】

①己酉：十二月三日。距前“丁未”二日。丁谦《干支表》：“距前二日，饮于溽水。”顾实作“十四日”，亦距前二日。

②溽(rù)水：水名。位置不详。洪颐煊校注：“《太平御览》八十五引作‘辱水’。《山海经·西山经》云：‘(阴山)北二百里曰鸟山，……辱水出焉。’疑即此水。”丁谦云：“溽水当即尼尼徽东北郭马尔河。”顾实云：“溽水，当即库拉河。”钱伯泉云：“溽水，古名‘素叶水’，今名‘楚河’。”王贻樑云：“今准噶尔盆地南部水系即

相当丰富，古当犹然。此溽水当今何水，尚难确定。”溽，郭璞注：“音淑。”

③宪命：法令，命令。宪，郭璞注：“谓法令。”

④□其羽：收取羽毛。□，檀萃填“收”字。卫挺生云：“‘其羽’上缺文，今按照下文文意，推补‘猎鸟而取’四字。”陈逢衡云：“‘□其羽’，盖择其可以为旌旄之用者。”王贻樑云：“此时尚未正式取羽，乃为取羽作铺垫也。”

【译文】

十二月三日己酉，穆天子在溽水河边宴饮。穆天子发布诏令，命令六师部属捕捉鸟禽，收集羽毛。

爰有□薮水泽[①]，爰有陵衍平陆[②]，硕鸟解羽[③]。六师之人毕至于旷原[④]。曰天子三月舍于旷原□[⑤]。

【注释】

①□薮水泽：林薮水泽。□，檀本填“林”字。

②陵衍平陆：平缓绵延的高原丘陵。陵衍，绵延的丘陵。平陆，郭璞注：“大阜曰陵，高平曰陆。”

③硕鸟解羽：大鸟羽毛脱落而死。解羽，即羽毛脱落，指禽鸟死去。

④六师之人毕至于旷原：郭璞注：“言将猎也。”旷原，广阔的原野，或为准噶尔盆地。郭璞注：“下云：‘北至旷原之野，飞鸟之所解其羽。’《山海经》云：‘大泽方千里，群鸟之所生及所解。’《纪年》曰：‘穆王北征，行积羽千里。’皆谓此野耳。”小川琢治云：“穆王之往大旷原是在沙漠之东邻，当密机阿拉之西北端。”（其书所附《地名表》云：“旷原在镇西之西北，科布多之南。”）卫聚贤云：“大旷原在今新疆过和阗至疏勒。”顾颉刚云：“众说大多过远了。自宗周（洛阳）至阳纡（河套）三千四百里，从阳纡到旷原七千里，算

起来至多只有到新疆哈密呢!”王贻樑云:“旷原位置,前考昆仑已明。由阳纡(今内蒙古阴山)往西略北七千里(折合今里为四千六百至五千八百里间),则非准噶尔盆地莫属。小川、顾颉刚先生所考近之,其他诸说皆过远,原因中很重要的一条即是忽视了古里仅为今里的0.7至0.8间。”

⑤□:之野。檀本填“之野”二字,或可。“旷原之野”,亦即旷野。

【译文】

那里有山林、沼泽和湖泊,也有平缓绵延的高原丘陵,大鸟在那里脱落羽毛而死。六师部属全都到达了广阔的原野。穆天子在旷原之野休整了三个月。

天子大飨正公、诸侯。王勤七萃之士于羽琌之上①,乃奏广乐。

【注释】

①勤:犒劳。郭璞注:“犹劳也。”洪颐煊校注:“本讹作‘勒’,从《太平御览》八百三十二引改。”羽琌(líng):即羽陵,地名。郭璞注:“下有‘羽陵’,疑亦同。”洪颐煊校注:“《太平御览》八百三十二引作‘羽陵’。上文‘山隊自出’注云‘陵’字。《水经·汝水》注云:‘楚武王冢,民谓之楚王琴。’《皇览》作‘楚王岑’,皆‘陵’字之讹。”檀萃云:“羽陵者,羽泽中之高陵。”丁谦云:“羽琌非地名,盖羽积如山,久遂腐而成土,人可登陟,故称之曰‘羽琌’。”此又一说。琌,古同“陵”。

【译文】

穆天子大宴正公、诸侯。穆天子又在羽陵之上犒劳禁军卫士,并命乐队演奏盛大的乐曲。

六师之人翔畋于旷原[①]，得获无疆[②]，鸟兽绝群[③]。六师之人大畋九日，乃驻于羽陵之□[④]。收皮效物[⑤]，债车受载[⑥]。天子于是载羽百车[⑦]。

【注释】

①翔畋(tián)：陈逢衡云："盖纵放鹰犬猎骑奔驰之谓。"王贻樑云："《说文》：'翔，回飞也。'即言盘旋。是知'翔畋'即纵横驰骋、放意行猎也。"翔，悠闲自在地行走。郭璞注："犹游也。"

②无疆：无数，无穷。郭璞注："无限也。"

③绝群：成群的鸟兽已经没有了。犹绝迹。郭璞注："言取尽也。"

④羽陵之□：羽陵之上。洪颐煊校注："'陵'字本脱，据上注引补。"□，陈逢衡、顾实填"上"字，卫挺生作"下"字。案，驻必上居，"上"字为宜。

⑤收皮效物：收集查验所获禽兽的皮质毛色。效，通"校"，校核，验证。物，毛色，品质。郭璞注："谓毛色也。《诗》云：'九十维物。'"

⑥债车受载：租车装运。洪颐煊校注："王怀祖观察《广雅疏证》引作'赁车受载'。今俗语犹谓以财租物曰赁矣。"债，郭璞注："犹借也。"

⑦载羽百车：装载羽毛一百绳。车，当作"绳"(gǔn)，古代量词。谓千根羽毛为一绳。郭璞注："十羽为箴，百羽为纬，十纬为绳。见《周官》。"洪颐煊校注："《广雅疏证》引'百车'作'百绳'。案，《周礼·羽人职》云：'十羽为审，百羽为抟，十抟为纬。'《尔雅·释器》云：'一羽谓之箴，十羽谓之纬，百羽谓之绳。'此注郭氏本引《周官》，今名从《尔雅》，疑后人所改。"

【译文】

穆天子的六师部属在旷原上纵情游猎，捕获无数猎物，以致鸟兽绝迹。六师部属大举畋猎了九天，就驻扎在羽陵之上。穆天子命人收集查验所获禽兽的皮质毛色，并租车装运。穆天子于是装载了一百捆羽毛。

四

己亥①，天子东归，六师□起②。

【注释】

①己亥：三月二十五日。距前“己酉”一百一十日。丁谦《干支表》：“距前一百十日，盖北赴旷原，行程十余日，又休息三阅月，大略九日，至是始东归也。”顾实作“三月初六日”，亦距前一百一十日。王天海云：“顾实作‘三月初六日’，则距前（十一月十四日己酉）一百四十余日。据干支表推算，‘己亥’距前‘己酉’只五十日，因舍于旷原三月方东归，则又当加五十日，可知此照前‘己酉’实整百日，丁说近是。”案，王推测有误。

②□起：未起。□，檀本填“继”字。陈逢衡云：“必是‘未’字。”案，“继”亦可通，作“随后”讲。

【译文】

三月二十五日己亥，穆天子动身向东返回，六师尚未出发。

庚子①，至于□之山而休②，以待六师之人。

【注释】

①庚子：三月二十六日。距前“己亥”一日。丁谦《干支表》：“距前一日，至□山以待六师。”顾实作“三月初七日”，亦距前一日。

②□之山：山名。名称、位置不详。

【译文】

三月二十六日庚子，穆天子到达□山休息，并等待六师部属。

庚辰①，天子东征。

【注释】

①庚辰：五月七日。距前"庚子"四十日。丁谦《干支表》："距前四十一(四十)日，待六师至乃行。"顾实作"四月十七日"，距前四十日。

【译文】

五月七日庚辰，穆天子往东巡狩。

癸未①，至于戊□之山②，智氏之所处③。

【注释】

①癸未：五月十日。距前"庚辰"三日。丁谦《干支表》："距前二(三)日，至于戊□之山。"顾实作"四月二十日"，距前三日。

②戊□之山：山名。缺文未知，暂略作"戊山"，地望不明。王贻梁云："穆王自旷原东归河套阳纡之大致路线为：自今新疆准噶尔盆地出发，经哈密、巴里坤左近，再穿越今甘肃西北端伊哈托里、马鬃山、居延、额济纳旗一线而进入宁夏、内蒙古北缘或蒙古人民共和国南缘；继而便沿内蒙古北缘而直至今河套阴山。此路线与王北辰《古代居延道路》(载《历史研究》一九八〇年第三期)所提出的'居延道路'大致近同。"又，"戊□之山，距旷原并不远，大约在今新疆巴里坤或哈密附近"。

③智氏：西域部族名。檀萃云："智氏，国名。"陈逢衡云："智氏，犹河宗氏，……疑即如后世之部落，不必定有国也。"吕调阳云："今奇台县西北浮远城。"刘师培云："智氏乃里海附近国名。"丁谦云："然仅行三日，必距旷原不远，当即今溪西尔亚城西之山。"

【译文】

五月十日癸未，到达了戊山，这里是智氏所居住的地方。

□智□往天子于戊□之山[①]，劳用白骖二疋[②]，野马野牛四十，守犬七十[③]。乃献食马四百，牛羊三千。

【注释】

①□智□：某曰智氏。“智”上“□”或为日干，“智”下“□”或为“氏”字。洪颐煊校注：“‘智’下‘□’疑‘氏’字。”往：前往迎接。洪颐煊校注：“《左氏（襄廿八年）传》：‘君使子展迋劳于东门之外。’杜预注云：‘迋，往也。’《说文》：‘往，古文“迋”。’”翟云升云：“‘往’字下似有缺文。或曰‘智氏往天子’云云与上‘河宗伯夭逆天子燕然之山’同文，‘往’犹‘逆’也。”丁谦云：“往，往见也。”卫挺生云：“往者，迎也。”

②劳：慰劳。白骖（cān）：白色的边马。骖，驾车时位于两旁的马。居中者为服马、辕马。郭璞注：“骖，骓马也。”疋（pǐ）：匹。

③守犬：经过训练的猎犬。郭璞注：“任守备者。”

【译文】

智氏前往戊山迎接穆天子，献上两匹白马、四十头野马野牛、七十只猎犬作为慰劳。又献上四百匹食用马、三千头牛羊。

曰智氏□[①]，天子北游于𪊲子之泽[②]。

【注释】

①□：或作“导”字。檀本作“申申”二字。申申，舒适安闲的样子。陈逢衡云：“此下当有赞美之辞，如上文‘曰赤乌氏，美人之地

也'，'宝玉之所在也'，云云，其辞脱落不可考。"卫挺生云："此脱文当为'导'字。并当连下文读。"案，缺文不可考，暂从卫说。

②貐子之泽：湖泊名。凡有三说：一为"狮子湖"。貐，檀萃云："古'师'字。"陈逢衡亦同此说。二为"貍子湖"。顾实、卫挺生持此说。三为"浸子湖"。陈炜湛云："'貐'当是'浸'之异构。"王贻樑云："此泽疑今新疆巴里坤湖。"其他说法皆太过遥远。

【译文】

智氏又陪同穆天子游览了北边的狮子湖。

智氏之夫献酒百□于天子①，天子赐之狗璁采②，黄金之婴二九，贝带四十，朱丹三百裹③，桂姜百□④。乃膜拜而受。

【注释】

①智氏之夫：即智氏之人。檀萃云："'智氏之夫'犹言'智氏之人'也。"夫，翟云升云："疑'人'之讹。"百□：百斛。陈逢衡云："以前后文例之，空方疑是'斛'字。"

②狗璁(zhì)采：一种玉器。品质、形状不明。郭璞注："疑玉名。"璁，洪颐煊校注："疑'璅'字之讹。古文'璪''璅'通用。"陈炜湛云："'璁'又见于卷四，称'玪'(玲)、'璁'。……璁，疑系'璋'字之讹。考从玉之字，其右半部分中笔下垂而可弯曲者，唯有'章'。狗璋采，当是器物之名或玉名。又，卷四有'琟采'，'琟'疑亦'璋'之异体。"

③朱丹：朱砂。前文简称"朱"。

④桂姜：肉桂和生姜。□：当是一种容器。洪颐煊填作"崮"字，盛物的方形竹器。洪颐煊校注："下文两言'桂姜百崮'，'□'当是'崮'字之讹。《汉书·南粤王传》：'献桂蠹一器。'疑即此类。依前后文义，'□'下尚脱'智氏'二字。"

【译文】

智氏之人又向穆天子献上一百斛美酒，穆天子赏赐给他们狗璁采美玉、十八件黄金缶、四十条贝带、三百袋朱砂、一百筐肉桂和干姜。智氏之人于是合掌加额，跪地拜谢穆天子，然后收下了这些礼物。

五

乙酉①，天子南征，东还。

【注释】

①乙酉：五月十二日。距前“癸未”二日。丁谦《干支表》：“距前二日，南征东还。”顾实作“四月二十二日”，亦距前二日。

【译文】

五月十二日乙酉，穆天子向南行进，又转东路迂回前行。

己丑①，至于献水②，乃遂东征。饮而行，乃遂东南。

【注释】

①己丑：五月十六日。距前“乙酉”四日。丁谦《干支表》：“距前四日，至于献水。”顾实作“四月二十六日”，亦距前四日。

②献水：水名。诸说不一，距离相差很大。王贻樑云：“献水当今何水不明，约在今新疆近甘肃交界边缘。”

【译文】

五月十六日己丑，到达献水，于是又折向东行进。穆天子饮酒后前进，又转向东南方向行进。

己亥①，至于瓜纑之山②。三周若城③，阏氏、胡氏之所保④。天子乃遂东征，南绝沙衍⑤。

【注释】

①己亥：五月二十六日。距前“己丑”十日。丁谦《干支表》：“距前十一日，东南至于瓜纑之山，乃南绝沙衍。”顾实作“五月初六日”，距前十日。

②瓜纑(lú)之山：山名。今何山未知，约在今哈密附近。丁谦云：“瓜纑山，今谋夫东库克求别山。”小川琢治云：“此山位置，推定为后汉之伊吾庐，即今之哈密附近。”

③三周若城：瓜纑山山峦三重，状如城堡。郭璞注：“言山周匝三重，状如城垒。”

④阏(è)氏、胡氏：西域两部族名。抑或作“阏胡氏”，为一个部族。檀萃云：“阏氏、胡氏，二国名。”陈逢衡云：“此阏氏、胡氏亦犹智氏，乃其君长之姓氏，非国名也。”翟云升云：“《路史》七《国名纪》作‘阏胡氏’，当从之。”阏，郭璞注：“音遏。”保：保卫，守护，管辖。

⑤南绝沙衍：向南穿越沙漠。沙衍，沙漠。郭璞注：“水中有沙者。”檀萃云：“沙衍谓沙而平远者耳。如水中有沙，天子曷为至于渴哉?”陈逢衡云：“沙衍，‘衍’当如‘坟衍’之‘衍’。”即流沙。刘师培云：“沙衍者，今里海东之沙漠也。”王贻樑云：“此‘沙衍’当即古流沙也。今西起甘肃与内蒙古西北角，东至河套西侧，南至甘肃、宁夏古长城北界，北至阿拉善高原，是一大片沙漠(最为著名的即巴丹吉林沙漠与腾格里沙漠)，间有山陵、草原与沼泽。计算里程，穆王此时当在甘肃、内蒙古的西部，亦正是流沙的西北角或稍进入一些，故穆王遇渴。”

【译文】

五月二十六日己亥，到达了瓜纑山。瓜纑山山峦三重，状如城堡，是阏胡氏管辖的地方。穆天子于是又继续向东巡狩，又往南穿越沙漠。

辛丑[①]，天子渴于沙衍[②]，求饮未至。七萃之士曰高奔戎[③]，刺其左骖之颈[④]，取其清血以饮天子[⑤]。天子美之[⑥]，乃赐奔戎佩玉一隻[⑦]，奔戎再拜䭫首[⑧]。天子乃遂南征。

【注释】

①辛丑：五月二十八日。距前“己亥”二日。丁谦《干支表》：“距前二日，渴于沙衍。”顾实作“五月初八日”，亦距前二日。

②天子渴于沙衍：穆天子在沙漠中感到口渴。郭璞注：“沙中无水泉。”衍，洪颐煊校注：“《太平御览》六百九十二引作‘中’。”案，水中有沙，沙中无水，似是沙漠辽广，各处不同。

③七萃之士曰高奔戎：高奔戎，人名。应是一位经验丰富的禁军将领。卷四有“奔戎为右”事，卷五有“奔戎生搏虎”事。曰，洪颐煊校注：“‘曰’字本脱，从《太平御览》八百六十一引补”。

④颈：洪颐煊校注：“《御览》六百九十二引作‘颊’。”

⑤清血：新鲜的马血。郭璞注：“今西方羌胡刺马咽取血饮，渴亦愈。”清，洪颐煊校注：“本作‘青’，从《太平御览》六百九十二引改。八百六十一引注与此微不同。”

⑥美之：认为马血甘美。一说称赞高奔戎做得好。

⑦隻：通“雙”。一隻，即一双，一对。

⑧䭫(qǐ)首：即稽首。䭫，同“稽”。郭璞注：“古‘稽’字。”

【译文】

五月二十八日辛丑，穆天子在沙漠中感到口渴，没有找到水。禁军卫士高奔戎便刺破他左边马的脖颈，接取新鲜的马血给穆天子喝。穆天子觉得马血味道甘美，就赏赐给高奔戎玉佩一双，高奔戎叩头至地，拜了两拜。穆天子于是又继续往南行进。

六

甲辰[1]，至于积山之邊[2]，爰有蒡柏[3]。

【注释】

①甲辰：六月二日。距前“辛丑”三日。丁谦《干支表》：“距前三日，至于积山之原。”顾实作“五月十一日”，亦距前三日。

②积山：山名。约在哈密东南，今何山未知。丁谦云：“积山，原当为今什贝尔昆城地，城南之山即古时积山。”小川琢治云：“今考此积山与癸未所到之苏谷(卷四首)是同一名。……恐即哈密东南约三百粁之一带。”王贻樑云：“此积山与文献中之大、小积石山及本《传》卷一之积山俱非一山，当今何山不明。”邊：边。檀萃云：“古‘复’字。亦重山也。”陈逢衡云：“犹尾也。”刘师培云：“疑‘边’字，古文之别体。”顾实云：“‘边’之古文。”王贻樑云：“即‘边’字。”陈炜湛认为“邊”是“道”字的繁体。

③蒡柏：即蔓柏。檀萃云：蒡柏，“木名，谓林茂密碍行道也”。陈逢衡云：“字书无‘蒡’字，吴任臣《字汇补》疑即‘蔓’字，引《穆天子传》云‘爰有蔓柏’。……盖谓此柏茂密而枝长，故曰‘蔓柏’。”王贻樑云：“蒡，‘蔓’之俗字。汉《校官碑》、魏《李超墓志》《李挺墓志》等皆作‘蒡’，可知本《传》‘蒡’字下从‘方’乃‘万’之讹。蔓柏，疑即叉子圆柏，为匍匐灌木，成片生长于固定或半固定沙地，蔓延生长，今内蒙古、宁夏、甘肃、青海、新疆等地多见。”

【译文】

六月二日甲辰，穆天子到达积山的边缘，那里有茂密的蔓柏。

曰𫑡余之人命怀献酒于天子[1]。天子赐之黄金之罂、贝带、朱丹七十裹。命怀乃膜拜而受。

【注释】

①畕余：即寿余，部族名。居积山之边。畕，古"寿"字。卫挺生云："《后汉书·西域传》'粟弋国'显然为'寿余'之对音。……魏晋以后称'粟特'，……地属康居。"命怀：人名。寿余人的首领。郭璞注："人名。"

【译文】

寿余人的首领命怀向穆天子献上美酒。穆天子赏赐给他黄金缶、贝带和七十袋朱砂。命怀于是合掌加额，跪地拜谢穆天子，然后收下了这些礼物。

乙巳[①]，□诸饩献酒于天子[②]，天子赐之黄金之罂、贝带、朱丹七十裹。诸饩乃膜拜而受。

【注释】

①乙巳：六月三日。距前"甲辰"一日。丁谦《干支表》："距前一日，诸饩氏献酒。"顾实作"五月十二日"，亦距前一日。

②□：此处缺文甚多。依文例，当为穆天子到达某地，某地的酋长来见天子，云云。然此处地名不明。陈逢衡云："空方疑是至于某地。"诸饩(zhān)：人名。当地的部族首领。郭璞注："亦人名，音'犍牛'之'犍'。"

【译文】

六月三日乙巳，穆天子到达了□，□人的首领诸饩向穆天子献上美酒。穆天子赏赐给他黄金缶、贝带和七十袋朱砂。诸饩于是合掌加额，跪地拜谢穆天子，然后收下了这些礼物。

卷四

【题解】

本卷主要记叙了穆天子从西域继续东返回国及在国内游历并最终回到别都南郑的行程与事迹，时间为穆王十八年(前 959)七月八日(庚辰)至十一月二十六日(丁酉)，计四个多月。穆天子所经历的西域部族有浊繇氏、骨饤氏、重䍃氏、文山之人、巨蒐氏等，然后抵达河伯子孙的领地河套阳纡山，又经鄘人国、澡泽、雷首，穿过钘山峡谷，翻越太行，南渡黄河，回到宗周洛邑，顺利完成了第二次西征之旅。随后，穆天子在宗周洛邑大会诸侯、群臣，并统计西行往返里程；又祭祀宗周的宗庙，然后北渡黄河，登越九阿之隥，奏广乐于㚅山之上，于仲冬丁酉(十一月二十六日)抵达别都南郑。

穆天子东返的行程，在西域段与第二次西征(第一次西征西域线缺)路线不同，浊繇氏、骨饤氏、巨蒐氏等于本卷始见，然返至阳纡山后，其路线则与第一次西征路线大致相合。常征或据此认为，本卷前半为释穆王十三年(前 964)自西夏、河西还归京师事。然证据未确，且与《穆传》所载干支日历不相吻合，必误。此外，本卷奇文异字颇多，皆字书所不载，文献所未闻，大概是文字演化过程中的自然选择，亦不必惋惜，暂付缺如。

一

庚辰[①],至于滔水[②]。浊繇氏之所食[③]。

【注释】

①庚辰:七月八日。距前“乙巳”三十五日。丁谦《干支表》:“距前三十五日,至于滔水,因在积山原休息月余,至是方行也。”顾实作“六月十八日”,亦距前三十五日。

②滔水:水名。水系不明,疑即洮水。吕调阳云:“滔水,今洮赖图河。”丁谦云:“滔水,似即《汉书》‘妫水’,今曰‘阿母河’。”小川琢治云:“兹所谓滔水者,即注入于今居延海之兆赖河,其流域在西部沙漠与山间之凹地带。”顾实云:“滔水,当即今之楚河。”常征云:“今永昌县境之郭河。”

③浊繇氏:部族名。依滔水而居。吕调阳云:浊繇氏,“一作‘属繇国’”。顾实云:“浊繇,亦作‘诸繇’‘居繇’‘属繇’。”见《史记·六国年表》《山海经·海内东经》《三国志》注引《魏略》。“其国既在流沙之西,与大夏相次。”案,顾说亦太远。所食:指滔水或滔水流域是浊繇氏的主要食物来源地,意谓滔水是浊繇氏赖以为生的河流。郭璞注:“《山海经》曰:‘有川名三淖,昆吾之所食。’亦此类。”

【译文】

七月八日庚辰,穆天子到达滔水。滔水流域是浊繇氏赖以为生的地方。

辛巳[①],天子东征。

【注释】

①辛巳:七月九日。距前"庚辰"一日。丁谦《干支表》:"距前一日,东征。"顾实作"六月十九日",亦距前一日。

【译文】

七月九日辛巳,穆天子往东巡行。

癸未[1],至于苏谷[2]。骨饦氏之所衣被[3]。乃遂南征,东还。

【注释】

①癸未:七月十一日。距前"辛巳"二日。丁谦《干支表》:"距前二日,至于苏谷。"顾实作"六月二十一日",亦距前二日。

②苏谷:地名。地望不明。丁谦云:苏谷,"当在今撒马尔罕城南山谷间基大普城地"。顾实云:"苏谷,当即今伊锡克库尔湖。"岑仲勉从顾说。卫挺生云:"苏谷,回语即河谷。"常征认为,苏谷是以产苏而名,苏为麻类纤维植物,或即"胡麻"。

③骨饦氏:部族名。常征云:"骨饦与西膜,皆珠余氏邻族。""骨饦或坚昆,即《汉书》'鬲(隔)昆'、隋唐之'结骨''黠嘎斯''吉尔吉斯',《元史》之'吉利吉利'。该族曾与西膜人有血缘联系,为西膜人与河西走廊他族通婚而形成,战国时代曾为乌孙王部属。"顾实云:"骨饦氏不可考,或即今'浩罕'之对音。"卫挺生云:"骨饦者,浩罕也。"王贻樑云:"苏谷、骨饦氏,具体难定,大致在今甘肃居延以西,至多五六日程处。"衣被:谓苏谷中的草木可以制作衣被。郭璞注:"言谷中有艸木,皮可以为衣被。"

【译文】

七月十一日癸未,穆天子到达了苏谷。这里是骨饦氏生产衣被原料的地方。穆天子于是又继续向南巡行,转东路前进。

丙戌①，至于长淡②，重𨾏氏之西疆③。

【注释】

①丙戌：七月十四日。距前"癸未"三日。丁谦《干支表》："距前三日，南征东还，至于长淡。"顾实作"六月二十四日"，亦距前三日。

②长淡（tàn）：山名。地望不明。檀萃云："山名。从澂省，音炭。"洪颐煊校注："下云'送天子至于长沙之山'，'淡'疑'沙'字之讹。"陈逢衡云："长淡，疑是地之高阜处。……当在甘肃左近。"吕调阳云："今果子沟。"丁谦云："长淡殆指撒马尔罕东北一带沙碛地。"王贻樑云："《字汇》收有'炏'字，训'山'也，盖据此文而省录。'长淡'非下文'长沙之山'甚明，其地更近居延，具体未可确指。"

③重𨾏氏：部族名。陈逢衡云："重𨾏，亦姓氏。"钱伯泉云："重𨾏氏的国境，无疑在敦煌一带。"陈炜湛云："'𨾏'之左半所从'舌'乃是玉。"西疆：西部边界。疆，郭璞注："界也。"

【译文】

七月十四日丙戌，穆天子到达长淡山，这里是重𨾏氏的西部边界。

丁亥①，天子升于长淡，乃遂东征。

【注释】

①丁亥：七月十五日。距前"丙戌"一日。丁谦《干支表》："距前一日，升于长淡，又东征。"顾实作"六月二十五日"，亦距前一日。

【译文】

七月十五日丁亥，穆天子登上长淡山，接着又继续向东巡行。

庚寅[①]，至于重䍃氏黑水之阿[②]。爰有野麦[③]，爰有荅堇[④]，西膜之所谓木禾[⑤]，重䍃氏之所食[⑥]。爰有采石之山[⑦]，重䍃氏之所守。曰枝斯、璿瑰、㻬瑶、琅玕、玪瑰、无瓓、玗琪、徽尾[⑧]，凡好石之器于是出[⑨]。

【注释】

①庚寅：七月十八日。距前“丁亥”三日。丁谦《干支表》：“距前三日，至于重䍃氏黑水。”顾实作“六月二十八日”，亦距前三日。

②黑水之阿：黑水曲隅处。黑水，水名。或在居延泽附近。陈逢衡云：“长肱在黑水之西，此或在黑水之东。”顾实云：“重䍃氏黑水之阿当在今新疆乌什之南，即叶尔羌河北流，合喀什噶尔河之处。”钱伯泉云：“黑水即敦煌的党水。”顾颉刚云：“此黑水即前黑水也。重䍃氏‘和前赤乌氏是同一流域而南北分居的’。”王贻樑云：“顾颉刚说是。重䍃所在更北，大致已在居延泽近处。”阿，水之曲隅，河湾。

③野麦：野生的麦子。郭璞注：“自然生也。”陈逢衡云：“野麦，今谓之燕麦。”

④荅堇(dá jǐn)：谷类植物，可食用。郭璞注：“袛、谨二音。”疑误。陈逢衡云：“荅，《说文》云：‘小尗也。’案，‘尗’与‘菽’通，则荅堇盖野豆之属。以其长大故谓之‘木禾’。堇，菜也，无有训茎者。”王贻樑云：“‘荅堇’有二说：一指堇类植物，‘荅’表明某品种，只是具体未明。顾实说为粗大之堇，可参。二指木稷，即高粱。……但此‘荅堇’究为何物，则尚难确定。”荅，小豆。《晋书·律历志》：“菽、荅、麻、麦一斛。”堇，野菜名。又名“苦堇”“旱芹”。《诗经·大雅·锦》：“周原膴膴，堇荼如饴。”

⑤木禾：荅堇的别称。郭璞注：“谷类也。长五寻，大五围。见《山海经》云。”洪颐煊校注：“‘谷’本作‘粟’，从《山海经·海内西经》

注改。"《山海经·海内西经》:"昆仑之虚,方八百里,高万仞。上有木禾,长五寻,大五围。"

⑥所食:意谓木禾是重䝞氏的主要食物。

⑦采石之山:即采石山,地望不明。因其山出产彩色玉石,故名。郭璞注:"出文采之石也。"陈逢衡云:《西山经》骢山"多采石。郭注:采石,石有采色者。今雌黄、空青、碧绿之属"。《水经·河水》注有画石山,一名省嵬山,"在今甘肃宁夏府宝丰县"。顾实云:"采石之山当即赤沙山,在今新疆阿克苏北。"卫挺生云:"当即《北山经》之带山,其上多玉,其下多青碧。"

⑧枝斯:美玉名。或为蓝宝石。陈逢衡云:"枝斯,珊瑚之类。"璿瑰:美玉名。如玫瑰般的美玉,似是玛瑙。郭璞注:"玉名。《左传》曰:'赠我以璿瑰。'旋、回两音。"王贻樑云:"璿瑰,与卷一'璿珠'或即一物。"瑖瑶:美玉名。或为碧玉。郭璞注:"亦玉名。瑶,音遥。"洪颐煊校注:"'瑖'本作'瑕',从《玉篇·玉部》引改。"琅玕:似珠玉的美石。郭璞注:"石似珠也。"《尚书·禹贡》:"厥贡惟球、琳、琅玕。"孔传:"琅玕,石而似玉。"孔颖达疏:"琅玕,石而似珠者。"顾实云:"汉后释琅玕者,或曰即青珠,或曰即石珠。"玪瑿(qián zhì):美玉名。何玉不明。洪颐煊校注:"玪,本作'玲'。案,《玉篇》云:'采石山有玪玗琪。'与郭音钤合,今改正。"无瓀:美玉名。具体何玉不明,音义亦不明。郭璞注:"皆玉名,字皆无闻。"玗琪:美玉名。具体何玉未明。郭璞注:"玉属也,于、其二音。"卫挺生云:"章鸿剑《石雅》以枝斯为瑟瑟,即蓝宝石。以璿瑰为玛瑙,为赤宝石。琅玕为绿松石珠。瑖瑶,为碧玉。玗琪,为赤石,亦称'锦州石'。"徽尾:美玉名。疑为翡翠或其他绿色玉石。徽,音未详。郭璞注:"无闻焉。"檀萃云:"徽,中似'录',古'稑'字,通'绿',亦从之。古有结绿,今之翡翠玉也。"于省吾云:"徽,当即'琭(玉石美好状)'之古文。"

⑨凡好石之器于是出：郭璞注："尽出此山。"好石之器，各种美好的玉石材料。

【译文】

七月十八日庚寅，穆天子到达重䍃氏的黑水河河湾处。这里生长着野麦和苔堇，西域人把苔堇叫作"木禾"，这是重䍃氏的主要食物。这里有采石山，为重䍃氏所守护。山上有枝斯、璿瑰、瑶瑶、琅玕、玪㻒、玗琪、徽尾等各种宝石，所有美好的玉石材料这里都出产。

二

孟秋癸巳[1]，天子命重䍃氏共食天子之属[2]。

【注释】

①孟秋癸巳：七月二十一日。距前"庚寅"三日。丁谦《干支表》："距前三日，命重䍃氏共食五日。"顾实作"七月初一日"，距前"庚寅"三日。

②共食：即供食，供给食物给养。共，通"供"。天子之属：穆天子身边的部属。郭璞注："音供，言不及六师也。"

【译文】

七月二十一日癸巳，穆天子命令重䍃氏给天子的部属提供食物。

五日丁酉[1]，天子升于采石之山，于是取采石焉。天子使重䍃之民铸以成器于黑水之上[2]，器服物佩好无疆[3]。曰天子一月休。

【注释】

①五日丁酉：第五天七月二十五日。五日，从"癸巳"至"丁酉"计五

日。丁谦《干支表》:“距前四日,升于采石之山,命一月休。”顾实作“七月初五日”,亦距前四日。

②铸以成器:将彩石熔铸成器物。此当属琉璃之类。郭璞注:“今外国人所铸作器者,亦皆石类也。”洪颐煊校注:“《史记·司马相如列传·索隐》引《河图》云:‘流州多积石,名琨珸石,炼之成铁,以作剑,光明如水精。’即此类。”檀萃云:“今水晶、琥珀之类,多有烧石而成者矣。”案,琥珀熔铸则赝品矣。卢文弨云:“如今玻璃法瑯即珐琅,又称‘景泰蓝’之类。”郝懿行云:“铸石成器,如今琉璃之类。”顾实云:“最古发明之玻璃悉是五色玻璃,而非纯净无色透明之玻璃也。故中国亦谓之采石。”“黑水之上,即塔里木河之北岸。”王贻樑云:“卢文弨、顾实等疑所铸即玻璃,甚是。只是当时无实证而仅是推测,且先秦时有玻璃更是前所未知。近年来,在陕西、河南、山东、湖南等地出土了大量的自西周至战国时期的原始玻璃制品,以圆珠、管珠为主。这显然都是装饰品,与本《传》所载‘服物佩好’亦正相合。这些玻璃制品经科学测定,可以确定与后来西方传人的玻璃(因含钠盐成分较高而通称“钠玻璃”)不同,而是我国早期所独有的(因含铅盐、钡盐成分较高而称“铅钡玻璃”或“铅玻璃”)。因含杂质较多,这些原始玻璃呈绿、黄、紫等半透明彩色,且易风化,这些地下出土的原始玻璃实物,是本《传》‘铸石成器’的最佳注释;而本《传》的记载,又是先秦时期有关原始玻璃唯一的文献证据。”黑水之上:洪颐煊云:“上,《太平御览》五十一引作‘山’。道藏本作‘黑山之上’。”

③器服:指器物和服饰。亦可指器物与祭服。《诗经·卫风·木瓜·序》:“齐桓公救而封之,遗之车马器服焉。”孔颖达疏:“器服谓门材与祭服。”物佩:玩物与佩饰。好无疆:美好无比。

【译文】

第五天,即七月二十五日丁酉,穆天子登上了采石山,于是在那里采取了各种彩色玉石。穆天子让重䟣氏之人在黑水河边将彩石熔铸成器物，这些器物和服饰都美好无比。穆天子在这里休整了一个月。

秋癸亥[1]，天子觞重䟣之人鰥䲰[2]，乃赐之黄金之婴二九，银乌一隻[3]，贝带五十，朱七百裹，筍箭、桂姜百峕[4]，丝緅雕官[5]。鰥䲰乃膜拜而受。

【注释】

①秋癸亥：八月二十一日。距前"丁酉"二十六日。"秋"上当脱"仲"字。丁谦《干支表》："仲秋癸亥，距前二十六日，觞重䟣氏。"顾实作"八月初一日"，亦距前二十六日。"秋"上疑脱字。檀萃云："'休秋'犹'休夏'，西域之俗也。初秋暑热，故休。"陈逢衡云："周之秋，夏之夏也。于时为五月，所谓'休秋'，盖休息于此以待秋也。"翟云升云："'秋"上疑脱"于采石之山"五字及"仲"字。丁谦、顾实皆同此说。

②鰥䲰：人名。重䟣氏的部族首领。音未详。鰥䲰，疑为"鰥鸳"。洪颐煊校注："鰥，疑古'鲲'字。"檀萃云："其君名，音鰥鸳。"王贻樑云："鰥，即鰥，亦即'鰥'之异体。"

③银乌：乌鸦形状的银制器物。檀萃云："'银乌'犹'铜乌'，所以相风。"陈逢衡云："银乌，疑酒器。"王贻樑云："银乌者，疑为银制乌形酒器。"一隻：一双。隻，通"雙"。

④筍箭：竹笋。洪颐煊校注："震煊云：'"筍"当作"筜"，古文"攸"通作"卣"。作"竹"下"卣"者，因作"竹"下"攸"耳。'筱，箭类也。"檀萃云："筍，古'笱'字。箭，箭萌，亦笱也。"王天海云："筍，为古文'笱'字，与'箭'同为竹笋。当与桂、姜同为干燥后的食物。"王贻樑云："由所赐物品看，'箭'释为'箭竹'可取。"百峕(sì)：即百笥。笥，盛饭食或衣物的方形竹器。王贻樑云："字在此当进而读为

'笥'。《说文》:'笥,饭及衣之器也。'……核之出土实物,'笥'正是方形竹筐。马王堆一号、三号墓所出竹笥中,盛有各种食物、药物、丝织品、香料等,尤其引人注目者,正有桂、姜在其中。凡此皆可证明此读'笥'不误。"

⑤丝䌷雕官:系有丝带流苏并雕有纹理的管状乐器。䌷,疑古"绹"(táo)字。檀萃云:"䌷,音绦(tāo),今之丝绦流苏也。"陈逢衡云:"丝䌷,疑亦乐器有弦。"小川琢治云:"䌷,旒(liú)字。"旒,悬垂的装饰品。王贻樑云:"䌷,疑读'缫'(璪,zǎo)。《周礼·夏官·弁师》注:'缫,杂文之名也。合五采丝为之绳,垂于延之前后,各十二。'字下所从儿(巛)盖即垂流之形。"

【译文】

仲秋八月二十一日癸亥,穆天子宴请重䍃人的首领鄵鬣,又赐给他十八件黄金缶、一双银制乌形酒器、五十条贝带、七百袋朱砂和一百筐竹笋、桂皮、生姜,还有系着丝带的雕管乐器。鄵鬣于是合掌加额,跪地拜谢穆天子,然后收下了这些礼物。

乙丑[①],天子东征。鄵鬣送天子至于长沙之山[②],□隻[③]。天子使伯夭受之。伯夭曰:"重䍃氏之先,三苗氏之□处[④]。"以黄木䍃银采[⑤]。□乃膜拜而受[⑥]。

【注释】

①乙丑:八月二十三日。距前"癸亥"二日。丁谦《干支表》:"距前二日,东征,至于长沙之山。"顾实作"八月初三日",亦距前二日。

②长沙之山:山名。即长沙山。具体位置未确。洪颐煊校注:"《山海经·西山经》云:'长沙之山,泚水出焉,北流注于泑水。'"吕调阳云:"在安阜县东。"丁谦云"此山即特尔图泊北崆郭阿拉套山";《山经》之泚水,"盖今库图尔河,发源于阿拉套山阴,北入巴

尔哈什湖”。顾实云:“长沙之山,当即今之‘沙山’,在新疆哈喇沙尔之南。哈喇沙尔即焉耆。盖以其山东西相属而绵长,故古亦谓之长沙之山也。”卫挺生云:“长沙之山,当即巴尔库山之南麓,砂石嶙峋长数百里。其山岭东头尽处迤南,即今哈密县城所在。”王贻樑云:“《西山经》‘长沙之山’,郝懿行《笺疏》亦云与《穆传》此山相同,可参。”

③□隻:百隻,即百雙。此处脱文应有送行者觻鴽所献牛羊、玉石等物,数量名称皆佚。根据“隻”字,当是玉石之类;前又牛羊之属。□,檀本填“献玉百”三字。小川琢治云:“想为出迎人所献品名、数量之脱简。由‘隻’字而推,当是玉石之类。”顾实云:“‘隻’上缺文甚多,当系所献牛羊之类。”

④三苗氏之□处:三苗氏后裔所居住的地方。□,“后”或“裔”字,与上文“先”对应。檀本填“后”字,陈逢衡作“所”字,小川琢治作“后”或“裔”字,赵俪生认为是“裔”或其同义字。三苗氏之后裔,即重𨛮氏之先祖。或云重𨛮、三苗二族皆颛顼之后。郭璞注:“三苗,舜所窜于三危山者。”洪颐煊校注:“𨛮,疑‘黎’字之讹。重黎、三苗,皆颛顼之后,见《山海经》。”三苗氏,古代部族名。《尚书·舜典》:“窜三苗于三危。”孔传:“三苗,国名。缙云氏之后,为诸侯,号饕餮。”《史记·五帝本纪》:“三苗在江淮、荆州数为乱。……迁三苗于三危,以变西戎。”张守节《正义》:“吴起曰:‘三苗之国,左洞庭而右彭蠡。’……今江州、鄂州、岳州,三苗之地也。”钱伯泉云:“重𨛮氏祖先为三苗氏,三苗被尧流放于敦煌的三危山。”王贻樑云:“此处虽有缺文,但大意可明,乃言重𨛮氏之先出于三苗氏。三苗窜于三危,古之一则传说。三危之地,古多以为在西北,而今人则渐趋于南方(如湖南、云南等)。而《穆传》所载,则与古说在甘肃相合。”

⑤黄木𥹯银采:疑为金银装饰的木器,或为银丝装饰的黄金器皿。

檀萃云:"黄木䴎银采,'䴎'仍为'璪',同'藻'。""'黄木银'者,黄为黄色,木为青色,银为白色,盖三采也。"陈逢衡云:"'黄木䴎银采'上疑脱'赐'字。"此"犹后文赐䍃奴之'银木䵹采'也。'黄木'当是'黄金'之讹。盖'黄金䴎'一物,而'银采'又一物也。"翟云升云:"'以'字上,'黄'字下,似皆有缺文。'木䴎银采'疑与下'银木䵹采'同文,二处有一颠倒错误者。"王贻樑云:"'黄木䴎银采'与卷三之'狗璁采',及下文之'银木䵹采'当同类物,具体未明。"王天海云:"疑为黄木彩绘镀银漆器。"

⑥□:为䍽䍃。

【译文】

八月二十三日乙丑,穆天子向东巡行。䍽䍃送穆天子到达长沙之山,献上一百双美玉。穆天子命伯夭收下他的礼物。伯夭说:"重䍃氏的祖先,三苗氏的后裔曾居住在这里。"穆天子赐给他银丝装饰的黄金器皿。䍽䍃于是合掌加额,跪地拜谢穆天子,然后收下了礼物。

三

丙寅[①],天子东征,南还。

【注释】

①丙寅:八月二十四日。距前"乙丑"一日。丁谦《干支表》:"距前一日,东征,南还。"顾实作"八月初四日",亦距前一日。

【译文】

八月二十四日丙寅,穆天子向东巡行,转南路前行。

己巳[①],至于文山[②],西膜之所谓□[③]。觞天子于文山。西膜之人乃献食马三百[④],牛羊二千,穄米千车,天子使毕矩受之⑤。

【注释】

①己巳：八月二十七日。距前“丙寅”三日。丁谦《干支表》：“距前三日，至于文山。”顾实作“八月初七日”，亦距前三日。

②文山：山名。位置不确定。陈逢衡云：《中山经》“文山”郝懿行《疏》云“盖即岷山也，《史记》又作‘汶山’”，并引此文。“衡案，汶山，岷江所出，在今西徼外，若果即此山，景纯何不注？”“盖另一文山。”丁谦云：“文山者，今木素尔岭也。”顾实云：“文山，当即今哈密之俱密山，而其连麓尚有星星峡也（亦作“猩猩峡”）。”王贻樑云：“此文山绝对不是岷山，地约在今甘、宁北部，具体难定。”

③西膜：即西域。顾实云：“西膜，亦即今之哈密。……则西膜当以在沙漠之西而得名。”岑仲勉云：“提到西膜语言的地方，都属于今新疆范围内《汉书·西域传》之南道，而特提‘西膜之人’只有文山一处，可见文山是彼时西膜的住地。”“顾氏拟文山为哈密之山，虽不必中，或亦不远矣。”卫挺生云：“自甘肃以西直至大夏边境及里海、咸海，其居民之语言皆用西膜语，其礼俗皆用‘膜拜’，盖皆当今世所谓回语、回俗也，语言学家所谓突厥语系也。”□：西膜人对文山的称呼，已不可考。

④西膜之人：指居于文山的一个部族。或与下文“文山之人”分属不同部族而同居于文山一带。

⑤毕矩：人名。周大夫。陈逢衡云：“毕矩，毕公高之后。”毕公高，姬姓，名高，周文王姬昌第十五子，周武王姬发异母弟。武王灭商后，封于毕（在今陕西咸阳，一说在今陕西西安），因以为姓。

【译文】

八月二十七日己巳，穆天子到达了文山，西膜人把文山叫作“□”。西膜之人在文山宴请穆天子。又献上三百匹食用马、二千头牛羊、一千车稌米，穆天子命毕矩收下了这些礼物。

曰□天子三日游于文山[①]，于是取采石[②]。

【注释】

①□：疑衍。顾实云："缺文之空围，以前文之'曰天子一月休'句为比证，则空围不当有，而宜删矣。"

②采石：彩色玉石。郭璞注："似有采石，故号文山。"顾实云："采石，当兼有天然之石质及人造之玻璃。"顾颉刚云："采石，这是天然的颜料。"

【译文】

穆天子在文山游玩了三天，又在那里选取了彩石。

壬寅[①]，天子饮于文山之下。文山之人归遗[②]，乃献良马十驷[③]，用牛三百，守狗九十，牥牛二百[④]。天子之豪马、豪牛、龙狗、豪羊[⑤]，以三十祭文山。又赐之黄金之婴二九，贝带三十，朱三百裹，桂姜百峭。归遗乃膜拜而受。

【注释】

①壬寅：当为"壬申"，即八月三十日。距前三日。若作"壬寅"，则为九月三十日。檀萃云："当作'壬申'。"陈逢衡、丁谦、顾实等皆从之。丁谦《干支表》："距前三日，饮于文山之下。原作'壬寅'，误。盖上明言'三日游于文山'，且作'壬寅'，是仲秋至孟冬有一百余日矣，核改'壬申'，则五十九日，两皆密合。"顾实亦作"壬申"，即八月初十日，距前亦三日。

②归遗：人名。文山之人的首领。郭璞注："名也。"

③十驷：四十匹。驷，量词。用以计算以“四”为单位的马匹或四马所驾的车辆。郭璞注：“四马为驷。”

④牥牛二百：牥牛，一种颈背部隆起的野牛，又称单峰骆驼。见前注。郭璞注：“此牛能行流沙中，如橐驼。”洪颐煊校注：“‘百’下本有‘以行流沙’四字，当是注文传写之讹，今删。《太平御览》八百九十九引此注在上文‘鄄韩之人所献牥牛’下。”陈逢衡从之。顾实云：洪说非也。“流沙，即今哈密东南之大沙海”。钱伯泉云：流沙，“当是今甘肃北部的巴丹吉林沙漠”。王贻樑云：“此‘流沙’乃一般名词，非指某地。”

⑤之：出，拿出。动词。“出”是“之”的本义。《说文》：“之，出也。象艸过屮，枝茎益大，有所之。一者，地也。”《礼记·祭义》：“如语焉而未之然。”俞樾平议：“此‘之’字乃其本义。未之者，未出也。”陈逢衡、顾实据下文有“又赐之”而云：“‘天子’下当脱‘赐’字。”豪马：即旄马。《山海经·海内南经》：“旄马，其状如马，四节有毛，在巴蛇西北，高山南。”郭璞注：“豪，犹髦也。《山海经》云：‘髦马如马，足四节，皆有毛。’”洪颐煊校注：“今《山海经》作‘旄马’，‘髦’‘旄’古通用。”豪牛：即旄牛，或即牦牛。《山海经·北山经》：“（潘侯之山）有兽焉，其状如牛，而四节生毛，名曰旄牛。”郭璞注：“今旄牛背膝及胡尾皆有长毛。”檀萃云：“豪牛即旄牛也，《尔雅》谓之‘犣牛’。”尨（máng）狗：长毛狗。《说文》：“尨，犬之多毛者。”郭璞注：“尨，尨茸，谓猛狗。或曰尨亦狗名。”洪颐煊校注：“尨，道藏本作‘龙’，‘龙’‘尨’古通用。”陈逢衡云：“以上下文马、牛、羊例之，则此狗盖长毛犬也，今谓之狮子狗。”豪羊：长毛羊。郭璞注：“似髦牛。”案，以上豪马、豪牛、尨狗、豪羊之属，皆全身及四肢长满长毛，盖因生长于高寒地带的缘故。

【译文】

八月三十日壬申，穆天子在文山下宴饮。文山人归遗又献上四十匹良马、三百头役用牛、九十只猎狗、二百头牨牛。穆天子用长毛的马、牛、狗、羊等三十牺牲来祭祀文山。穆天子又赐给文山人归遗十八件黄金缶、三十条贝带、三百袋朱砂和一百筐桂皮、生姜。归遗于是合掌加额，跪地拜谢穆天子，然后收下了这些礼物。

四

癸酉①，天子命驾八骏之乘。右服䮯骝而左绿耳②，右骖赤薼而左白俄③。天子主车，造父为御，𠕌𦈡为右④。

【注释】

①癸酉：九月一日。距前“壬申”一日。丁谦《干支表》：“距前一日，东南驰行，至于巨蒐。”顾实作“八月十一日”，亦距前一日。

②右服：右边的辕马。服，指驾在车中间的马。古代一车四马，中间的两匹叫“服”。《诗经·郑风·大叔于田》：“两服齐首，两骖如手。”䮯骝：即骅骝，亦作“华骝”。䮯，“骅”之异文。郭璞注：“疑‘华骝’字。”洪颐煊校注：“《列子·周穆王篇》作‘蕐骝’。《尔雅·释畜》注疏俱引作‘右服盗骊’。臧镛堂云：‘郭引“右服盗骊”，以证《尔雅》之“小领盗骊”。且自解云：“盗骊，千里马。”然则《穆传》注必作“疑盗骊字”矣。邢叔明所引《山海经》正与《雅》注合，今本作“华骝”，与《御览》所引同，此后人窜改之本，非郭注原书也。正文作“骝”更非。’”

③右骖：右侧的边马。骖，古代一车四马中，旁侧的两匹叫“骖”。赤薼(jì)：即赤骥。参见卷一。赤，原作“亦”，他本皆作“赤”，今改。白俄(yì)：即白义，八骏之一。参见卷一。洪颐煊校注：“《列子·周穆王篇》作‘白檕’(yì)。《太平御览》八百九十六引云‘右服骅骝而左绿耳，右骖赤骥而左白义’。唐、宋类书引此书，凡遇古文，皆从注中今字。”《列子·周穆王篇》：“右骖赤骥，而左白

濼。"驡，郭璞注："古'骥'字。"俄，郭璞注："古'义'字。"

④嶲𦬹(tài bǐng)：太丙，人名。为周穆王之善御者。洪颐煊校注："《列子·周穆王篇》作'𫊸𣏌'，《释文》云：'𫊸'音泰，篆作'㐀'；𣏌，音丙，石经作'死'。张湛注云：'上齐下合，此古字未审。'"常征云："'太丙'之作'嶲𦬹'。"𣏌，又作"㔷"，皆是同名而异文。右：即车右。又作"骖乘"。古时车乘为在御者右边的武士。一般情况下(战车不同)，古人乘车尚左(以左方为尊)，尊者居左，御者居中，骖乘居右，以有勇力者担任陪驾。《礼记·曲礼上》："君抚僕之手而顾命车右就车。"郑玄注："车右，勇力之士，备制非常者。君行则陪乘，君式则下步行。"

【译文】

九月一日癸酉，穆天子令驾上由八匹骏马拉的车辆。穆天子主车中间有两匹服马，右边为骅骝，左边为绿耳；旁边两匹骖马，右边名赤骥，左边名白义。穆天子主乘，造父为驭手，嶲𦬹为车右。

次车之乘①，右服渠黄而左踰轮，右骖盗骊而左山子②。伯夭主车，紶百为御，奔戎为右。

【注释】

①次车之乘：即副车，天子的从车。次车，郭璞注："副车。"《史记·留侯世家》："秦皇帝东游，良与客狙击秦皇帝博浪沙中，误中副车。"

②右骖：同上。洪颐煊校注："'骖'字本脱，从《太平御览》八百九十六引补。《列子·周穆王篇》亦有'骖'字。"

【译文】

穆天子副车中间的两匹服马，右边为渠黄，左边为踰轮；旁侧的两匹骖马，右边是盗骊，左边是山子。伯夭主乘，紶百为驭手，高奔戎为车右。

天子乃遂东南翔行[①]，驰驱千里[②]，至于巨蒐氏[③]。巨蒐之人㠩奴[④]，乃献白鹄之血[⑤]，以饮天子[⑥]。因具牛羊之湩[⑦]，以洗天子之足，及二乘之人[⑧]。

【注释】

①翔行：飞翔而行。形容车速极快，即急驰而行。郭璞注："一举辔千里，行如飞翔。"

②驰驱千里：洪颐煊校注："《文选》王元长《三月三日曲水诗序》注引无'驱'字。"

③巨蒐(qú sōu)氏：西戎部族名。巨蒐，《禹贡》中的"渠搜"古国，分布于今甘肃酒泉迤西至鄯善一带，具体地望诸家各执异说。洪颐煊校注："'巨蒐氏'三字本脱，从《太平御览》三百七十二、八百九十六引补。《史记·匈奴列传·索隐》引作'巨蒐'，误。"若依《穆传》通例，则应断句为"至于巨蒐。之人……"，可知"巨蒐氏"三字不补亦可。王贻樑云："此是《穆传》中能够与其他古文献相印证的为数寥寥中的一个。其地距阳纡之东尾仅一日程，可知其必在今阴山东麓之北至多百里左右处。其他诸说皆不合。"

④㠩奴：人名。巨蒐氏的部族首领。㠩，字书不载，或读作"若"。檀萃云："《说文》：'叒，读若弱。'"洪颐煊校注："钱詹事云：'"㠩"疑即"若"字。……《说文》"叒"即"若"本字。'"

⑤白鹄(hú)：白天鹅。此处或指白鹤。鹄，洪颐煊校注："《太平御览》三百七十二、九百十九、《事类赋》注十八俱引作'鹤'，'鹤''鹄'古通用。"陈逢衡云："《御览》九百十六引作'白鹤'，九百十九无此条。"

⑥以饮天子：郭璞注："饮血，所以益人炁力。"洪颐煊校注："注'饮

血'本讹在'所以'下,今改正。"

⑦湩(dòng):乳汁。郭璞注:"乳也。今江南人亦呼乳为湩。音寒冻反。"郭璞又注"令肌肤滑",可见牛羊之乳具有滋肤养颜之效。

⑧二乘之人:此处应指除穆天子外的其他五人。二乘,指天子的主车和副车。郭璞注:"谓主天子车及副车者也。"洪颐煊校注:"《列子·周穆王篇》自'天子命驾八骏之乘'以下至此俱同,惟下云'已饮而行,遂宿于昆仑之阿,赤水之阳,别日升昆仑之丘,以观黄帝之宫',与今次为少异耳。"

【译文】

穆天子于是向东南方向飞驰而行,策马疾驰了一千里,到达了巨蒐氏。巨蒐人的首领𠫤奴献上白鹤的鲜血,请穆天子饮用。又准备了牛羊的乳汁给穆天子洗脚,也给天子主车和副车上的人备好。

甲戌[①],巨蒐之人𠫤奴[②],觞天子于焚留之山[③]。乃献马三百,牛羊五千,秋麦千车[④],膜稷三十车[⑤]。天子使伯天受之。

【注释】

①甲戌:九月二日。距前"癸酉"一日。丁谦《干支表》:"距前一日,觞于焚留之山。"顾实作"八月十二日",亦距前一日。

②巨蒐之人𠫤奴:巨蒐之人的首领𠫤奴。原文作"巨蒐之𠫤奴",疑缺"人"字,今补。

③焚留之山:山名。即焚留山。小川琢治云:此大体在洋水下游,"迫近于武威郡之武威(在今镇蕃县之塞外),亦与今不拉山山脉相当,已无异议。"卫挺生云:"所谓焚留之山,当即今马鬃山也。"王贻樑云:"当在今内蒙古乌拉特中后联合旗至乌拉特前旗一带。"

④秋麦：秋熟的麦子。郭璞注："禾也。"檀萃云："其地苦寒，麦至秋始熟，故谓之秋麦。"陈逢衡云："即今之大、小麦也。周正五月为秋，正割麦之时，故谓之秋麦。《月令》'麦秋至'，《初学记》三引蔡邕《章句》曰：'百谷各以其初生为春，熟为秋，故麦以孟夏为秋。'"王贻樑云："秋麦者，秋种之麦，《月令》甚明。"

⑤膜稷：即西域的粟米。郭璞注："稷，粟也。膜，未闻。"檀萃云："膜，同'漠'，言沙漠之粟。"陈逢衡云："膜稷，盖未去肤壳者。或曰：膜，大也，与下'模堇'同义。"王贻樑云："膜稷，即西膜之稷，其与中原之稷可能有品种上的差异，亦可能仅作供食之用。"

【译文】

九月二日甲戌，巨蒐人的首领㓕奴在焚留山宴请穆天子。㓕奴献上三百匹食用马、五千头牛羊、一千车秋麦、三十车西域粟米。穆天子命伯夭收下了这些礼物。

好献枝斯之英四十[①]，㑓䎘、㝹䍃、珌佩百隻[②]，琅玕四十，䵙䊓十篋[③]，天子使造父受之。

【注释】

①好献：巨蒐之人㓕奴为结好穆天子而为之献礼。枝斯之英：美玉中的精品。枝斯，美玉名。英，郭璞注："精者为英。"洪颐煊校注："'英'本作'石'，从注改。"檀萃云：枝斯"即玉荣"。四十：王天海云："此'四十'与下'琅玕四十'下似脱量词，依《穆传》文例，凡言玉石者，皆以'隻'作量词。"

②㑓䎘、㝹䍃：音义皆不详。据文意，当为玉器佩饰之类。珌（bì）佩：佩刀上的玉饰。珌，刀鞘末端的装饰物。《诗经·小雅·瞻彼洛矣》："君子至止，鞞琫有珌。"百隻：即百雙。

③䵙䊓：此二字音义不详，疑为苎麻、葛麻之类。郭璞注："疑此纻

葛之属。"纻，指苎麻，亦指苎麻织的布。葛，又名"葛麻"，多年生草本植物。茎蔓生，其纤维可以织布。其根肥大，名葛根，可制淀粉，亦可入药。《诗经·周南·葛覃》："葛之覃兮，施于中谷。"《诗经·陈风·东门之池》："东门之池，可以沤纻。"《吕氏春秋·贵直论》："先出也，衣缔纻。"檀萃云："'䒢'同'璗'，为'冕旒'之'旒'，绥十二小玉。'莌'同'玘'，佩玉之细者。"陈逢衡云："'䒢莌'二字从艸，当以郭说纻葛之说为长。"王贻樑云："䒢莌以箧装，则非食物即织物，但具体皆未明。"箧(qiè)：竹箱。

【译文】

𤞣奴又献上四十块上好的枝斯美玉、一百双㒃瑶、㽕𦋆、珌佩等玉器饰物、四十颗琅玕玉珠、十箱苎麻葛布，穆天子命造父收下了这些礼物。

□乃赐之银木䟴采[①]，黄金之罂二九，贝带四十，朱三百裹，桂姜百㠶。𤞣奴乃膜拜而受。

【注释】

①□：缺文疑衍。陈逢衡云："空方疑衍。"银木䟴采：疑为镀银彩绘的木胎漆器。洪颐煊校注："䟴采，疑即上文'瑻采'。"王天海云："或与前'黄木䍿银采'同为镀银彩绘漆器。"

【译文】

穆天子于是就赐给𤞣奴镀银彩绘的木胎漆器、十八件黄金缶、四十条贝带、三百袋朱砂和一百筐桂皮、生姜。𤞣奴于是合掌加额，跪地拜谢穆天子，然后收下了这些礼物。

五

乙亥[①]，天子南征阳纡之东尾[②]。乃遂绝䧘瞀之谷[③]。

【注释】

①乙亥:九月三日。距前"甲戌"一日。丁谦《干支表》:"距前一日,南征,绝𨺅䜌之谷。"顾实作"八月十三日",亦距前一日。

②阳纡之东尾:阳纡山的东尽头。小川琢治云:"所谓'阳纡之东尾'者,乃沿河水屈曲,自东西折而南,哈拉纳林鄂拉之南端,'东'字当为'南'之误字。"顾实云:"阳纡之东尾,当即今乌喇特旗北之噶扎尔山。"王贻樑云:"小川说'东'当为'南'字之误,不确。穆王一行明明在阳纡之北,何能不越阳纡而至其南欤?且阳纡之山(今阴山山脉)本即东西横亘,言'东尾'方合情理。"尾,郭璞注:"山后也。"

③𨺅䜌之谷:山谷名。地望不明,或在今阴山东头北侧,穆王从此处由北向南穿越而过。丁谦云:"𨺅䜌之谷,当即今库勒尔城东遮留谷。《水经注》所谓铁谷关也。"小川琢治释"𨺅䜌"为"芘胥","当在今贺兰山脉,宁夏府西之峠"。顾实云:"'𨺅䜌'二字不可识,然𨺅䜌之谷按其地望,当即今之巴颜鄂博河(清《一统图》《会典图》皆有此河,喀尔喀右翼旗扎萨克驻此)。"高夷吾云:"𨺅䜌之谷即五达谷,在萨拉齐西。"卫挺生云:"自马鬃山以东约二千余里而至于阳纡之末尾,其间可称横绝之谷唯阳纡之三个山口。""此谷最长,在战国以后称曰'高厥'。"王贻樑云:"谷在阳纡稍北,具体不明。"王天海云:"'𨺅䜌'二字尚无人能识,所言地望皆臆测,不足为信。"

【译文】

九月三日乙亥,穆天子往南巡行,到达阳纡山的东尽头。于是就从那里穿过𨺅䜌山谷。

辛巳[1],至于䕫瑜[2],河之水北阿[3]。爰有𩡧溲之□[4],河伯之孙,事皇天子之山[5]。有模堇[6],其叶是食明后[7]。天子嘉之，赐以佩玉一隻。伯夭再拜稽首。

【注释】

①辛巳：九月九日。距前“乙亥”六日。原文作“巳”，“辛”字缺。丁谦《干支表》作“乙巳”，云：“距前三十日，至𤩰㺯水之北阿。”若作“乙巳”，则为十月四日，距前“乙亥”三十日。陈逢衡云：“‘巳’上落‘辛’字。”顾实云：“非也，已，犹既也，已而也，既而也。”卫挺生云：“乃己丑日。”若作“己丑”，则为九月十七日，距前“乙亥”十四日。以上诸说皆不妨碍下文“癸丑”，具体待考，权从陈说。

②𤩰㺯：漆璿，地名。位于黄河北岸。一说为水名。檀萃云：“𤩰㺯者，漆洛也。初‘癸酉，天子舍于漆澤’者，即此河。”丁谦云：“𤩰㺯河，即今拜河。”卫挺生云：“然则所谓‘𤩰㺯’殆在今狼山县之东北。”

③河之水北阿：黄河北岸曲隅处。河之水北阿，似应为“河水之北阿”。陈逢衡云：“‘之’字当在‘水’字下。”卫挺生云：“‘水阿’显即今五加河水之北阿也。”岑仲勉云：“河水仍指张掖河。”阿，水之曲隅，河湾。

④𩕄溲之□：𩕄溲之邦。𩕄溲，部族名。当在河宗氏左近。郭璞注：“今西有渠搜国，‘𩕄’疑‘渠’字。”檀萃云：“郭说非也。”顾实云：“‘𩕄’字不可识，必非渠搜则亦可断言。”“缺文疑即‘邦’字。”王贻樑云：“前‘巨蒐’既为渠搜，则此‘𩕄溲’不当再释渠搜。”

⑤事皇天子之山：侍奉周天子之山。事，侍奉，伺候。皇，为尊崇之辞。天子之山，即燕然之山，河宗伯夭迎天子处。檀萃云：“事皇天子之山者，即前河宗致命于皇天子之处也。言此山在汤泉之口也。”顾实云：“皇天子之山，当即在河水之北阿之北岸，即余所考定最初黄河故道之北岸。”案，顾说是。

⑥樸堇：即木槿，植物名。郭璞注：“木名。……堇，音谨。”檀萃云：

“即木槿也。其花可食。”顾实云:“模,训大也,则模堇亦荅堇之类也。‘模’‘膜’‘漠’俱同声可通用,则模堇犹膜稷之类也。然不知其叶以何特异而食明后也。”王贻樑云:“此当为木槿,学名Hibiscus syriacus,属锦葵科,性甘、平,有清热解毒功效。《本草纲目》云其可‘洗目令明’,与此可大致吻合。”

⑦明后:圣明的君主。后,君主。《诗经·商颂·玄鸟》:“商之先后,受命不殆,在武丁孙子。”郭璞注:“后,君也。”王贻樑云:“本《传》‘明后’之‘后’字,盖‘目’字之形讹,作‘后’字于义殊不类。”王天海云:“此云‘是食明后’显与‘洗目令明’不类,王说亦不妥。或云模堇之叶可供明君食用,此乃河宗伯夭阿谀之词,郭注不误。”案,王天海说是,因“是食明后”,故“天子嘉之”。

【译文】

九月九日辛巳,穆天子到达了𧄍瑜,那里是黄河北岸的曲隅处。那里有𩰫溲国,该国有河伯子孙侍奉过周天子的燕然山。山上有木槿,它的叶子供明君食用。穆天子嘉奖了伯夭,赐给他一双佩玉。伯夭叩头至地,拜了两拜。

六

癸丑①,天子东征。伯夭送天子至于鄘人②。鄘柏絮觞天子于澡泽之上③。𦉢多之汭④,河水之所南还⑤。

【注释】

①癸丑:十月十二日。距前“辛巳”三十二日。丁谦《干支表》:“距前(乙巳)八日,越阳纡东尾,至于鄘人。”顾实作“九月二十二日”,距前“八月十三日(乙亥)”三十九日。王天海云:“前补作‘辛巳’,此距前当三十二日。此或文有脱误,据《传》文所载位置,穆天子不当行一月余才至鄘人国。”

②鄘人：河宗氏属国，地在内蒙古河套一带。

③鄘柏絜：即鄘伯絜，鄘人国的君主。滲泽：湖泊名。即漆泽、滲泽。洪颐煊校注："自上文'辛丑'，天子西征，至于鄘人，遂由河宗西至昆仑丘，见西王母，至此始还。故此书自第一卷至第四卷虽中多断简，皆一时事。'滲泽'即'滲泽'，古字通用。"

④𣂪(fá)多之汭(ruì)：即博托河的北部湾。𣂪，古"伐"字。檀萃云："𣂪，音伐。"吕调阳云："𣂪，同'混'。"陈炜湛云："按此字本为会意字，'目''人''戈'三者当连为一体，即'伐'之异体。……强调其杀戮之义。是'𣂪'本'伐'字之繁，荀氏予以割裂而隶定，遂致不可识。伐多，当是古水名。"顾实云："𣂪多，当即今绥远之包头。""无党河西又有博托河，因音别而为包头(清《会典图》作"包头河")，此真包头矣。最古当是名曰'𣂪多'。……大概鄘邦之境跨连今图尔根河与博托河之间，……其当在今萨拉齐之南境，黄河折而南流之处乎！"卫挺生云："𣂪多，今字为'博多''包头'，乃今包头市所在。河水南还处，乃包头县属之河口。"王贻樑云："滲泽、𣂪多、河水南还处，俱当在今内蒙古包头至托克托一带，诸说大多近同。"王天海云："据顾说，此'𣂪多'乃今博托河之古音，'𣂪多之汭'即博托河的北部湾。"案，以上诸说皆可参。汭，河流会合或弯曲的地方。郭璞注："水涯。"丁谦云："水北曰'汭'，'𣂪多之汭'当即指滲泽之水西流入河处。"

⑤河水之所南还：黄河折向南流的地方，约在今内蒙古托克托城一带。还，郭璞注："回也。音旋。"

【译文】

十月十二日癸丑，穆天子往东巡行。伯夭送穆天子到达鄘人国。鄘伯絜在滲泽之上宴请穆天子。博托河的北部湾是黄河水折向南流的地方。

曰:天子五日休于澡泽之上,以待六师之人。

【译文】

穆天子在澡泽上休息了五天,以等待他的六师部属。

戊午[①],天子东征。顾命伯夭归于丌邦[②]。天子曰:“河宗正也[③]。”伯夭再拜稽首[④]。

【注释】

①戊午:十月十七日。距前“癸丑”五日。丁谦《干支表》:“距前五日,东征南还,升于长松之隥。”顾实作“九月二十七日”,亦距前五日。

②顾命:原指君王临终遗命。《尚书·顾命》:“成王将崩,命召公、毕公率诸侯相康王,作《顾命》。”孔《传》:“临终之命曰顾命。”孔颖达疏:“顾,是将去之意,此言临终之命曰‘顾命’,言临将死去回顾而为语也。”此指临别时君主的诏命。丌邦:其邦,伯夭的邦国。丌,古“其”字。

③河宗正也:河宗氏的宗正。王天海云:“意即任命伯夭为河宗氏的执政君主。”案,伯夭原即河宗氏的君主,不当于此时任命。正,政也,执政。

④稽首:古代一种跪拜礼。行跪拜礼时,拱手胸前先拜,而后叩头至地,为古人最恭敬的礼节。郭璞注:“辞去也。”

【译文】

十月十七日戊午,穆天子往东巡行。临别时命伯夭返回他的邦国。穆天子说:“你是河宗氏的宗正啊。”伯夭叩头至地,拜了两拜,然后辞去。

七

天子南还[①],升于长松之隥[②]。

【注释】

①南还:往南返回。王天海云:“黄河由今托克托处大转弯,改东西流向为南北流向,故穆天子于此处循黄河南下返回。”

②长松之隥:地名。长松坡,或因其长有高大的松树,故名长松坡。郭璞注:“坂有长松。”洪颐煊校注:“隥,《太平御览》五十三引作‘坂’。《水经·河水》注:‘西河阴山县有长松水,与蒲水合。’疑从此隥得名。”顾实云:“长松之隥,当在今朔平府右玉县牛心堡迤北一带,旧有大松树山是也。”隥,险峻的山坡。

【译文】

穆天子南行返还,登上了长松坡。

孟冬壬戌[①],天子至于雷首[②]。犬戎胡觞天子于雷首之阿[③],乃献良马四六[④]。天子使孔牙受之[⑤]。

【注释】

①孟冬壬戌:十月二十一日。距前“戊午”四日。丁谦《干支表》:“距前四日,至犬戎南界雷首之地。”顾实作“十月初一日”,亦距前四日。

②雷首:山名。雷首山,或即今山西朔州累头山,又名“洪涛山”。郭璞注:“雷首,山名。今在河东蒲坂县南也。”洪颐煊校注:“‘天子’二字本脱,从《水经·河水》注、《玉海》一百四十八引补。”小川琢治云:“要在雷首为雷水之源无疑。其正确位置,据《支那地

图帖》在朔州北十余籽东南山麓，桑干泉池侧。桑干泉水故(古)以甘洌名。从郦道元说，此泉为灅水支流溹涫水，于其侧求雷水阿当较可信。”即累头山。顾实云：“雷首，即今朔平府马邑县之洪涛山。出雷水，即灅水，今之永定河。其源出洪涛山，流至直隶天津府之大沽河，北入海，即桑干河是也。”王贻樑云：“依文意，此雷首、雷水非卷一之当水甚明。雷首，非郭注所云今山西永济、芮城一线的雷首山，彼山乃卷六之薄山。此雷首当以小川、顾实说是。”钱伯泉云：“穆王此时回到了今山西省北部，犬戎属地。”

③胡：犬戎的部族首领名字。雷首之阿：即雷首山之曲隅处。洪本原作“雷水之阿”，下文云“雷水之平寒”，知其必不在雷水水畔觞天子，今改“雷水”为“雷首”。洪颐煊校注：“《水经·河水》注、《北堂书钞》八十二引作‘雷首之阿’。”陈逢衡云：“《太平御览》九百二引作‘雷首之阿’。”顾实云：洪本作“水”，“则此阿与雷水密迩之故耳”。王贻樑云：“洪本改作‘水’，当涉下文而误。依《传》文惯例，此觞宴之地当即此前所云所至之地，故当作‘雷首’为是。”

④良马四六：驾车的良马二十四匹。良马，洪本原作“食马”，误，今改。驾车的骏马以“四”计，四马为驷。食马以百十计，供人食用。又，犬戎所居之地盛产良马，此处当作“良马”为宜。洪颐煊校注：“食，《水经·河水》注、《太平御览》九十二引作‘良’。”顾实云：“证以文义，作‘良’为是。”王贻樑云：“卷一已言，本《传》献食马概以百十计，献良马概为四马(一乘之驾)之倍数，此作‘良马’为是。”王天海云：“依《穆传》文例，言‘良马’者必以‘四’的倍数计，言‘食马’者皆以百十计。此以四六相乘计，必为良马，此马主要供驾车用。”

⑤孔牙：人名。又名君牙，周穆王的大司徒。陈逢衡、刘师培云：

“孔牙”即《尚书·序》之“君牙”，穆王之大司徒。“君”“孔”一声之转。

【译文】

冬十月二十一日壬戌，穆天子到达了雷首山。犬戎的首领胡在雷首山的曲隅处宴请穆天子，又献上了二十四匹良马。穆天子命孔牙收下了礼物。

曰：雷水之平寒①，寡人②，具犬马羊牛③。爰有黑牛白角，爰有黑羊白血④。

【注释】

①平寒：两岸寒冷。平，疑“干”之讹。干，似作“岸”讲。洪颐煊校注：“《水经·河水》注引作‘干’。”陈逢衡云：“《水经注》引作‘天子使孔牙受之于雷水之干’。……‘平’是‘干’之误。”顾实云：改“平”为“干”，“干”后断句，云：“干者，岸也。犹《诗》言‘河之干’也。审文义，则当读‘寒寡人’句，‘具犬马羊牛’句，言以荒寒而少人，俱具犬马牛羊也。”

②寡人：人烟稀少。洪颐煊校注：“《初学记》二十九、《太平御览》九百二引俱无‘寒’下八字。”

③具：尽，全。王天海认为“具”作“准备”讲，文意似有不通。

④白血：乃“白角”之讹。郭璞注：“记异也。”案，盖自古未闻此异。陈逢衡云：“余谓‘白血’‘血’字亦‘角’字之误，无所为异也。”

【译文】

雷水两岸寒冷，人烟稀少，都是些犬马羊牛。那里有黑牛白角，那里有黑羊白角。

八

癸亥[①],天子南征,升于髭之隥[②]。

【注释】

①癸亥:十月二十二日。距前"壬戌"一日。丁谦《干支表》:"距前一日,升于髭之隥。"顾实作"十月初二日",亦距前一日。

②髭(zī)之隥:山名。或即雁门山。小川琢治云:"髭之隥为雁门无疑。"顾实云:"当即今山西代州之句注山。句注山在代州西北二十五里,雁门山在代州西北三十五里。"

【译文】

十月二十二日癸亥,穆天子往南巡行,登上了髭山山坡。

丙寅[①],天子至于钘山之队[②],东升于三道之隥[③],乃宿于二边[④]。命毛班、逢固先至于周[⑤],以待天子之命[⑥]。

【注释】

①丙寅:十月二十五日。距前"癸亥"三日。丁谦《干支表》:"距前三日,至于钘山之队。案,此时当得徐戎之叛耗故,飞驰而还,然由犬戎至钘山二千余里,虽有八骏,究非三日能至,仍当移下四日作'庚午',庶稍近情。"顾实作"十月初五日",亦距前三日。

②钘山之队:钘山的峡谷险道。洪颐煊校注:"《史记·淮阴侯列传·索隐》引作'陉山之隧'。"队,通"隧",山谷中险道。

③三道之隥:山名。即三道坡,在井陉山东侧。洪颐煊校注:"《文选》颜延年《三月三日曲水诗序》注引脱'之'字。"

④二边:地名。或谓山边之开阔地。陈逢衡云:"'三道'疑作'陉

道'。'二边'二字不可晓。窃疑'二边'乃'山邊'之误。"丁谦云:"此钘山隊为太行西谷,在今山西平定州东。三道隥、二边,均在其地。"顾实云:"三道之隥及二边,当俱在今正定之井陉山中。"王贻樑云:"今北方以二道、三道命名之地犹多,辽宁、吉林、内蒙古、河北、山西俱有。此三道、二边在井陉东侧,具体难定。"

⑤毛班:人名。姬姓,周大夫。周文王第八子姬郑,封于毛,后人遂以毛为氏。郭璞注:"毛班,毛伯,卫之先也。"顾实云:"郭注引毛伯卫,见《春秋》文元年、九年及宣十五年《左氏传》。"于省吾云:"卷五有毛公,注谓毛公即毛公班,是也。《班簋》云:'唯八月初吉,在宗周。王命毛伯更虢城公服。'又云'班拜韻首曰',又云'班非敢觅',是毛伯名班,乃穆王时人。而郭沫若、吴其昌均考定《班簋》为成王时器,失之。"王贻樑云:"于说甚是。《班簋》,由其铭文内容、字体至器形、纹饰,显然皆属西周中期,断为穆王时器不误。由《班簋》铭知毛班本只卿爵,故称'伯'。因继替虢城公之职而升为公爵,称公。本《传》卷五称其'毛公',是已升公爵矣。《班簋》载《穆王》尚称其为'毛父',可知其当高于穆王一辈。"逢固:人名。又作"逢公固""梁固",周穆王的大臣。周:即宗周洛邑。

⑥天子:穆天子。天子,原作"天",脱"子"字,今补。洪颐煊校注:"'天'下疑脱'子'字。"

【译文】

十月二十五日丙寅,穆天子到达了钘山峡谷险道,从东边登上了三道坡,晚上就住在二边。穆天子命毛班、逢固先回到宗周洛邑,等候天子的诏令。

癸酉①,天子命驾八骏之乘,赤骥之驷,造父为御②。南征翔行③,径绝翟道④,升于太行⑤,南济于河⑥。驰驱千里,遂入于宗周⑦。

【注释】

①癸酉：十一月二日。距前“丙寅”七日。丁谦《干支表》：“距‘庚午’三日，绝翟道，升太行山，乃济河入于宗周，亦三日行千里。”“庚午”，见本节注。顾实作“十月十二日”，距前“丙寅”七日。

②造父为御：洪颐煊校云：“‘御’下本有‘□’字，从《太平寰宇记》引删。”

③翔行：洪颐煊校云：“《寰宇记》引作‘朔野’。”

④径绝翟道：直接穿过翟道。翟道，即翟人境内的主要干道。郭璞注：“翟道，在陇西，谓截陇坂过。”小川琢治云：“郭注误。据《汉书·地理志》，此翟道不过居于太行山脉之翟人其部落间通行路之意味。”钱伯泉云：“翟，即是狄。春秋、战国时期，陕西、山西和河北多有白狄和赤狄居住。‘翟道’即是翟人的通道，并非陇西的狄道县。穆王回到井陉西口，南下到今山西省黎城县东北的古代壶口关，由吾儿峪东逾太行山，又南渡黄河，进入东周王城。”顾颉刚认为，翟道，即“代道”，这条道起自灵寿，北达代郡。王贻樑从之，认为此“代道”延至灵寿以南。王天海云：“此道必在山西井陉山之南，而郭璞注‘翟道，在陇西，谓截陇坂过’，方向即已不对，误。”

⑤太行：即太行山。丁谦云：“又东南逾太行山脊，即今鹤度岭口，又东即邢州，……由是西南济河入宗周。”顾实云：“太行，即太行山，在今河南怀庆府城北。亦名曰羊肠坂。”卫挺生云：“‘升于太行’则越天井关之峡道也。”

⑥南济于河：往南渡过黄河。卫挺生云：“曰‘南济于河’，则至孟县孟津也。”王贻樑云：“太行，即今山西、河北、河南界处之太行山。河，即指黄河在河南境内一段。”

⑦宗周：即洛邑。小川琢治云："本书所谓宗周，即《尚书》所谓成周。"顾实云："宗周即洛邑王城，今河南洛阳县城内西偏，即周之王城故址也。古书言宗周有二：一为镐京，一为洛邑。""《礼记·祭统》篇载卫孔悝鼎铭曰'即宫于宗周'，此宗周则指洛邑而言矣。"

【译文】

十一月二日癸酉，穆天子命令用八骏驾车，四匹赤骥备用，造父为驭手。穆天子往南飞驰而行，直接穿过翟道，越过太行山，向南渡过黄河。穆天子策马疾驰了一千里，终于回到了宗周洛邑。

官人进白鹄之血[①]，以饮天子，以洗天子之足[②]。造父乃具羊之血[③]，以饮四马之乘一[④]。

【注释】

①官人：即"馆人"，指负责馆舍的官员。官，房舍。白鹄：白鹤。

②以洗天子之足：用牛羊之乳为穆天子洗脚。郭璞注："亦谓乳也。"据前文，此处当脱"因具牛羊之湩"。

③具：准备，备办。

④以饮四马之乘一：让为天子驾车的同乘四马饮用。郭璞注："与王同车，御、右之属，《左传》所谓'四乘'是也。"陈逢衡云："但饮王之一乘四马，非四乘十六马也。郭注误。"翟云升云："今《左传》作'驷乘'。"卢文弨引段玉裁案："'四'当作'同'，《左传》曰'同乘兄弟也'。"

【译文】

馆舍官吏呈上白鹤的鲜血，请穆天子饮用；又准备了牛羊的乳汁，为穆天子洗脚。造父则准备了羊血，让为天子驾车的同乘四马饮用。

九

庚辰[1]，天子大朝于宗周之庙[2]，乃里西土之数[3]。曰：自宗周瀍水以西[4]，北至于河宗之邦阳纡之山[5]，三千有四百里[6]；自阳纡西至于西夏氏[7]，二千又五百里；自西夏至于珠余氏及河首[8]，千又五百里；自河首、襄山以西[9]，南至于舂山、珠泽、昆仑之丘，七百里。自舂山以西，至于赤乌氏、舂山[10]，三百里；东北还至于群玉之山，截舂山以北[11]；自群玉之山以西，至于西王母之邦，三千里；□自西王母之邦[12]，北至于旷原之野，飞鸟之所解其羽[13]，千有九百里。□宗周至于西北大旷原[14]，万四千里。乃还，东南复至于阳纡，七千里。还归于周[15]，三千里。各行兼数，三万有五千里[16]。

【注释】

①庚辰：十一月九日。距前"癸酉"七日。丁谦《干支表》："距前七日，大朝于宗周，里西土之数。"顾实作"十月十九日"，亦距前七日。

②庙：此指朝堂。《周礼·考工记·匠人》："九卿朝焉。"郑玄注："如今朝堂诸曹治事处。"

③里：计算里程。郭璞注："谓计其道里也。《纪年》曰：'穆王西征，还里天下，亿有九万里。'"陈逢衡云："《纪年》所谓'亿有九万里'，乃总穆王一生车辙之所至，共有此数也。"案，古代一亿为十万。

④瀍(chán)水：水名。即瀍河，源出今河南孟津，于洛阳瀍河区下园汇入洛河。郭璞注："今在洛西。洛即成周也。音缠。"顾实云："出今河南洛阳县西北谷城山。"岑仲勉认为瀍水即陕西之浐

水，误。

⑤北至于河宗之邦：河宗之邦，即河宗氏的邦国，在今内蒙古河套地区。洪颐煊校注："'北'字本脱，从《水经·河水》注引补。"

⑥有：通"又"。洪颐煊校注："有，下文或作'又'，古字通用。"

⑦西夏氏：古西域部落。大致位于今甘北、蒙西一带。檀萃云："西夏，大夏也。"洪颐煊校注："《周书·史记解》云：'昔者西夏性仁非兵，城郭不修，武士无位，……唐氏伐之，……西夏以亡。'"小川琢治云："当在亚尔泰山东南之南麓。"顾实云："西夏氏，当即穆王西济于河，在今甘肃兰州府、河州大夏河之西。"王贻樑云："西夏，当文献之大夏，地约在今甘、青或宁一带，具体难明。"王天海云："此西夏氏，与下珠余氏、河首、襄山等地，不见于前面《传》文中，依行程推之，当脱于卷二之首。"

⑧珠余氏：古代西域部族。顾实云："珠余氏当即膜昼之所封，在今青海大雪山西。"王贻樑云："珠余氏、河首及襄山在昆仑（今祁连山）之北七百里，具体地望不明。"河首：即黄河上游某地，古人以为是黄河源头。小川琢治云："黄河在兰州、宁夏间至中卫之西成为峡谷，由是开出平地。本书所呼河首者，即指黄河上流之溢处而得名。"常征云："河首（兰州地区），古人谓黄河出于积石，故此区被目为'河首'。"

⑨襄山：山名。洪颐煊校注："《史记·封禅书》云：'自华以西名山七，曰……薄山。……薄山者，襄山也。'据《括地志》，襄山即上文雷首山。"案，雷首山在山西，此说存疑。小川琢治云："襄山，即《北次三经》之首崇吾山、《北山经》之首单孤山，其名音读缓急而已。""其位置盘绕于今宁夏府之西南、中卫县之西。"王贻樑云："河首、襄山在昆仑北七百里。河源置此，以今天的地理知识衡之，自属荒谬。但在当时却就是如此认识的，并不足为奇。河源的正确位置是自元代以后才逐渐得到正确认识的。这当然是

后话了。而释《穆传》之河首为今青海巴颜喀喇山，实是以后人的见解来替代古人的认识，看似正确而实则错误。”

⑩春山：衍文。陈逢衡云：“‘春山’二字疑衍。”

⑪截春山以北：下脱里数，应补“七百里”，方合“万四千里”之数。顾实、岑仲勉等俱云此下当缺“七百里”。王贻樑云：“当以‘七百里’为妥。”截，至于，到达。郭璞注：“犹阻也。”

⑫□：疑衍，当删。

⑬解其羽：指飞鸟脱羽而死。郭璞注：“所谓解毛之处。”洪颐煊校注：“《艺文类聚》六、《太平御览》九百十四引俱无‘其’字。”

⑭□：檀本填“自”字，应从。西北大旷原：即旷原之野。郭璞注：“《山海经》云，群鸟所集泽有两处：一方百里，一方千里，即此大旷原也。”

⑮周：指宗周洛邑。

⑯三万有五千里：三万五千里。依上文数据，往返路程总计两万四千里。刘师培、小川等认为，“三”字为“二”字之讹。又案，若“三万有五千里”数字不误，则此段或脱穆天子第一次西征的里数（一万一千里）。

【译文】

十一月九日庚辰，穆天子在宗周朝堂上举行大朝会，并计算这次往返西域的里程。如下：从宗周瀍水往西，向北到达河宗氏邦国的阳纡山，有三千四百里；从阳纡山往西到达西夏氏，有二千五百里；从西夏氏到达珠余氏及河首，有一千五百里；从河首、襄山往西，再往南到达春山、珠泽、昆仑山，有七百里。从春山往西，到达赤乌氏，有三百里；从东北方向又回到群玉山，至于春山之北，有七百里；从群玉山往西，到达西王母的邦国，有三千里；从西王母的邦国往北到达旷原平野，即飞鸟到此脱羽而死的地方，有一千九百里。从宗周到达西北大旷原，总计一万四千里。从西北大旷原返回，往东南又回到阳纡山，有七千里。从阳纡山回到宗周洛邑，有三千里。往返路程总计为三万五千里。

十

吉日甲申[1]，天子祭于宗周之庙[2]。

【注释】

①甲申：十一月十三日。距前“庚辰”四日。丁谦《干支表》：“距前四日，祭于宗周之庙。”顾实作“二十三日”，亦距前四日。

②天子祭于宗周之庙：郭璞注：“告行反也。《书·大传》曰：‘反必告庙也。’”庙，庙堂，太庙，明堂。太庙是中国古代皇帝的宗庙，周代称为“明堂”。

【译文】

十一月十三日甲申是一个吉利的日子，穆天子到宗周太庙祭告先王。

乙酉[1]，天子□六师之人于洛水之上[2]。

【注释】

①乙酉：十一月十四日。距前“甲申”一日。丁谦《干支表》：“距前一日，休六师于洛水之上。”顾实作“二十四日”，亦距前一日。

②□：劳。劳，犒劳，慰劳。□，檀萃填“觞”字，卫挺生填“劳”字。陈逢衡云：“当是‘饮’字。”字或有异，意思相同。洛水：水名。即洛河。黄河右岸重要支流，源出陕西洛南洛源镇，经陕西东南部及河南西北部，于河南巩义入黄河。丁谦云：“盖西征凯旋之师，于洛水上犒劳之也。”卫挺生云：“告宗庙之次日即劳师于洛水之上，可证宗周果在洛邑。”王贻樑云：“‘洛水’之‘洛’本作‘雒’，至东周而始有作‘洛’者。”

【译文】

十一月十四日乙酉，穆天子在洛水岸边犒劳随他西征的六师部属。

丁亥[1]，天子北济于河，□瓶之隊[2]。以西北升于盟门九河之隥[3]，乃遂西南[4]。

【注释】

①丁亥：十一月十六日。距前“乙酉”二日。丁谦《干支表》：“距前二日，北济于河，升于盟门九阿之隥。”顾实作“二十六日”，亦距前二日。

②□：檀萃填作“绝缟”二字，此句则为“绝缟瓶之隊”。缟瓶（dī），山名。约在今河南与山西交界处。檀萃云：“《中山经》缟瓶之山，无草木，多金玉。”顾实认为檀说良确，“当在今河南济源县邵源关之西北，山西翼城县之东南”。丁谦云：“瓶之地未详，当在孟县西北境，故由此升九阿之隥。”

③盟门：山名。又作“孟门”，在今山西吕梁柳林县。郭璞注：“盟门山，今在河北。《尸子》曰：‘河出于盟门之上。’”檀萃云：“《一统志》：‘孟门山在吉州西七十里。’”丁谦云：“盟门，即孟津。《史记正义》云‘在河阳县南’。今为孟县西河阳堡。”王贻樑云：“盟门，即孟门山，地在今山西吉县与陕西宜川间黄河边上、壶口瀑布之北。”盟，洪颐煊校注：“《山海经·北山经》注、《水经·河水》注俱引作‘孟’。《史记索隐》云：‘盟，古“孟”字。’”九河之隥：地名。即九曲黄河边的孟门险坡。又说为“九阿之隥”，“河”为“阿”字之讹。顾实云：“河，当为‘阿’之误，卷五云‘天子西征，升于九阿’，可为比证。况于事理，可以有九阿之隥，而决不能有九河之隥，尤极明白也。然《山海经》注、《水经》注引均作‘河’，其误久矣。”丁谦云：“九阿隥，考今济源县西一百五十里有十八盘坂，为

西行至秦孔道，当即古时九阿，以东近孟津，故冠以孟门字。”陈逢衡云：“当在今河南孟津县界。”

④乃遂西南：于是又向西南方向行进。

【译文】

十一月十六日丁亥，穆天子往北渡过黄河，穿过缟瓶山的峡谷险道。接着向西北方向行进，登上孟门山的九阿坡，又转向西南方向行进。

仲冬壬辰[①]，至𥂗山之上[②]，乃奏广乐，三日而终。

【注释】

①仲冬壬辰：十一月二十一日。距前“丁亥”五日。顾实作“十一月初一日”，距前五日。

②𥂗山：山名。又作“纍”“㬪”。檀萃云：“𥂗，古‘累’字。按《水经注》：横谿之水出三累山，其山层密三成，故以‘三累’名。”顾实云：“𥂗山，即今陕西同州府韩城县西之三累山。”王贻樑云：“檀、顾说是。‘纍’非‘累’之古文，而当是别体或假字。”

【译文】

十一月二十一日壬辰，穆天子到达𥂗山之上，于是命乐队演奏盛大的乐曲，演奏了三天才结束。

吉日丁酉[①]，天子入于南郑[②]。

【注释】

①丁酉：十一月二十六日。距前“壬辰”五日。丁谦《干支表》：“距前(丁亥)十日，入于南郑。”顾实作“十一月初六日”，距前(壬辰)

五日。

②南郑：西周城邑。在今陕西渭南华州区。周穆王以此为别都，常来往于此，卷五、卷六末皆作“天子入于南郑”。郭璞注：“今京兆郑县也。《纪年》：‘穆王元年，筑祇宫于南郑。’《传》所谓‘王是以获没于祇宫’者。”洪颐煊校注：“《汉书·地理志》：‘京兆郑县，周宣王弟郑桓公邑。’臣瓒曰：‘周自穆王以下，都于西郑，不得以封桓公也。’案，傅瓒所引乃《纪年》之文，与此《传》合。颜师古注谓穆王以下无都西郑之事，正未检及此两书耳。”陈逢衡云：“西郑在京兆，南郑在汉中。”二地非一，此在南郑。小川琢治云：“南郑在今华州北，当《汉书·地理志》京兆郑县。”案，陈说之西郑，即《传》中之南郑，非汉中之南郑。

【译文】

十一月二十六日丁酉是一个吉利的日子，穆天子进入别都南郑。

卷五

【题解】

从时间上看，本卷介于卷一与卷二之间。穆天子第一次西征时，徐戎侵洛（穆王十三年），是年穆天子入于宗周。本卷记载的内容即是穆天子于十四年至十五年间（前963—前962），以洛阳为中心，在中原一带巡狩的事迹。本卷记载穆王十四年（前963）的主要事件有：二月，穆天子设宴款待许男；四月，畋于军丘；五月，作居范宫；七月，居台听天下之事；高奔戎生搏虎；九月，翟人侵毕，穆王使孟悆讨之；霍侯旧薨，临于军丘；十二月，南游黄台之丘，观夏启故居，猎于苹泽。穆王十五年（前962）的主要事件有：二月，穆天子作诗哀民；三月，回到别都南郑；五月，饮于㲻；六月，作重璧台；八月，观白鹤舞；十月，弋鸟猎兽，祭祀先王，入于邴邑。

与《纪年》相较，《穆传》略去"十四年，王帅楚子伐徐戎，克之"事（《穆传》征伐之事全略）；记"霍侯旧薨"为十四年而非十六年（前961），据考当是《纪年》误。又，《纪年》：穆王十五年"冬，王观于盐泽"，实为十六年事。由是可知，《穆传》具有重要的史学价值。

本卷有一重要倒错之处，即"仲夏甲申"至"三日而决"（四至六）实为穆王十五年间发生的事，理应置于卷尾，不知何故置于卷中，兼以学者常将穆王两次西征并为一次，故时间、事件推演难契其中。先立乎其大者，细节方可慢慢推敲。

一

珤处[①]。曰天子四日休于濩泽[②]，于是射鸟猎兽。

【注释】

①珤处：珍宝之处，应指地名。此二字上有脱文，使此句文意不明。丁谦云："此卷舛错甚多。考《竹书纪年》，畋于军丘、翟人侵毕（即本卷"毕人告戎"）、蒐萍泽（即本书"苹泽"）、作虎牢，均十四年事（当作"十五年"）。留昆氏来宾、作重璧台（即本卷"作台以为西居"）、观于盐泽，均十五年事（当作"十六年"）。而霍侯之薨，亦在是年。此皆前后错乱。又梦羿射于涂山，宜列于'曰有阴雨'之先；'是以选扐，载之神人'二句，似与'祭公占之'为一事。此皆分裂数处致文意不贯。"小川琢治云："卷五、六，皆于篇首有十余简之脱落。此残篇中，处处皆有脱简。"案，丁谦时间推定有误，然本卷的确脱讹严重。

②四：洪颐煊校注："《事类赋》注'四'引作'四月'。"濩（huò）泽：地名。在今山西阳城西北。郭璞注："今平阳濩泽县是也。濩，音获。"陈逢衡云："今山西泽州府阳城县西。"王贻樑云："濩泽，古有三。一为战国魏邑，在今山西阳城县西偏北，《纪年》所载'晋取玄武、濩泽'即是。二为水名，《水经》卷九《沁水》注可见，即今山西阳城县南固隆河、濩泽水。三为泽名，即《墨子·尚贤中》舜'渔雷泽'之'雷泽'，《水经·沁水》注引应劭曰：'泽在（阳城）县西北。'此三者实际是紧邻的，故此穆王主要当然居于城中，但也难免游于水泽。"

【译文】

宝处。穆天子在濩泽休息了四天，并在那里射鸟猎兽。

丁丑①，天子□雨②，乃至③。鄒父自圃郑来谒④：“留昆归玉百枚⑤。陖翟致赂⑥，良马百驷⑦，归毕之珤⑧，以诘其成⑨。陖子鬲胡□东牡⑩。”

【注释】

①丁丑：穆王十四年二月九日。丁谦、顾实、常征等推排日历皆止于卷四，而本卷事件错乱繁多，穆王十四、十五、十六年混杂其中。权从十四年依夏正推演，有史籍记载和明显错乱的事件予以笺注，以便阅读。

②天子□雨：天子遇雨。王天海云：“‘雨’上疑脱一‘遇’字。”卫挺生云：“缺文当作‘游于洧上’。”故全句应作“天子游于洧上，遇雨”。

③乃至：乃至于留昆氏。刘师培云：“‘乃至’下当脱二字，系地名。”陈逢衡云：“‘乃至’者，至于留昆氏也。”

④鄒(zhài)父：人名。周公之后，周穆王的卿士，亦称鄒公谋父。鄒，西周诸侯国，始封之君为周公之子，原为畿内之国，后东迁至今郑州东北。圃郑：泽名。原在河南中牟县西，今已成平川。郭璞注：“郑有圃田，因云‘圃郑’。”王贻樑云：“圃田，泽名。为当时九薮之一，春秋时又名‘原圃’，战国时又名‘圃中’。《开封府志》卷五《山川》云：‘在中牟县西北七里……其泽东西五十里，南北二十六里。’今泽早已淤为平地。”谒：拜见，觐见。郑璞注：“告也。”“谒”字下有缺文，或脱“曰”字，下三句似为鄒父所说。

⑤留昆：即留昆氏，国名。其地无考。郭璞注：“留昆国，见《纪年》。”今本《纪年》云：“(穆王)十五年春正月，留昆氏来宾，作重璧台。”檀萃云：“盖西戎之国多以昆为名也。”陈逢衡云：“留昆，疑即《诗》所云‘彼留子国’也，盖距郑圃不远。”小川琢治云：“留昆，即留骨之邦。”归(kuì)：通“馈”，赠送，敬献。《诗经·邶风·

静女》："自牧归荑，洵美且异。"《左传》闵公二年："归公乘马，祭服五称。"枚：洪本原作"枝"，今改。洪颐煊校注："枝，道藏本、汪氏本皆作'枚'。"

⑥陖（jùn）翟：古国名。约在今陕西咸阳附近。郭璞注："隗姓国也。"洪颐煊校注："《广韵》云：'陖，亭名。在冯翊。'"致赂：送上财物。赂，赠送的财物，亦泛指财物。《说文》："赂，遗也。"孙诒让、陈逢衡云：下文"毕人告戎曰：'陖翟来侵。'天子使孟忿如毕讨戎"十八字当在此句上，讨而服，故来致赂。小川琢治云："此归宝，后再讨，盖服而再叛，亦或为颠倒。"王贻樑云："依一般规律，孙、陈说是。但恐亦有如小川所说的情况。"

⑦良马百驷：即良马四百匹。郭璞注："《传》曰：'文马百驷。'"陈逢衡云：郭注引"《左传》见宣二年，杜注'画马为文四百匹'"。

⑧归毕之琉：归还毕国的人民、财物。毕，国名。始封周文王第十五子毕公高，地在今陕西咸阳一带。郭璞注："毕，国名。言翟前取此琉也。"洪颐煊校注："《左氏》僖廿四年传：'毕原酆郇。'杜预注云：'毕国在长安县西北。'"陈逢衡云："此宝盖陖翟侵毕时所取，今因天子来讨，故归之。"孙诒让《札迻》："'归毕之琉'，琉，古'宝'字，此当借为'俘'。《春秋》庄六年《经》'齐人来归卫俘'，《左传》及《公羊》《穀梁》《经》并作'宝'。""盖陖翟先伐毕，俘其人民器物，今既惧讨王命，乃归之毕而与之成，故云'以诘其成'（"诘"亦疑即"结"之假字）。"王贻樑云："毕，文王第十五子毕公高所封，地在今陕西咸阳市东北。宝，孙说可为一说。"

⑨以诘其成：以此请求和解。郭璞注："成，谓平也。诘，犹责也。"诘，训责。成，和解，媾和，结好邻国。《诗经·大雅·绵》："虞芮质厥成。"《左传》隐公六年："郑伯请成于陈。"

⑩陖子𦣞胡□东牡：陖国国君寿胡献上东胡牡马。陖子𦣞胡，即陖国国君寿胡。陖子，即陖翟。子，亦或为子爵。翟云升云："（陖

翟)《路史》六《国名纪》作'郯子'。"郭璞注:"夷狄有德者称'子'。畴胡,名。"陈逢衡云:"子,盖所封之爵,非因有德也。东牡,不知何物。或曰:盖畴胡饮天子于东牡之上。东牡,地名。《路史·国名纪》:'陖泽音俊,致赂于王。'即陖子寿胡也。"□,疑为"献",或"贡"字。檀本填"贡"字。东牡,东胡的牡马。檀萃云:"东牡,盖所得于东胡之牡马。"

【译文】

穆王十四年二月九日丁丑,穆天子在洧水之上游玩,适逢下雨,于是就前往留昆氏。郛父从圃郑前来,禀告说:"留昆氏献上百枚美玉。陖翟送来财物,有四百匹良马,还归还了毕国的人民、财物,以此请求和解。陖国子爵寿胡进献了东胡牡马。"

见许男于洧上[①]。郛父以天子命辞曰:"去兹羔[②],用玉帛见[③]。"许男不敢辞[④],还取束帛加璧[⑤]。

【注释】

①许男:即许国国君。许,西周诸侯小国,姜姓,为许文叔的封国,为太岳之嗣,地在今河南许昌东北。男,即男爵,许国君主的爵位。周灭商后,周天子分封天下,立七十一国,拱卫王室。封国国君的爵位分为公、侯、伯、子、男五等。郭璞注:"男,爵也。许国,今许昌县洧水之所在。音羽美反。"洧(wěi)上:即洧川,或指洧水河岸。洧川,穆王时为许郊,今属开封。洧水,即今双洎河,源出今河南登封阳城山,自长葛以下,故道原经鄢陵、扶沟两县,南至西华入颍水;北宋时改道东汇蔡河,元时改入贾鲁河,明以后名双洎河。《左传》襄公元年:"晋韩厥、荀偃帅诸侯之师伐郑,入其郛,败其徒兵于洧上。"史称"洧上之战",即是此地。

②羔:羔羊。古代卿大夫相见时所赠礼物。《礼记·曲礼下》:"凡

贽，天子鬯，诸侯圭，卿羔，士大夫雁。”郭璞注：“《礼》：‘男执蒲璧。’许男欲崇谦，故执羔也。”许男以羔礼见穆王，表示谦卑。

③用玉帛见：以玉帛之礼相见。玉帛，圭璋和束帛。古代祭祀、会盟、朝聘等重要场合所用的贵重礼物。《周礼·春官·肆师》：“立大祀，用玉帛牲牷。”

④不敢辞：不敢推辞。郭璞注：“奉王命。”

⑤束帛加璧：五匹帛上面再加玉璧。《礼记·礼器》：“束帛加璧，尊德也。”

【译文】

穆天子要在洧川接见许国国君。郄父向许国国君传达穆天子的命令，说：“不要用这小羊羔作觐见之礼，要以玉帛之礼相见。”许国国君不敢推辞，回去取来束帛和玉璧。

□毛公举币玉①。是日也，天子饮许男于洧上。天子曰：“朕非许邦②，而恤百姓□也③。咎氏宴饮毋有礼④。”许男不敢辞，升坐于出尊⑤，乃用宴乐⑥。

【注释】

①□毛公举币玉：穆天子命毛公收下许男所献的束帛加璧。□，或为“命”。陈逢衡云：“空方疑是‘命’字。”卫挺生云：“阙文当作‘天子使’等字。”毛公，即毛班。郭璞注：“毛公，即毛班也。”举，收下。币玉，即束帛加璧。币，古代用作馈赠或祭祀的丝织品。

②朕非许邦：我不在许国。檀萃云：“言朕若非许邦而能恤百姓耶，叹许男之贤也。”王贻樑云：“‘非’下疑有脱字，亦或读作‘假’字。”

③恤：体恤，关心。□：缺文疑衍。洪颐煊校注：“‘□’字疑衍。”

④咎氏：即“舅氏”。咎，通“舅”。郭璞注：“《礼》：‘天子称异姓诸侯

为伯舅。'燕者私会，不欲崇礼敬也。《管子》曰：'伯咎无下拜。'字亦作'咎'，'咎'犹'舅'也。"洪颐煊校注："注引管子'伯咎'与下'作咎'，俱讹作'舅'字，今从注意改正。钱詹事云：'《士昏礼》"赞见妇于舅姑"注：古文"舅"皆为"咎"。'《春秋传》'舅犯'，他书多作'咎犯'。此书舅氏为'咎氏'，足证为真古文矣。"毋有礼：不要囿于礼节。檀萃云："咎氏者，郑重而呼之也。宴饮者，行燕饮之礼以为乐也。毋有礼者，谓毋拘于礼而不达也。"刘师培云："'有礼'当作'囿礼'。无囿礼者，不域于礼也，犹今宴会所谓不拘礼矣。"有，通"囿"，拘泥。

⑤出尊：亦作"出樽"，即坐在酒樽旁边。古代国君与贵宾宴饮，尊在两楹间，坫在尊之南，献酬皆自尊南出，故称。《礼记·明堂位》："山节、藻棁、复庙、重檐、刮楹、达乡、反坫、出尊、崇坫、康圭、疏屏，天子之庙饰也。"孔颖达疏："出尊者，尊在两楹间，坫（diàn，古时室内放置食物、酒器等的土台子）在尊南，故云出尊。"郭璞注："《礼记》曰：'反玷（坫）出尊，唯两君为好，既献，反爵玷（坫）上出尊。'盖此之类也。坐之于尊边，使为酒魁，欲以尽欢酣也。"檀萃云："时许男方下拜，因天子命不敢辞乃升堂，而天子命坐于出尊间，使其饮酒为一坐之魁以尽欢乐也。"

⑥宴乐：宴饮之歌乐。亦作"燕乐""房中乐"。此处指内廷之乐，为古代宫中所用。郭璞注："言曲宴也。"《左传》昭公九年："君彻宴乐，学人舍业，为疾故也。"《大戴礼记·保傅》："号呼歌谣声音不中律，宴乐雅诵迭乐序……凡此其属太史之任也。"王聘珍解诂："郑注《磬师》云：'燕乐，房中之乐。'贾疏云：'即《关雎》《二南》也。'诵，读曰'颂'。"陈逢衡云："宴乐者，歌乐以燕之，如《蓼萧》《湛露》之诗是也。郭注'曲'当如'歌曲'之'曲'。"孙诒让《札迻》："宴乐即《周礼》之燕乐也，亦谓之房中之乐（详《周礼·春官·磬师》郑注）。后文鄎公饮天子酒亦云'乃绍宴乐'，亦同。

郭注非是。”

【译文】

穆天子命毛公收下了许国国君所献的束帛和玉璧。这一天，穆天子在洧川设酒宴款待许国国君。穆天子说：“我虽不在许国，却很关心许国的百姓。舅氏在酒宴上不要拘礼。”许国国君不敢推辞，就上坐于酒樽旁边，穆天子又让乐队演奏宫廷宴乐。

天子赐许男骏马十六[①]。许男降[②]，再拜空首[③]，乃升平坐[④]。及暮，天子遣许男归。

【注释】

①骏马：名马。郭璞注：“称骏者，名马也。”

②降：降座，离席下座。

③空首：即空手之礼，古代的一种跪拜礼。行礼时，屈膝跪地，拱手于胸前，与心相平，然后举手到地，接着俯头至手。郭璞注：“空首，头至于地。《周礼》‘三日空拜’。”陈逢衡云：“《周礼》郑注：‘空首，头至手。’郭注谓‘头至于地’，误。头至地则䭫（稽）首也。”

④平坐：谓不分尊卑地就座，即座次不分尊卑。

【译文】

穆天子赐给许国国君十六匹骏马。许国国君离席下座，行空首之礼，拜了两次，才回席与穆天子平坐。宴饮到了傍晚，穆天子就让许国国君回去了。

二

癸亥[①]，天子乘鸟舟、龙舟[②]，浮于大沼[③]。

【注释】

①癸亥：三月二十五日。距前“丁丑”四十六日。王天海作“距前‘丁丑’三十六日”，误。

②鸟舟：鸟形船。龙舟：龙形船。“龙”下原脱“舟”字，据郭注、洪校补。郭璞注：“‘龙’下有‘舟’字，舟皆以龙、鸟为形制，今吴之青雀舫，此其遗象也。”洪颐煊校注：“鸟舟，《文选》张景阳《七命》注引作‘鳬舟’。‘龙’下本有‘卒’字，从《太平御览》七百六十九、《事类赋》注十六引删。又《御览》《事类赋》注引俱作‘鸟舟’‘龙舟’。注‘龙下有舟字’五字亦是校者之文。注‘象也’本作‘制者’，从《文选》注引改。”

③浮于大沼：在大湖上泛游。浮，在水面上漂浮移动。《说文》：“浮，泛也。”《广雅》：“浮，漂也。浮游也。”大沼，大池，大湖。郭璞注：“沼，池。”丁谦云：“大沼似即洧渊，在新郑县西南。”王贻樑云：“《续河南通志》卷七《舆地志・山川一》：‘大沼，在洧川县西北三里许，纵广二百余顷，四望无际。’下引本《传》文。又云：‘所谓大沼即此，今名杨家湖。’可参。”

【译文】

三月二十五日癸亥，穆天子乘坐鸟舟、龙舟，在大湖上泛游。

夏庚午[①]，天子饮于洧上。乃遣郳父如圃郑[②]，用□诸侯[③]。

【注释】

①夏庚午：四月二日。距前“癸亥”七日。丁谦云：“此必孟夏。”陈逢衡云：“‘夏’字误，当是季春。”王天海以穆王十四年“五月作范宫”，认为庚午日约在三月份，同陈说。案，丁说是，依夏历是为四月初二日。

②如：前往，到。《尔雅》："如，往也。"

③用□诸侯：以告知诸侯。□，此缺文有告知之意。檀本填"合"字。卫挺生云："阙文当是'联络'等字，拟补'联'字。"王贻樑云："疑所缺非一字。"王天海云："据文意，似当作'告'字。"

【译文】

夏四月二日庚午，穆天子在洧川上饮酒。又派遣郄父前往圃郑，以告知那里诸侯。

辛未[①]，天子北还，钓于渐泽[②]，食鱼于桑野[③]。

【注释】

①辛未：四月三日。距前"庚午"一日。

②渐泽：湖泊名。约在今河南尉氏。檀萃云："所谓渐泽者，疑即圃田二十四圃之一二也。"陈逢衡云："《一统志·河南开封府》：'渐泽在洧川县北二十里，广数里。'《穆天子传》'钓于渐泽'即此。今名指泽陂。"丁谦云："渐泽，无考。"王贻樑云："渐泽，《续河南通志》卷七亦云即指泽陂。"

③桑野：地名。约在今河南尉氏。丁谦云："桑野为范宫地，当在今郑州南。"卫挺生云："康熙《开封府志》(卷十六"古迹"，页十四)：'桑野在洧川县西北。'下引《穆传》本段文。"王天海云："约在今河南长葛县洧川镇境内。"案，洧川今属尉氏。

【译文】

四月三日辛未，穆天子北上返回，在渐泽钓鱼，在桑野吃鱼。

丁丑[①]，天子里圃田之路[②]。东至于房[③]，西至于□丘[④]，南至于桑野，北尽经林、煮□之薮[⑤]。南北五十□[⑥]。十虞[7]:东虞曰兔台[8],西虞曰栎丘[9],南虞曰□富丘[10],北虞曰相其[11],御虞曰□来[12],十虞所[13]。

【注释】

①丁丑:四月九日。距前"辛未"六日。

②里:计算里程。圃田:泽薮名。故地在今河南郑州中牟西。《列子·仲尼篇》:"郑之圃泽多贤,东里多才。"张堪注:"圃泽,圃田也,在中牟县。"《水经注》卷二十二:"皇武子曰:郑之有原圃,犹秦之有具圃,泽在中牟县西。西限长城,东极官渡,北佩渠水;东西四十许里,南北二十许里;中有沙冈,上下二十四浦,津流径通,渊潭相接,各有名焉。"郭璞注:"尽规度以为苑圃地,而虞守之也。"

③房:地名。约在今河南中牟东。郭璞注:"房,房子,属赵国地,有巑山。"洪颐煊校注:"《汉书·地理志》房子有赞皇山,不闻巑山。欧阳修《集古录·周穆王》吉日癸巳文跋引《穆天子传》:'登赞皇山以望临城。'《太平寰宇记》六十亦引《穆天子传》云:'至房子登赞皇山。'今本无此文。注'巑山'即'赞皇山'之讹,当是彼处关文。今残脱不可考矣。又《水经·济水》注:'疑房在阳武县故城南。'以郭氏此注为非。"檀萃云:"吴房县,汉属汝南郡。古房子国也,在圃田之东。无因远至于赵也。"丁谦云:"房在圃郑东,非春秋房子国地。"王贻樑云:"汉吴房县在今河南遂平,位于开封南。赵房子在今河北临城、高邑、赞皇中间,位于开封之北。"郭注、檀说俱误。

④□丘:栎丘,地名。吕调阳云:"'丘'上当是'栎'字。"似据下文"西虞曰栎丘"推之。檀萃填"顿"字,云:"据《诗》,顿丘为卫地。"陈逢衡云:"《汉志》东郡顿丘县,今直隶大名府清丰县西南二十五里。"案,顿丘,今河南濮阳清丰,在圃田之东北,且距离过远,

非是。

⑤经林:古地名。约在今河南中牟西北。煮□之薮:煮□湖泽,约在中牟北面,黄河南岸。□,字不详。檀萃、吕调阳填"枣"字。煮枣,两汉属济阴郡,今在山东菏泽西南。若作"煮枣"则当云东,不当言北,故作"枣"字误。薮,湖泊,沼泽。

⑥南北五十□:南北五十里。□,当缺"里"字,又缺东西里数。据《水经注》卷二十二"东西四十许里,南北二十许里",推测东西约百里。

⑦十虞:设置十个虞官。虞,古代管理山泽的官员。陈逢衡云:"《周礼·地官》有山虞、泽虞,此泽虞也。泽有大泽、大薮、中泽、中薮、小泽、小薮,以中士、下士掌之。"王天海云:"下列虞官名有五,疑各有二人担任,故有'十虞'之称。"

⑧东虞:圃田东面的虞所。下文"西虞""南虞""北虞"皆指相应方位的虞所。兔台:地名。东虞所在之地,具体位置不明。洪颐煊校注:"《史记·赵世家》云:'魏败我兔台。'《正义》云:'兔台在河北。'"敬侯元年(前386),赵国首都自中牟(在今河南中牟北,鹤壁西)迁至邯郸。敬侯四年(前383),魏在兔台打败赵国。檀萃云:"按下文,即虎牢也。"陈逢衡云:"兔氏城,今在河南开封府尉氏县东北四十里。"王天海云:"檀说误。陈说虽近之,但其地亦在中牟县之东南,方向亦不合,待考。"

⑨栎(lì)丘:地名。在圃田的西部。郭璞注:"栎,今河南阳翟县。音立。"王贻樑云:"栎,字又作'历',地在今河南禹县,春秋时为郑之别都。"王天海云:"阳翟,古邑名。在今河南禹县,相传夏禹都此。春秋时为郑栎邑,战国属韩,改名阳翟。然此邑距河南中牟圃田甚远,其方位又在西南,恐与'栎丘'非同一地。"

⑩□:此缺文疑衍。富丘:古地名。在圃田的南部。洪颐煊校注:"《水经·济水》注引《纪年》云:'梁惠成王十六年,邯郸伐卫,取

溹、富丘，城之。'"檀萃云："'富'或为'负'。《尔雅》：'丘背有丘，为负丘。'"陈逢衡云："《水经注》此下尚有'或亦谓之宛濮亭。'""然窃疑圃田在中牟，则南虞当更在中牟之南，不得北至于卫也，显另是一地。盖梁所取者是卫邑，此则'丘陵'之'丘'耳。"王贻樑云："丁谦、卫挺生亦据《纪年》为说，但俱未考虑与本《传》所示方位不合，惟陈逢衡注意到了。但他云是'丘陵'之'丘'则未必。"

⑪相其：或作"相丘"，古地名。在圃田的北部。檀萃云："其，当是'丘'字之误。"陈逢衡云："檀说是，当从之。兔台、栎丘、富丘、相丘当是泽虞所居之舍。虞则有十而丘但有四者，以分察四至也。"

⑫御虞曰□来：御虞，总虞所，管理其他四个虞所的总部。御，管理。□来，地名。即御虞所居之地，具体位置不详。陈逢衡云："御虞，盖十虞之长也。'曰'是'日'字之误。'来'上空方当是'往'字。言御虞总司其事，日往来于十虞所司之地而察之也。"案，陈说可参，然"曰"字不误。

⑬十虞所：十位虞官驻扎之所。此句疑有脱文，余未详。

【译文】

四月九日丁丑，穆天子计算圃田四周道路的里程。向东到达房，向西到达栎丘，往南到达桑野，往北直到经林、煮□湖泽的尽头。南北五十里，东西一百里。总共设置了五个虞所、十个虞官：东虞所在兔台，西虞所在栎丘，南虞所在富丘，北虞所在相丘，总虞所在□来，这是十个虞官的驻扎之所。

三

□辰[①]，天子次于军丘[②]，以畋于薮□[③]。

【注释】

①□辰：庚辰。距前“丁丑”三日，即四月十二日。□，可能为“庚”“壬”“甲”等字，以“庚”字可能性最大。王贻樑云：“丁丑日，穆王里圃田之路，则似欲起程赴他处，故此空方似应填‘庚’字。再由前庚午、辛未、丁丑日程安排紧凑来看，此亦当填‘庚’字。穆王于此畋猎月余，再于甲寅日作居于范宫。”

②次：止，停留。屈原《九歌·湘君》：“鸟次兮屋上，水周兮堂下。”《后汉书·班固传》：“兹事体大而允，寤寐次于圣心。”特指行军途中，在一地停留超过二宿。《左传》庄公三年：“凡师一宿为舍，再宿为信，过信为次。”军丘：地名。位置不详。今本《纪年》：“（穆王十四年）夏四月，王畋于军丘。”卫挺生云：“军丘乃圃田薮上之丘。”吕调阳云：军丘，“或是介丘”。王贻樑云：“军丘在圃田与范宫间，则军丘盖在圃田之北，具体不明。”

③薮□：薮泽。□，檀本填“泽”字。檀萃云：“薮者，盖经林、煮枣之薮也。是军丘之地当在大河之北矣。”

【译文】

四月十二日庚辰，穆天子驻扎在军丘，就在附近的林薮、沼泽地带畋猎。

甲寅①，天子作居范宫②，以观桑者③，乃饮于桑中④。天子命桑虞⑤，出□桑者⑥，用禁暴民⑦。

【注释】

①甲寅：五月十七日。距前“庚辰”三十四日。

②作居：兴建居所。范宫：周穆王的别宫。郭璞注：“范，离宫之名也。”洪颐煊校注：“今本《纪年》云：‘十四年夏四月，王畋于军丘，五月作范宫。’”陈逢衡云：“范，在春秋时为晋大夫士会之邑，汉

属东郡，置范县，今山东曹州府范县。是其地在周初即名'范'，穆王于此地作宫，故以名之。"王贻樑云："范宫，地望不明，约在圃田之北。诸说未可定。"

③桑者：采桑的人。郭璞注："桑，采桑也。诗云：'桑者闲闲兮。'"洪颐煊校注："《毛诗释文》本作'闲闲'，《太平御览》九百五十七引作'闲闲'，与今注疏本同。"

④饮：洪颐煊校注："《太平御览》九百五十七引讹作'饭'。"陈逢衡云："《御览》九百五十五引作'饮'，九百五十七无此条。"桑中：郭璞注："桑林之中。"

⑤桑虞：管理桑园的官员。郭璞注："主桑者也。"

⑥出□桑者：出内桑者，即监护出入的采桑人。□，檀本填"内"字，又云："亦十虞之一也，司桑女出入之节。"

⑦用禁暴民：以禁止强暴之人。郭璞注："不得令妄剟犯桑本。"本，应作"林""木"。檀萃云："郭说非也。盖禁强暴之人不得入桑林以犯桑女耳，桑虞厉禁，岂有犯桑木者哉！"陈逢衡云："《太平御览》九百五十五引作'不得令害犯桑妾也。'""毛西河《国风省篇》曰：'古文云："穆天子作居范宫，以观桑者。"桑者，桑妇也。彼以为采桑妇工，故必桑妇而后得称为"桑者"。故又曰"出□桑者，用禁暴人"也，盖惟恐狂夫之或及于彼桑妇也，非桑妇则暴何禁矣。'"陈逢衡云："《御览》九百五十五引、九百五十七无此条。"民，洪颐煊校注："本作'人'，从《艺文类聚》八十八、《太平御览》九百五十七引改。"

【译文】

五月十七日甲寅，穆天子兴建居所范宫，为观看采桑的人，就在桑林中饮酒。穆天子命令管理桑园的官吏监护出入桑林的采桑人，以禁止暴徒扰民。

四

仲夏甲申[①]，天子□所[②]。

【注释】

①仲夏甲申：穆王十五年五月二十三日。此下为十五年事，与上下文互不连属，故日历不可据上下文推测。若是穆王十四年，则为六月十七日，是为季夏。下文依次云“季夏庚□”“仲秋丁巳”“季秋辛巳”“孟冬鸟至”“仲秋甲戌”“季秋□”“季冬甲戌”等，故知此处时间倒错。

②天子□所：穆天子东至于房。□，檀本填“于”字，云：“历十虞之所。”陈逢衡云：檀误不可据。“‘所’是‘防’字之误，空方当是‘东至于’三字，故下文云‘西游’”。防，同“房”，地名。在圃田之东。

【译文】

穆王十五年仲夏五月二十三日甲申，穆天子向东到达房。

庚寅[①]，天子西游，乃宿于鄒[②]。

【注释】

①庚寅：五月二十九日。距前“甲申”六日。

②鄒：鄒公谋父的封邑，在今河南郑州邙山区北部。郭璞注：“鄒，鄒公邑。”王天海云：“其封地在今河南郑州市东北。”

【译文】

五月二十九日庚寅，穆天子往西巡游，就住在鄒邑。

壬辰[①]，鄒公饮天子酒，乃歌《囦天》之诗[②]。天子命歌

《南山有𡺽》③。乃绍宴乐④。

【注释】

①壬辰：六月二日。距前“庚寅”二日。

②《𡸫天》：古诗名。𡸫，不见于字书，音义未详，似为“昊”字。郭璞注：“《诗·颂》有‘昊天有成命，二后受之，成王不敢康’。疑鄒公以此规谏也。”檀萃云：“古‘昊’字。”王贻樑云：“‘𡸫’字不识。由字从惢声视，可与‘昊’通。但《传》未载诗文，故未可认定。”

③《南山有𡺽》：古诗名。𡺽，音义不详，似为“台”字。郭璞注：“《诗·小雅》有《南山有台》：‘乐之君子，邦家之基。’以答鄒公之言。然皆古字难晓，所以未详。”洪颐煊校注：“《说文》：‘握，古文作𣪊。’与‘臺’形相近。此‘𡺽’字复与‘握’形相近，皆古文也。”陈逢衡云：“‘臺’是草名。”𡺽“非从四山，乃二‘艸’字下加‘毛’字也”。

④乃绍宴乐：接着又演奏了宫廷燕乐。陈逢衡云：“犹前宴许男用宴乐也。”绍，郭璞注：“继也。”

【译文】

六月二日壬辰，鄒公宴请穆天子，就唱起《𡸫天》之诗。穆天子命唱《南山有𡺽》。接着又演奏了宫廷燕乐。

丁酉①，天子作台②，以为西居③。

【注释】

①丁酉：六月七日。距前“壬辰”五日。

②天子作台：穆天子建重璧台。今本《纪年》：“十五年春正月，留昆氏来宾。作重璧台。”丁谦云：“即下卷重璧台。以时方兴筑，故未有名。”陈逢衡云：“此台盖作于范宫之西。”

③以为西居：将此台作为西边的居所。卫挺生云："所谓'西居'者，乃对范宫之为'东居'者而言也。盖已西返成皋(别称"虎牢"，西周属东虢，故址在今荥阳西18公里处)。"故下文有"天子东至于雀梁"。

【译文】

六月七日丁酉，穆天子建重璧台，将它当作范宫西边的居所。

壬寅[①]，天子东至于雀梁[②]。

【注释】

①壬寅：六月十二日。距前"丁酉"五日。

②雀梁：古地名。在今郑州西至荥阳一带。檀萃云："当在荥阳间。"洪颐煊校注："《水经·济水》注云：'黄水又东北至荥泽南，分为二水：一水北入荥泽，一水东北流，即黄雀沟。'引此《传》云'壬寅，天子东至于雀梁'者也。"丁谦云："雀梁在洛河东，见《水经·黄雀沟》注，在今汜水县境。"王贻樑云："《水经·溍水》注谓'黄雀沟'又名'黄渊'，渊周一百步，在今郑州市西北，古荥泽南。"

【译文】

六月十二日壬寅，穆天子向东到达雀梁。

甲辰[①]，浮于荥水[②]，乃奏广乐。

【注释】

①甲辰：六月十四日。距前"壬寅"二日。洪颐煊校注："《水经·济水》注引作'甲寅'，下又有'天子'二字。"

②荥(xíng)水：水名。在今河南郑州西北。郭璞注："今荥阳荥泽

是。”丁谦云：“荥水在荥阳县东。”王贻樑云：“《广韵》：‘荥，又水名，在郑州。’荥水所潴即荥泽，故址在今郑州市西北古荥北。”王天海云：“古代有荥泽，即荥水所注，地在今郑州市西北。”

【译文】

六月十四日甲辰，穆天子泛舟于荥水之上，又命乐队演奏盛大的乐曲。

季夏庚□[①]，休于范宫。

【注释】

①季夏庚□：季夏庚戌，即六月二十日。□，当作“戌”字。距前“甲辰”六日。

【译文】

六月二十日庚戌这一天，穆天子到达范宫休息。

五

仲秋丁巳[①]，天子射鹿于林中，乃饮于孟氏[②]。爰舞白鹤二八[③]。还宿于雀梁[④]。

【注释】

①仲秋丁巳：八月二十八日。距前“季夏庚戌”六十七日。穆王在范宫居两月余，以避暑热。

②孟氏：地名。具体位置不明。陈逢衡云：“孟氏，地名。《路史·国名纪》六：‘孟，孟涂国，今河南孟津偃师西三十一里。《穆传》“至于孟氏”。’近河南。”丁谦云：“孟氏邑未详。观下‘还宿于雀梁’，必地与相近，当亦在汜水境。”

③爰舞白鹤二八：观赏十六人表演的白鹤舞。爰，语气助词。白鹤，白鹤舞。二八，十六人。古代乐舞每列八人，称为“一佾”；“二八”即二佾十六人。按周礼，天子用八佾，诸侯六佾，卿大夫四佾，士二佾。《论语·八佾》：“孔子谓季氏：‘八佾舞于庭，是可忍也，孰不可忍也？’”郭璞注：“今之畜鹤、孔雀驯者，亦能应节鼓舞。”陈逢衡云：“白鹤，舞曲名。《尚书大传》‘和伯之乐舞玄鹤’，知玄鹤之为舞曲名，则舞白鹤亦若是矣。即或真是鹤舞，亦是教驯纯熟之鹤，并无异处。”王天海云：“依郭注，似指使驯鹤起舞；依陈说，则为舞曲名。陈说近是，亦可能是人饰作白鹤而舞。”

④还宿于雀梁：返回时住在雀梁。王贻樑云：“孟氏必在雀梁之近处，且当在其东或北，与古孟涂国无涉。”王天海云：“可知孟氏必与雀梁邻近。”还，返还，返回。

【译文】

仲秋八月二十八日丁巳，穆天子在林中射鹿，于是在孟氏饮酒。又观赏了十六人表演的白鹤舞。穆天子返回雀梁住宿。

季秋辛巳[①]，天子司戎于□来[②]，虞人次御[③]。孟冬鸟至[④]，王邑□弋[⑤]。

【注释】

①季秋辛巳：九月二十二日。距前“仲秋丁巳”二十四日。

②司戎：古帝王畋猎多具军事训练性质，故畋猎可称“司戎”，亦常以“畋猎”指代军事活动。陈逢衡云：“司戎，盖行秋狝之事。”孙诒让《札迻》：“司，古与‘治’通。司戎，治兵也。《春秋》庄八年《经》：‘正月甲午治兵。’《公羊·经》作‘祠兵’。‘司’‘祠’并声近通假字，故下文即记弋射得兽之事。”王贻樑云：“孙说是。古帝

王畋猎多有兼习军戎者,即大蒐礼。”司,治理。戎,军事。□来:古地名。疑与上文“御虞曰□来”之“□来”同,未确。

③虞人次御:虞官乘车跟在穆王车后。虞人,即虞官。此指管理圃田的最高长官。次御,指后面紧随穆王车驾的车。郭璞注:“以次侍御,备有所问。”陈逢衡云:“盖需次于王御,以备顾问道里之数。”

④孟冬鸟至:十月鸟来。一般而言,大雁八月(白露前后)南飞,天鹅约九月南飞。此句似用周正,实为夏正十月,上下文亦皆用夏正。下文“北风雨雪,有冻人”为立春日,可佐证。郭璞注:“雁来翔也。”檀萃云:“周之孟冬,夏正八月,正鸿雁来宾之候也。”顾实云:“孟冬者,十月也;而雁来翔则于夏正为八月也。”王天海云:“此用周正,亦可证《穆传》作于春秋、战国之前。”案,采取何种历法与何时成书关系不大。又,“孟冬鸟至”或意味着周初中原气候温暖,夏历十月河南地区有群鸟翔集,不足为怪;此与下文“北风雨雪,有冻人”相对应,反映了公元前十世纪中国气候的激烈变化。鸟,候鸟,大雁、天鹅之类。

⑤王臣□弋(yì):王以缯弋。臣,古“以”字。□,“缯”字。缯,通“矰”,矰缴,一种猎取飞鸟的系绳短矢,“缴”为系在短箭上的丝绳。弋,弋射,即用带有绳子的箭射鸟。《论语·述而》谓“弋不射宿”,故弋射的主要目标是天空的飞鸟。郭璞注:“下云‘王臣姬姓之女’,疑是妇官也。”洪颐煊校注:“臣,古‘姬’字之省,今本讹作‘臣’,从道藏本改。《汉书音义》臣瓒曰:‘汉秩禄令及茂陵书姬,并内官也,秩比二千石,位次捷伃下,在八子上。”王贻樑云:“臣,当为‘㠯’之草体,‘㠯’即‘以’之古体。此句盖言王以缯矢之类弋射。郭注等皆涉下文而误。”

【译文】

秋九月二十二日辛巳,穆天子在□来阅兵狩猎,虞官乘车跟在穆王车后。孟冬十月,群鸟翔集,穆天子用带绳子的箭射猎飞鸟。

仲冬丁酉①，天子射兽，休于深萑②。得麋麕豕鹿四百有二十，得二虎九狼。乃祭于先王，命庖人熟之③。

【注释】

①仲冬：十一月，疑衍。丁酉：十月九日。孟冬鸟来即可射兽，不当于仲冬射兽，故“仲冬”为衍文。距前“辛巳”十六日。

②深萑（huán）：茂密的芦苇丛。一说为地名。皆无考。郭璞注：“萑，苇之藂。”洪颐煊校注：“‘萑’本作‘雚’，《说文》：‘雚，小爵也。’‘萑苇’之‘萑’，从艸，萑声。今改正。”陈逢衡云：“深萑，当是地名。”丁谦云：“深萑，无考。”

③庖人：古代掌管膳食的官员。郭璞注：“主饮食者。”王天海云：“据文意，此句当在‘乃祭于先王’句上，必先熟之，后才祭之。”

【译文】

十月九日丁酉，穆天子射猎野兽，在茂密的芦苇丛中休息。共捕获四百二十只麋、獐、野猪和鹿，还有两只虎和九只狼。穆天子命掌管膳食的官员把猎物烹熟，以祭祀先王。

六

戊戌①，天子西游，射于中□②。方落艸木鲜③，命虞人掠林除薮④，以为百姓材⑤。是日也⑥，天子北入于邴⑦，与井公博⑧，三日而决⑨。

【注释】

①戊戌：十月十日。距前“丁酉”一日。

②中□：林中。□，“林”字，应在“中”字上面。檀本填“林”字。陈逢衡云：“‘中’上疑缺‘林’字，空方当是‘木叶’二字。”

③方落艸木鲜：正是叶落草枯时节。鲜，意为“少”，草木凋零之谓。亦可指人之夭亡。《左传》昭公五年：“葬鲜者自西门。”陈逢衡云：“鲜，解也。《礼记·月令》：‘季夏行春令，则谷实鲜落。’《吕氏春秋》作‘解落’。”

④掠林除薮：砍伐林中树木，清除泽薮杂草。郭璞注：“以供人之材用。掠，谓剗伐之。”

⑤以为百姓材：为百姓提供木材和柴草。

⑥是日：此日，这一天。是，此，这。王羲之《兰亭集序》：“是日也，天朗气清，惠风和畅。”

⑦邴(bǐng)：地名。地望不明。郭璞注：“郑邑也。音丙。”王贻樑云：“郑邑邴在今山东费县东南，与本《传》地望不合，郭注误。”王天海云：“春秋时郑邑邴，地在今山东费县境内，显与本《传》地望不合。诸家所说异而不确，故邴地具体未详。”

⑧井公：即井公利。郭璞注：“疑井公贤人而隐祊(bēng，宗庙之门)，故穆王就之游戏也。”洪颐煊校注：“《太平御览》七百五十四引此注讹作正文，又注‘祊’字讹作‘者’字。《公羊》隐八年：‘郑伯使宛来归邴。’《左传》作‘归祊’。二字古通用。”檀萃云：“井公即井公利，其爵公，见《竹书纪年》甚明。”郭注分为二人，似无所据。孙诒让云：“井公，即前之井利，盖井国之君从王行者，注说误。”博：即博塞，又作“博簺”，古代中国六博、格五之类的棋类游戏。《管子·四称》：“流于博塞，戏其工瞽。”陈逢衡云：“行棋相塞谓之‘簺’，投琼曰‘博’，不投琼曰‘塞’。”王天海云：“古代六博十二子，六黑六白，二人对博，各六子，故名。格五，黑白子各五，二人对局，共行中道，一步一移，遇敌则跳越，以先抵敌境为胜。其走法如今之跳棋，遇堵塞则跳越。故与六博合称‘博塞’。”

⑨决：分出胜负。

【译文】

十月十日戊戌，穆天子向西巡游，在树林中射猎。正是叶落草枯时节，穆天子命虞官砍伐林中树木，清除泽薮杂草，为百姓提供木材和柴草。这一天，穆天子往北到达郝邑，与井公利博塞对弈，三天才分出胜负。

七

辛丑①，塞②，至于台③，乃大暑除④。天子居于台，以听天下之⑤。远方□之数⑥，而众从之，是以选扐⑦，乃载之神人⑧。□之能数也⑨，乃左右望之⑩。天子乐之⑪，命为□而时□焉⑫。□其名曰□公去乘人□犹□⑬。

【注释】

①辛丑：穆王十四年七月五日。上接五·三"甲寅，天子作居范宫……以禁暴民"，为十四年事。上节"戊戌日"为十五年事。王天海云："此距前'戊戌'三日，正与上文'三日而决'合。"王注误，上文"戊戌"已是孟冬十月，此"辛丑"为孟秋七月，与下文"大暑除""中秋甲戌"等皆合。

②塞：关塞。或即虎牢关。卫挺生云："谓筑要塞也。所筑要塞即虎牢关。"郭璞注："戒不如，故进为塞也。"郭注难以理解。王天海将"塞"字移至上文"博"字下，作"博塞"，云："此下(辛丑)原有'塞'字，与文不类，已移上文'博'下。"卫说近是，王说亦可参。

③至于台：到达高台。丁谦云："'至于台'，即至于上文丁酉所作之台。"王贻樑从丁说。上文"丁酉，天子作台"为十五年事，当与此台同属一地，俱在成皋(虎牢)地界。疑穆王十五年即于此台建新，此时应为旧台，绝非丁说新建之台。卫挺生云："此'至于台'

殆指一旧台也。因旧台必先扫除而后可用,故曰‘除天子居于台’。后作新台以为天子行宫。”卫说此为旧台,后作新台,可取;然断句错,语义大误,当以“除”字断句。下文陈逢衡认为此台名为“范台”。

④乃大暑除:这时大暑已过。大暑,农历六月中最炎热的节气,时为六月二十八。陈逢衡云:“即今所谓处暑也,谓暑自此除去耳。”

⑤以听天下之:以处理天下政事。郭璞注:“因以避暑。”洪颐煊校注:“‘之’下疑脱‘政’字。”听,治理,处理。《荀子·王霸》:“士大夫分职而听。”

⑥远方□之数:有远方之人善术数。□,檀本填“人”字,陈逢衡作“版籍”二字。数,术数,卜筮之数。

⑦选扐(lè):古代用蓍草卜筮的一种方法。洪颐煊校注:“韩维镛云:‘选,数也。选扐,即揲蓍之法。’”陈逢衡云:“夫所谓‘远方之数’者,乃稽察民数,如司民献齿之义。‘而众从之,是以选扐’者,盖谓此林林总总之内有贤能者,选而挂之朝籍也。”丁谦云:“此节脱佚过甚,又多舛误。如‘是日也’至‘而众从之’,当移入上文‘休于范宫’下,盖皆夏日事也。‘是以选扐’至‘天子乐之’,当移入后文‘祭公占之’下,盖皆卜筮事也。而‘捕虎’一段,乃与上‘以为百姓材’接,盖皆冬狩事也。”丁说可参,然亦讹。《传》文虽倒错颇多,然岂可以夏日事、冬狩事分类叙之,不仅时序大误,亦愈发不可读也。扐,郭璞注:“音勒。”

⑧乃载之神人:于是把他当神人一样拥戴。载,通“戴”,尊奉,拥戴。

⑨□之能数也:因为他精通术数啊。郭璞注:“有道数也。”□,王天海作“因”字。

⑩望之:望气,占候。郭璞注:“占候(根据天象变化预言吉凶祸福)

也。”陈逢衡云：“望其山川风景也。”郭注符合文意，陈逢衡承其上说。

⑪天子乐之：穆天子喜爱术士的术数。郭璞注：“爱其术也。”王天海云：“一说穆王因登台四望而乐。”

⑫命为□而时□焉：名之为范台并时常前来游玩。陈逢衡云：“‘命’之为言名也。”“又案，《战国策》魏觞诸侯于范台，则此处‘命为’下空方当是‘范台’二字，以在范宫之西，故曰‘范台’。‘时’下‘□’字当是‘游’字，言王恒乐此而来游也。”

⑬□其名曰□公去乘人□犹□：此句不可确解。译文略去。陈逢衡云：“此段本不可晓，又兼缺字，何必求解。”

【译文】

穆王十四年七月五日辛丑，穆天子越过关塞，到达高台，这时大暑已过。穆天子居住在此台，以处理天下的政事。有个远方的人擅长术数，很多人都信服他。他能用蓍草占卜吉凶，于是人们就把他当作神人一样拥戴。因为他精通术数的缘故，就在台上左右观望天象。穆天子喜爱他的术数，便将此台命名为“范台”，并时常前来游玩。

八

有虎在于葭中①。天子将至，七萃之士曰高奔戎请生搏虎②，必全之③。乃生搏虎而献之天子④。天子命为柙⑤，而畜之东虢⑥，是曰虎牢⑦。天子赐奔戎畋马十驷⑧，归之太牢⑨。奔戎再拜䭲首⑩。

【注释】

①有虎在于葭(jiā)中：洪颐煊校注：“‘于’本作‘乎’，从《事类赋》注二十引改。《太平寰宇记》五十二引作：‘天子猎于郑国，有虎在

葭中。'国'疑'圃'字之讹,约上文而言耳。"陈逢衡云:"自'有虎在于葭中'至下文'奔戎再拜顿首',俱当在'仲冬丁酉,天子射兽,休于深萑'之下。按其文义,当紧接'命虞人掠林除薮,以为百姓材'一段后,《水经·河水》注可据。"案,陈说误,盖非同一年也,不可错排。葭为初生的芦苇,不应当为冬日。葭,初生的芦苇。《诗经·召南·驺虞》:"彼茁者葭,壹发五豝。"郭璞注:"葭,屮。"

②曰:名。洪颐煊校注:"'曰'字本脱,从《太平御览》三百八十六、八百九十一引补。"生搏虎:活擒老虎。搏,原作"捕"。

③必全之:一定要保全老虎不受损伤。

④乃生搏虎而献之天子:于是生擒老虎并将它献给穆天子。郭璞注:"《诗》所谓'袒裼暴虎,献于公所',此之谓也。"洪颐煊校注:"'搏'本作'捕',从《汉书·地理志》颜师古注、《后汉郡国志》补注引改。'天子'二字从《汉书》注引补。"

⑤命:洪颐煊校注:"'命'下本有'之'字,从《后汉郡国志》注引删。"柙(xiá):关野兽的木笼。郭璞注:"槛也。《论语》曰:'虎兕出于柙。'"

⑥畜:饲养牲畜。东虢(guó):周朝诸侯国,在今河南郑州荥阳一带,是周文王之弟虢仲的封国,东周初年为郑国所灭。

⑦虎牢:古地名。在今河南荥阳汜水镇。郭璞注:"因以名其地也。今荥阳成皋县是。"洪颐煊校注:"'虢'本作'虞',《汉书·地理志》注、《后汉郡国志》注俱引作'虢'。案,成皋本春秋北制。《左氏》隐元年传云:'制,岩邑也,虢叔死焉。'杜预注云:'虢叔,东虢君也。'旧作'东虞',非是,因改正。今本《纪年》作'虎牢',在十四年。《汉书·地理志》注引作'兽牢',避唐讳也。"今本《纪年》:"(穆王十四年)冬,蒐于萍(本《传》作"苹")泽。作虎牢。"卫挺生云:"《纪年》记此事于十四年,显然误也。"案,纪年不误,当为十

四年秋季事。

⑧畋马十驷：打猎的马四十匹。畋马，猎马，打猎的马。郭璞注："《尔雅》曰：'畋马齐足。'尚疾也。"《尔雅·释兽》："畋猎齐足。"打猎时要选择跑得快的马，即"尚疾"。

⑨归(kuì)之太牢：赐给他祭祀用的牛、羊、猪。归，通"馈"，赏赐，赠送。太牢，古代帝王祭祀社稷时，牛、羊、豕三牲全备为"太牢"。祭祀完毕后，君王将祭物赏赐给臣下，以示褒奖或恩宠。郭璞注："牛、羊、豕为太牢。"檀萃云："馈太牢者，以公侯礼礼之。"

⑩䭫首：即稽首。䭫，古"稽"字。

【译文】

有老虎藏在芦苇中。穆天子将要到来时，禁军卫士高奔戎要求活捉老虎，务必保全老虎不受损伤。于是他活捉了这只老虎并将它献给穆天子。穆天子命人制造木笼，把这只老虎养在东虢，此地就名之为"虎牢"。穆天子赏赐给高奔戎四十匹猎马，又赐给他祭祀用过的牛、羊、猪。高奔戎叩头至地，拜了两拜。

九

丙辰[①]，天子北游于林中，乃大受命而归[②]。

【注释】

①丙辰：七月二十日。距前"辛丑"十五日。

②乃大受命而归：于是接受天命而归。陈逢衡云："此'丙辰'一条亦有讹误。'乃大受命而归'，前无所承，……窃疑此六字当是前文'用□诸侯'下错简。"卫挺生云："'所谓大受命而归'，殆指大受灵感而言。"自昭王王道中衰，穆王筑此要塞，目睹山河之险，思复"为天下君"之尊荣，即"大受命"也。此亦为一说，可与陈说互通。受命，即受天之命。古帝王自称受命于天以巩固其统治。

《尚书·召诰》:“惟王受命,无疆惟休,亦无疆惟恤。”

【译文】

七月二十日丙辰,穆天子向北巡游到了树林之中,于是接受天命而归。

仲秋甲戌[①],天子东游,次于雀梁[②],□蠹书于羽陵[③]。

【注释】

①仲秋甲戌:八月九日。距前“丙辰”十八日。丁谦改此作“仲秋甲子”,误。案,穆王十四、十五、十六年“仲秋”皆无甲子日。

②次:停留,住宿。特指行军途中,在某处留宿三日及以上。郭璞注:“一宿为舍,再宿为信,过信为次。”

③□蠹书:暴晒书中的蠹虫。□,曝。丁谦云:“‘蠹’上当脱‘曝’字。”郭璞注:“谓暴书中蠹虫,因云‘蠹书’也。”羽陵:地名。地望不明。王贻樑云:“地在雀梁左近,今地不明。”洪颐煊校注:“‘陵’本作‘林’,从《左传》襄廿七年《正义》《太平御览》二十四引改。”

【译文】

仲秋八月九日甲戌,穆天子往东巡游,住宿在雀梁,又在羽陵之上暴晒书中的蠹虫。

季秋□[①],乃宿于房[②]。毕人告戎[③],曰:“陖翟来侵[④]。”天子使孟悆如毕讨戎[⑤]。霍侯旧告薨[⑥],天子临于军丘[⑦],狩于薮[⑧]。

【注释】

①季秋□:季秋甲辰,即九月九日。距前“甲戌”三十日。陈逢衡

云:“空方当是‘甲辰’。”不知所据,权从。檀本填“天子”二字,当属下句,可省略。

②防:即“房”字,地名。洪颐煊校注:“即上文‘东至于房’也。汉隶《唐公房碑》《校官碑》‘房’皆作‘防’。”王贻樑云:“字作‘防’,乃后人字体,非原文如此。”

③告戎:告发戎人。郭璞注:“告戎难也。”陈逢衡云:“此‘毕人告戎’至下‘讨戎’,俱当在上文‘陖翟致赂’前,说见上。”戎,即陖翟。案,《传》所记不标年仅以干支纪日,兼以残简错杂,殊难分辨。陈说可参,然亦未确。

④陖翟:古国名。约在今陕西咸阳附近。卫挺生云:“古书中‘翟’与‘狄’字通用,而‘戎’与‘狄’字亦互用。故‘翟’即‘狄’、即‘戎’。”今本《纪年》:“(穆王十四年)秋九月,翟人侵毕。”

⑤孟悆(yù):人名。周大夫。郭璞注:“悆,音豫。”洪颐煊校注:“悆,吴氏本作‘愈’,注同。”如:前往。讨戎:讨伐陖翟。

⑥霍侯旧:霍国国君,侯爵,名旧。武王灭商后封其八弟姬处于霍(今山西霍州一带),伯爵,是为霍叔处,始有霍国。春秋时为晋所灭。郭璞注:“霍国,今在平阳永安县西南,有城。”薨(hōng):古代称诸侯之死。后世有封爵的大官之死也称“薨”。《尔雅》:“薨,死也。”洪颐煊校注:“今本《纪年》云:‘十六年,霍侯旧薨。’”檀萃云:“《纪年》:‘穆王十六年,霍侯旧薨。’与‘陖翟侵毕’隔两年。”卫挺生云:“《纪年》误而此《传》正之。”案,《纪年》误,霍侯旧约薨于十四年冬,十六年秋冬季穆王为盛姬治丧。

⑦临于军丘:到军丘哭吊。临,哭吊死者。《吕氏春秋·先识览·悔过》:“缪公闻之,素服庙临。”《左传》宣公十二年:“卜临于大宫。”杜预注:“临,哭也。”陈逢衡云:“临,谓哭临。”军丘,地名。王贻樑云:“军丘,地当近霍。”

⑧狩于薮:在林薮狩猎。薮,陈逢衡云:“即军丘之薮。”

【译文】

九月九日甲辰，穆天子住宿在房。毕国人告发戎狄，说："陖翟侵犯我国。"穆天子派遣孟悆前往毕国讨伐戎狄。霍国派人禀告说霍侯旧去世了，穆天子到军丘哭吊，又到林薮中狩猎。

十

季冬甲戌[1]，天子东游，饮于留祈[2]，射于丽虎[3]，读书于菞丘[4]。□献酒于天子[5]，乃奏广乐。

【注释】

①季冬甲戌：当为"仲冬甲戌"，即十一月十一日。距前"仲秋甲戌"一百二十日，距前"季秋□"九十日。穆王十四年，闰八月，故"甲戌日"应为十一月，原文误。若作"季冬甲戌"，当为穆王十三年十二月五日，则本段略显突兀。王贻樑集释本无"季冬"二字。

②留祈：地名。在范宫东，具体未详。祈，洪颐煊校注："《太平御览》二十六引作'祁'。"

③丽虎：地名。在范宫东，具体未详。丁谦云："留祈、丽虎，均在范宫东，然地无考。"

④读：洪颐煊校注："《太平御览》二十二引作'续'。"陈逢衡云："鲍刻本《御览》二十六作'读'，洪云'二十二'，误。"菞(lí)丘：地名。诸说不一，待考。郭璞注："君举必书。菞，音犁。"洪颐煊云："宋咸熙云：'菞丘，即下文所谓黎丘之阳也。'《汉书·匈奴传》赞云：'菞庶亡干戈之役。'师古曰：'菞，古"黎"字。'本讹作'菞'，今改正。"陈逢衡又引《一统志·河南归德府》云："黎丘在虞城县北二十里，高二丈。"丁谦云："菞丘，汉黎阳县，今浚县地。"

⑤□：应作"之人"，即菞丘之人。檀本作"帝台"。陈逢衡云："此献酒盖是菞丘之人。"

【译文】

冬十一月十一日甲戌，穆天子往东巡游，在留祈饮酒，在丽虎射猎，在菞丘读书。菞丘之人给穆天子献上美酒，穆天子于是命乐队演奏盛大的乐曲。

天子遗其灵鼓①，乃化为黄蛇。是日，天子鼓②，道其下而鸣③，乃树之桐④。以为鼓则神且鸣⑤，则利于戎⑥；以为琴，则利□⑦。

【注释】

①天子遗其灵鼓：遗，遗失，丢失。灵鼓，古代祭祀地祇用的鼓，鼓有四面或六面。郭璞注："《周礼》曰：'灵鼓四面。'《洪范》所谓'鼓妖'也。"《周礼·地官·鼓人》："以灵鼓鼓社祭。"郑玄注："灵鼓，六面鼓也。"《汉书·五行志》："听之不聪，是谓不谋。……君严猛而闭下，臣战栗而塞耳。则妄闻之气发于音声，故有鼓妖。"陈逢衡云："饮留祈、射丽虎、读书菞丘，皆甲戌后数日内事。其献酒、奏乐又必数日。天子于其时遗失灵鼓，及觅取之，但见黄蛇蟠于其上，一时惊以为灵鼓所化。而注起居者妄书于策，郭氏不察，谓为鼓妖，失之。"案，陈说合乎科学，却未必合周朝之宗教、政治。

②鼓：击鼓。

③道其下而鸣：从地下发出鼓声。郭璞注："从失鼓而击鼓也。鼓在地下鸣。道，从也。《韩非》曰：'道南方来也。'"檀萃云："言所遗灵鼓化为黄蛇而入于地下，天子之鼓乃从其下而随之鸣也。"陈逢衡云："'鼓道其下'，谓从菞丘之下鸣鼓而出也，如公孙瓒所云'鼓角鸣于地中'之类。""檀氏误解。"蒋超伯云："汉儒所说鼓妖不尔。班书《五行志》：'晋文公卒，柩有声如牛。刘向以为近

妖鼓也。'""汉世儒者所云鼓妖,系指异声而言,此乃龙妖之孽。"道,从,由。《汉书·高帝纪》:"太尉周勃道太原入,定代地。"郭注所引《韩非子》"道南方来"出自《十过篇》,师旷论君德与音乐,"师旷不得已,援琴而鼓。一奏之,有玄鹤二八,道南方来,集于郎门之垝。再奏之,而列。三奏之,延颈而鸣,舒翼而舞,音中宫商之声,声闻于天"。案,此段盖指穆王新政,即布德威于天下。

④乃树之桐:于是就在发出鼓声的地方种上桐树。郭璞注:"因以树梧桐。桐亦响木也。"檀萃云:"嫌其鸣不可止,乃树桐以镇之,顾桐亦响木,其鸣更甚。""以为琴而鼓之,则黄泽之人受福。如邹衍吹律,回黍谷之春。"陈逢衡云:"檀说与正文、注意皆背。盖天子因鼓道其下而鸣,则山鸣谷应,故树此响木于其地以应之。俾之长而成材,可取为乐器,则其声必宏亮。此与卷二'树之竹'、卷三'树之槐'一例。"案,树桐,喻指培德。

⑤以为鼓则神且鸣:以此桐木做成的鼓会发出神奇的鸣声。案,喻指政绩。

⑥利于戎:利于征伐。郭璞注:"宜以攻戎。"戎,战争,征伐。

⑦利□:利于乐。王天海云:"此处缺文当作'于乐'二字。"喻指君德,德政。王贻樑云:"自'天子遗其灵鼓'至此,是《穆传》中唯一一段非纪实性文字而颇具神怪色彩。灵鼓、变化、树桐,传说多见。"案,此段未必是宗教性的传说,更可能是指政治性的变革。

【译文】

穆天子丢失了他的灵鼓,灵鼓就变成了黄蛇。这一天,穆天子击鼓,从地下传出鼓声,于是就在发出鼓声的地方种上桐树。以此桐木做成的鼓会发出神奇的鸣声,就有利于征伐;用它做成琴,就有利于礼乐。

于黄泽[①]。天子东游于黄泽[②],宿于曲洛[③]。废□[④],使宫乐谣[⑤],曰:"黄之池[⑥],其马歕沙[⑦],皇人威仪[⑧];黄之泽[⑨],

其马歕玉[10]，皇人寿穀[11]。”

【注释】

①于黄泽：某日，天子至于黄泽。此前有缺文。王贻樑云：“此三字上之‘□’中，缺文甚多。以上下文意补足，当大致如下：‘以为琴则利[于□。□□(干支日期)，天子至]于黄泽。’如此方上下切合。因原书只一‘□’，不能一切为二，故此权以‘于黄泽’单独为一句。”黄泽，地名。具体未详，诸说不一，待考。洪颐煊校注：“《水经》云：‘荡水又南，北至内黄县，入于黄泽。’”张公量云：下文“南游黄□室之丘”，“太室山在今河南登封县北，则黄泽在嵩高山之东”。卫挺生云：“下即在太室，黄泽亦当在彼近处。少室山西颍水有六七源，最东之源今曰狂水，殆‘黄水’音转讹。狂水源之北为‘古黄城’(乾隆《登封县志》载之甚明)，又有黄城沟，即黄池、黄泽也，马鞍山南。黄竹地亦在彼。”常征云：“《传》所谓黄泽，亦称‘黄沟’，又名‘黄池’，春秋晋吴会盟争长于此水畔，其水故址在今民权、商丘、夏邑一线，故后代大河曾沿此道东经苏北入海，因获‘黄河’之号。位于黄泽以南之‘黄室’，当在夏邑附近，故《纪年》谓启都夏邑，而《穆天子传》谓启居‘黄室之丘’也。正缘启曾都此而地近曲沃，其后人迁都山西安邑时，安邑附近始有由夏人迁去之‘曲沃’地名。史家于启未即位前居地且不明，倘《穆天子传》真属汉后伪造，伪造者又安能造此‘黄室’之文？”

②天子：穆天子。洪颐煊校注：“‘天子’二字本脱，从《太平御览》五百七十二、八百九十六引补。”陈逢衡云：“《艺文类聚》四十三引有‘天子’二字。”

③曲洛：地名。具体位置未详。郭璞注：“洛水之回曲，地名也。”洪颐煊校注：“《太平寰宇记》四：‘偃师县东北有曲河驿’，以洛水之

曲为名，即引此《传》为证。”王贻樑云：“顾名思义，曲洛当即洛水曲折处。但此处不可能在洛水中、上游(距下太室山过远)，而当在自洛邑至入河一段中，《寰宇记》所载可参。”

④废□：废县，指不使用乐器。□，檀本填“县”字。县，同“悬”，指悬挂的乐器，如钟、磬等。

⑤官乐：古代主管音乐的官吏。郭璞注：“典乐者。”谣：指不用乐器伴奏的清唱。《毛传》：“曲合乐曰歌，徒歌曰谣。”《诗经·魏风·园有桃》：“心之忧矣，我歌且谣。”

⑥黄之池：即黄池。或即黄泽。王天海云：“古代地名，地在今河南封丘县西南。参阅《太平寰宇记·封丘县》。”亦为一说。池，洪颐煊校注：“《艺文类聚》四十三引作‘陁’。”

⑦歕(pēn)沙：喷气如沙雾。此形容马之气盛。歕，古“喷”字，吹气也。郭璞注：“鞥也。普闷切。”郭注似误。翟云升云：“以‘鞥’训‘歕’，其义不明，疑字误。”

⑧皇人：皇族的人，即帝王的亲族。威仪：庄重的容貌举止。威，郭璞注：“畏也。”《礼记·中庸》：“礼仪三百，威仪三千。”《左传》襄公三十一年：“有威而可畏，谓之威；有仪而可象，谓之仪。”

⑨黄之泽：即黄泽。

⑩歕玉：喷气如玉润。此形容其静。《礼记·聘义》：“君子比德于玉焉，温润而泽，仁也。”后因以“玉润”比喻美德。

⑪寿穀：长寿福禄。穀，郭璞注：“生也，皆诸谣辞。”洪颐煊校注：“寿，本作‘受’，从《初学记》二十九、《太平御览》八百九十六引改。”陈逢衡云：“穀，福也，善也。”于省吾云：“穀，谓福禄。翟校本据《初学记》《太平御览》《事类赋》《玉海》改作‘寿穀’，是也。‘皇人寿穀’与上‘皇人威仪’相对为文，作‘受穀’则非对文矣。”

【译文】

穆天子到达黄泽，又向东巡游黄泽，住宿在曲洛。穆天子命令不要使用乐器，让乐官清唱，歌词云：“黄池之上，马儿喷气如沙，王族威风凛凛；黄泽之上，马儿喷气如玉，王族福禄长寿。”

十一

丙辰[①]，天子南游于黄室之丘[②]，以观夏后启之所居[③]。乃□于启室[④]。

【注释】

①丙辰：十二月二十三日。距前“季冬（仲冬）甲戌”四十二日。王天海云：“此距前‘季冬甲戌’三十三日。”王说误。

②黄室之丘：即黄台之丘，在今河南禹州一带。洪颐煊校注：“‘黄’下本有‘□’字，从《太平御览》三十四、五百九十二引删。《文选·雪赋》注引作‘黄台之丘’。”黄，王天海云：“西周小国名。嬴姓，后为楚所灭。故地在今河南潢川县西。”周书灿：“从启的活动地域及《穆传》东巡路线综合考察，似可判定‘启居黄台之丘’有可能就在文献记载的钧台，即今河南禹州一带。二十世纪以来长期流行的‘黄台之丘’在今河南新郑、新密之间的说法，缺乏较为可靠的文献和考古学依据，‘启居黄台之丘’与洧水流域新砦遗址及古城寨龙山时代城址并不相涉。”案，禹州比邻登封，应是。潢川距嵩山过远，非是。

③夏后启：即夏王启。大禹之子，姒姓，夏朝第一位君主。郭璞注：“疑此言太室之丘嵩高山，启母在此山化为石，而子启亦登仙，故其上有启石也。皆见《归藏》及《淮南子》。”洪颐煊校注：“《艺文类聚》六十二引《归藏》曰：‘昔者夏后启葬，享神于晋之墟，作为璿台于水之阳。’《山海经·海外西经》注引《归藏·郑母经》曰：‘夏后启筮御飞龙登于天，吉。’明启亦仙也。是说此事。”陈逢衡云：“《穆传》但言观夏后启之所居亦犹升昆仑观黄帝之宫耳……

穆王游此故观览焉，并无怪异。”卫挺生云：此在嵩山太室之丘，“所有清代地方志中，如《河南通志》《河南府志》《登封县志》之各次版中，关于此项地理传说，均有一致之记载”。

④□：檀本填“入”字。陈逢衡云：“空方当是‘祭’字。”郭璞注：“似谓入启室中。”案，若穆王入启室而拜祭，当以“祭”为主。启室：夏王启居住的房屋。

【译文】

十二月二十三日丙辰，穆天子往南巡游了黄台之丘，并观看夏王启居住过的地方。于是穆天子拜祭了夏王启的故居。

天子筮猎苹泽[①]，其卦遇讼䷅[②]，逢公占之[③]，曰：“讼之繇[④]：薮泽苍苍[⑤]，其中□[⑥]；宜其正公[⑦]，戎事则从[⑧]，祭祀则憙[⑨]，畋猎则获[⑩]。”

【注释】

①筮(shì)猎：畋猎之前占卜吉凶。苹泽：地名。具体位置未详。洪颐煊校注：“今本《纪年》云：‘十四年蒐于萍(苹)泽。’《艺文类聚》七十五引作‘萃泽’，误。”檀萃云：“即蓬泽也。今开封府城东北蓬池。”丁谦云：“均去安邑不远，未知孰是苹泽。”

②讼䷅：讼卦，《易》第六卦。该卦乾上坎下。《易·讼卦》：“讼：有孚，窒惕，中吉，终凶。利见大人，不利涉大川。”郭璞注：“坎下乾上。”

③逢公：即逢公固，周穆王大夫。洪颐煊校注：“《左氏》昭十年传云：‘戊子，逢公以登。’杜预注云：‘逢公，殷诸侯居齐地者。’孔颖达《正义》云：‘伯陵之后，世为逢君。’此乃其胄裔也。”占：根据卦象推测吉凶。

④繇(zhòu)：通“籀”，占卜的文辞。郭璞注：“繇，爻辞。音胄。”《左

传》闵公二年："成风闻成季之繇，乃事之而属僖公焉，故成季立之。"杜预注："繇，卦兆之占辞。"

⑤薮泽苍苍：湖泽苍茫无际。薮泽，指水草茂密的沼泽湖泊。《管子·幼官》："薮泽以时禁发之。"苍苍，茫无边际。《淮南子·俶真训》："浑浑苍苍，纯朴未散。"

⑥□：缺二字。卦辞难以推测。陈逢衡云："空方当缺二字成句。"

⑦宜其正公：即"利于大人"，谓以居尊位，有"大人"之象。宜其，洪颐煊校注："《艺文类聚》七十五引作'其宜'。"正公，古代官名。指三上公，位在诸侯之上。此指"大人"。

⑧戎事则从：畋猎就会顺利。郭璞注："水性平而天无私，兵不曲桡而戎事集也。"戎事，畋猎，打猎。从，顺利，安顺。

⑨憙（xǐ）：古同"喜"，谓吉祥如意。《说文》："憙，说（悦）也。"

⑩获：猎得禽兽。《易·解卦》九二爻："田获叁狐。"陈逢衡云："此上皆繇辞。'获'当读平声，与上'从'字叶。"王贻樑云："逢公所释此卦显为大吉，故穆王大喜而重赐。又此《讼》卦繇辞与今本《周易》不同，可知《周易》所说乃当时繇辞千万中之一也。"案，《穆传》畋猎次数很多，此次猎于苹泽盖有耀威之意。

【译文】

穆天子占卜狩猎苹泽的吉凶，遇到的卦象是乾上坎下的讼卦䷅。逢公固分析此卦说："讼卦的繇辞是：薮泽苍苍，其中□□；利于正公，巡狩顺畅，祭祀吉祥，畋猎多藏。"

□饮逢公酒[①]，赐之骏马十六，絺纻三十箧[②]。逢公再拜稽首。

【注释】

①□：天子。

②絺纻(chī zhù):细葛布,麻织物。《尚书·禹贡》:"厥贡漆、枲、絺纻。"絺,细葛布。郭璞注:"葛精者。"《国语·越语上》:"臣闻之,贾人夏则资皮,冬则资絺,旱则资舟,水则资车,以待乏也。"纻,苎麻,指苎麻织的布。《诗经·陈风·东门之池》:"东门之池,可以沤纻。"《吕氏春秋·贵直论》:"先出也,衣絺纻。"洪颐煊校注:"纻,《太平御览》八百一十九引作'纷'。"箧(qiè):小箱子。藏物之具,大曰箱,小曰箧。《左传》昭公十三年:"卫人使屠伯馈叔向羹与一箧锦。"

【译文】

穆天子赐酒给逢公固,又赐给他十六匹骏马、三十箱葛麻细布。逢公固叩头至地,拜了两拜。

赐筮史狐□[①]:"有阴雨,梦神有事[②],是谓重阴[③]。"天子乃休[④]。

【注释】

①赐筮史狐□:穆天子赏赐筮史狐,筮史狐曰。□,当是赏赐之物及"筮史狐曰"四字。筮史,筮人,即掌卜筮、司占卦之人。《左传》僖公二十八年:"晋侯有疾,曹伯之竖侯獳货筮史。"《国语·晋语四》:"筮史占之,皆曰不吉。"韦昭注:"筮史,筮人,掌以三易,辨九筮之名。"《仪礼·特牲馈食礼》:"筮人取筮于西塾,执之,东面受命于主人。"郑玄注:"筮人,官名也。筮,问也。"狐,人名,即此筮人名狐。□,檀本填"对曰"二字,又云:"狐者,史之名。盖史狐筮《讼》之卦,而逢公占其辞,故赏逢公而赐亦及于史狐也。"陈逢衡云:"赐筮史狐者,复令史狐占也,故史狐云云。"丁谦云:"'赐筮史狐',谓逢公所得物,转赐掌筮之史名狐者。"案,丁说非是。

②梦神有事：梦见神灵有祭祀事。陈逢衡云："'梦神有事'，谓梦神当令迷蒙之象，犹后世课法用值日神将之类，非谓祭也。"丁谦云："'梦神有事'即下文所言梦羿射于涂山也，亦前后错置。"有事，有祭事，祭祀。郭璞注："祭也。"《左传》僖公九年："天子有事于文武，使孔赐伯舅胙。"

③是谓重阴：这就叫做重阴。重阴，指两种属阴事件同时发生或两种属阴的性质同时出现在一个事物上。有阴雨为阴，梦神有事亦为阴，故称"重阴"。重阴乃阴寒之象，非吉兆。郭璞注："因以纪也。"檀萃云："天水违行，阴雨之象，乾为寒、为冰，坎为加忧心病，梦神之象。重阴恐有下人以谋上，此史狐不以逢公之占为然而阻穆王也。"案，逢公固与筮史狐占卦之辞的不同，可能反应二人不同的政见。

④天子乃休：穆天子于是休息。陈逢衡云："《艺文类聚·杂文部》引'至于黄竹，天子乃休。日中大寒，北风雨雪，天子作诗《我徂黄竹》三章以哀民'。据此，则'天子乃休'上当有'至于黄竹'四字。"

【译文】

穆天子又赏赐筮史狐，史狐说："天有阴雨，梦神祭祀，这就叫做重阴。"穆天子于是休息。

十二

日中大寒[①]，北风雨雪，有冻人[②]。天子作诗三章以哀民[③]。曰："我徂黄竹[④]，□负闷寒[⑤]，帝收九行[⑥]；嗟我公侯[⑦]，百辟冢卿[⑧]，皇我万民[⑨]，旦夕勿忘[⑩]。我徂黄竹，□负闷寒，帝收九行；嗟我公侯，百辟冢卿，皇我万民，旦夕勿穷[⑪]。有皎者鵅[⑫]，翩翩其飞[⑬]；嗟我公侯，□勿则迁[⑭]；居乐甚寡[⑮]，不如迁土⑯，礼乐其民⑰。”

【注释】

①日中：指春分这一天，即穆王十五年二月三日。距前“丙辰”三十九日。《尚书·尧典》：“日中，星鸟，以殷仲春。”《孔传》：“日中，谓春分之日。”

②冻人：冻死的人。洪颐煊校注：“《太平御览》十二、三十四引‘冻’下有‘死’字。”

③天子作诗三章以哀民：洪颐煊校注：“《初学记》二、《太平御览》十二引‘作’下有‘黄竹’二字。”哀民，怜悯百姓。哀，郭璞注：“犹愍也。”

④徂（cú）：往。《诗经·小雅·小明》：“我征徂西，至于艽野。”黄竹：地名。所在未详。约在黄泽附近，见上注“黄泽”。

⑤□负闷（bì）寒：日负闷寒。□，当作“日”字。日负，太阳隐去。负，失。康熙字典：“又失也。《战国策》公负令秦与强齐战。注‘负’，犹失也。”负，原作“员”。员，通“陨”，则指太阳陨落。意指羿射九日，导致天气酷寒。洪颐煊校注：“‘负’本作‘员’，从《初学记》二、《文选·雪赋》注、《太平御览》十二引改。注五字本脱，从《御览》引补。唐《开元古经》百一引《穆天子传》云：‘雪盈数尺，年丰八节。’或是此处脱文。今姑附于此。”陈逢衡云：“仍当作‘员’字为是。‘员’‘陨’通，谓陨雪也。”王天海云：“陈说可从，则缺文疑为‘雪’字，即大雪坠落之意。”案，“雪”字亦通，然不若“日”字。闷寒，严寒，酷寒。闷，闭。意谓雪覆冰封，天寒地冻，无处可遁。郭璞注：“闷，闭也。音秘。”

⑥帝收九行：天帝掩藏了九州道路。郭璞注：“九行，九道也。言收罗九域之道里也。《传》曰：‘经启九道。’”洪颐煊校注：“注本作‘行道也’，从《太平御览》五百九十二引改。”陈逢衡云：“行，列

也。天有九列。收，谓收敛，言此时天气不下降闭寒而成冬也。郭引'经启九道'，见襄公四年《传》，杜注：'启开九州之道。'案，与上下文义不合。"丁谦云："'帝收九行'，言雪后九衢填塞，似天帝将世间道路尽行收藏者。然近人谓'收'当作'牧'，云'牧治九州'，果尔，则上下文气尚可通耶？"

⑦嗟我公侯：告诫我王公诸侯。嗟，叹词，表示命令、告诫。《尚书·泰誓》："公曰：'嗟！我士。听！无哗！"

⑧百辟冢卿：诸位国君冢宰。百辟，指周朝册封的诸侯国君。辟，君主，国君。《吕氏春秋·仲夏纪》："乃命百县雩祭祀百辟卿士有益于民者，以祈谷实。"冢卿，官名。又名"孤卿""冢宰""太宰"，为百官之首，即六卿中执掌国政的大臣。《尚书·伊训》："百官总己，以听冢宰。"《逸周书·大匡》："王乃召冢卿、三老、三吏、大夫百执事之人，朝于大庭。"孔晁注："冢卿，公卿。"郭璞注："辟，君。冢卿，冢宰。"

⑨皇(kuāng)我万民：匡正我黎民百姓。皇，同"匡"，匡正。郭璞注："皇，正也。"《诗经·豳风·破斧》："周公东征，四国是皇。"《毛传》："皇，匡也。"

⑩旦夕勿忘：恒念勿忘。旦夕，早晨和晚上。此喻恒常。郭璞注："恒念之也。"

⑪勿穷：不要使百姓穷困。郭璞注："令无困也。"

⑫有皎者鹭(lù)：有洁白的鹭鸶。皎，洁白。鹭，同"鹭"，即鹭鸶，鸟名。郭璞注："皎，白皃。鹭，鸟名。音路。"洪颐煊校注："注'皎白皃'三字本在'鸟名'下，今依义改正。"檀萃云："鹭，同'鹭'，即鹭鸶也。"陈逢衡云："此章以鹭之白取譬雪之白，比而兼兴也。"丁谦云："'有皎者鹭'二句，乃形容大雪情景。惟细审诗旨，所谓'皇我万民''礼乐其民'，皆虚廓无实之言，并无矜恤编民真意。曰以哀民，微辞也。"

⑬翩翩其飞:轻盈自在地飞翔。翩翩,鸟飞轻疾的样子。《诗经·小雅·四牡》:"翩翩者鵻(鹁鸪),载飞载止,集于苞杞。"郭璞注:"言得意也。"洪颐煊校注:"翩翩,《太平御览》九百二十五引讹作'鶣鶣'。"王天海云:"'有皎者鵅'二句乃比兴之手法,以白鹭自由自在飞翔与下文'不如迁土,礼乐其民'相呼应,丁说似臆测。"

⑭□勿则迁:爰勿则迁。意即如果此地不如意就迁往他处。□,似作"爰"字。爰,语气助词。郭璞注:"自'侯'以下似当云'百辟冢卿,皇我万民,□勿则迁。'"案,郭注误,此诗七句成章,此处不必再重复。

⑮居乐甚寡:独守一处欢乐少。郭璞注:"言守一居少乐。"洪颐煊校注:"《太平御览》五百九十二引作'乐其寡乐',以'居'字属上句,读误。"

⑯迁土:迁居,移居他处。郭璞注:"居无求安。"郭注意思应是"居无不求安",意即居处没有不求安乐的。案,穆王乐游,"不如迁土",似反应了西周尚具游牧特征。

⑰礼乐其民:用礼乐来教化人民。郭璞注:"言当以礼乐化其民也。"

【译文】

穆王十五年二月三日是春分,这一天天气特别寒冷,刮着北风,下着大雪,路上有冻死的人。穆天子创作了三章诗歌来哀怜百姓。诗歌云:"我往黄竹,日隐酷寒,天帝掩藏了九州道路;告诫我公卿、诸侯和宰臣,匡扶我万民,恒念勿相忘。我往黄竹,日隐酷寒,天帝掩藏了九州道路;告诫我公卿、诸侯和宰臣,匡扶我万民,时时勿困顿。皎皎白鹭飞,翩翩舞徘徊;告诫我公侯,乐土好去处;居处少欢乐,不如早迁居,礼乐化万民。"

天子曰:"余一人则淫[①],不皇万民[②]。"□登[③],乃宿于黄竹。天子梦羿射于涂山[④]，郯公占之，疏□之□[⑤]。乃宿于曲山[⑥]。

【注释】

①余：洪颐煊校注："《太平御览》五百九十二引作'予'。"淫：沉溺。指耽于游乐。郭璞注："淫于游乐。"《国语·楚语下》："耳不乐逸声，目不淫于色。"

②不皇万民：不能匡扶百姓。陈逢衡云："'不皇'二字当属上，'皇'犹'遑'。空方当是'何'字。言余一人方从事于游乐宴饮之不遑，则万民何能登衽席之上而安全乎？"王天海云："'皇'与上同为'匡正'之意，不当作'遑'解。陈说纯出臆测，不可从。"

③□登：乃登，于是登程。□，檀本作"乃"字。

④羿(yì)：此指射日之后羿。古代传说中名羿者有多人，闻名者有二，皆善射。一是传说中尧时射日之羿，又曾射伤河伯，为民除害。《淮南子·氾论训》："羿除天下之害，死而为宗布（禳除灾害之神）。"二是夏时东夷族有穷氏的首领，后被亲信寒浞所杀。《左传》襄公四年："羿犹不悛，将归自田，家众杀而亨之。"郭璞注："羿，有穷氏帝，善射者。"案，郭注误，当是传说中尧时射日之羿。涂山：山名。梦中之山，非确指。陈逢衡云："涂山，禹会诸侯之所。羿，善射者，是时天子志在射猎，故有是梦。"王贻樑云："涂山之地望，旧说有四：一、今浙江会稽；二、今安徽当涂；三、今安徽怀远；四、今四川巴县。"丁谦云："《左传》昭四年言穆王有涂山之会，《竹书纪年》言穆王三十九年，王会诸侯于涂山，未必非先因是梦，后见诸实事。"案，此梦与涂山之会无关，应是天气巨变引发的。公元前十世纪以后气候变冷，导致社会发生巨大动荡及冻死人等事情发生，穆王思念往昔温暖的年代，故"梦羿射于涂山"。

⑤疏□之□：疏梦之由，即解释梦的缘由。“疏”下“□”，檀本作“繇”字。陈逢衡云：“当是‘梦’字。”“之”下“□”，檀本作“由”字，云：“言占《易》而疏明卦辞由来也。”陈逢衡云：“此占梦，非占《易》也。空方当是疏梦之由。《周礼·春官·占梦》：‘以日月星辰占六梦之吉凶：一曰正梦，二曰噩梦，三曰思梦，四曰寤梦，五曰喜梦，六曰惧梦。’今王梦羿射于涂山，盖思梦也。”“《艺文志》有《黄帝长柳占梦》十一卷、《甘德长柳占梦》二十卷，盖占梦之事由来久矣。”

⑥曲山：山名。具体不明。吕调阳云：“在修武西。”丁谦云：“曲山，未详。”王贻樑云：“曲山，地未详，大致在今河南中部自嵩山至西北部九阿之间。”卫挺生云：“此行错乱，‘天子梦羿射于涂山’当在‘孟冬鸟至，王已□弋’之前后。‘乃宿于曲山’句当在‘西升于曲山’句下。‘郯公占之’当在十一年秋冬后。”此仅为一说。

【译文】

穆天子说：“我一人耽于游乐，不能匡扶万民。”于是登程上路，就住宿在黄竹。穆天子梦见后羿在涂山射日，郯公为他占梦，解释了此梦的缘由。穆天子就住宿在曲山。

壬申[①]，天子西升于曲山。

【注释】

①壬申：三月十日。距“日中”三十七日，距前“丙辰”六十六日。王天海云：“此距前‘丙辰’十六日。”疑忽略了“日中”，误。

【译文】

三月十日壬申，穆天子向西登上了曲山。

十三

□[①]，天子西征，升于九阿[②]，南宿于丹黄[③]。

【注释】

①□:此缺文为干支纪日。具体时间当在三月十一日至十五间,因所历地名皆难考,故具体日期也难以推测。

②升于九阿:洪颐煊校注:"'于'字本脱,从《水经·洛水》注、《太平御览》五十六引补。注本讹作'西安',从《御览》引改正。"九阿,地名。在今河南洛阳新安。郭璞注:"疑今新安县十里九阪也。"陈逢衡云:"新安县汉属弘农郡,晋属河南郡,今河南府渑池县东。若从旧本作西安县,则在今山东青州府临淄县西三十里,去此远矣。"王贻樑云:"此'九阿'在阳山、寘軨之东北,上'九阿'在盟门山,非一也。郭注可信。"

③丹黄:地名。当仍在新安,具体不明。王贻樑云:"丹黄,具体难详。"

【译文】

这天,穆天子往西巡行,登上了九阿,又往南行进,住宿在丹黄。

戊寅[①],天子西升于阳□[②],过于灵□井公博[③]。乃驾鹿以游于山上[④],为之石主[⑤]。而□寘軨[⑥],乃次于洹水之阳[⑦]。

【注释】

①戊寅:三月十六日。距前"壬申"六日。

②阳□:阳山。在今河南与山西交界处,介于王屋与太行之间,居于黄河之北,故称"阳山"。洪本增补"黎丘之"三字,疑误,今删。洪颐煊校注:"'黎丘之'三字本脱,从《太平御览》九百六、《事类赋》注二十三引补。"□,檀本作"山"字,云:"《北山经》云:'阳山,其上多玉,其下多金、铜,留水出焉,南流注于河。'案,是山介于太行、王屋之间,则西升之山即此阳山,而下即軨坂也。"陈逢衡云:"其地即在軨坂左近,即此阳山矣。"王贻樑云:"以上下文核

之，檀、陈说是。若为黎丘之阳，则与下寘軨去之过远矣。”王天海云：“测行程、地望，穆王此时当向西登上今中条山，因此山在黄河北岸，故称‘阳山’。犹阴山在河套北岸，又称‘阳山’。中条山，在今山西与河南交界处，沿黄河北岸，东西走向。”

③过于灵□井公博：经过灵地时与井公下棋。灵，地名。具体未详。灵，陈逢衡云：“即《汉志》代郡之灵丘。”□，檀本作“与”字。王贻樑云：“缺文不止一字，檀填一字似不够。陈说为代郡之灵丘，离軨坂更是风马牛不相及，误之甚明。此地必在寘軨左近，具体难断。”井公，即井公利。郭璞注：“穆王往返，辄从井公博游，明其有道德人也。”

④驾鹿：驾驶鹿拉的车子。

⑤石主：石制的神主。古代祭祀社稷用石主。《说文解字》：“祏，宗庙主也。周礼有郊宗石室。一曰大夫以石为主。”《魏书·礼志四之二》：“太平四年四月……太社石主将迁于社宫。”

⑥□寘軨(diān líng)：越过寘軨。□，“越”字。王天海云：“此缺文疑为‘越’字。”寘軨，坂名。在今山西阳山平陆东北。郭璞注：“即軨坂也。今在河东大阳县。《传》曰：‘入于寘軨。’‘巅’‘零’二音。”洪颐煊校注：“《太平寰宇记》五引作‘天子自寘軨次于浢水之阳’。《说文》‘寘’在穴部。《水经·河水》注引作‘寘’，传写之讹。《河水》注引《左传》作‘入自巅軨’，今本《左传》又作‘颠軨’，皆字之异。”

⑦浢(dòu)水：水名。源出今山西芮城中条山，南流经芮城县境，入黄河。郭璞注：“今之浢津也。在河东河北县。音‘项脰’之‘脰’。”王贻樑云：“浢水，源出今山西芮县中条山，南流经今芮城县境入河。隔河为河南灵宝县境，内有浢津，为黄河津渡处。”卫挺生云：“穆王此行入南郑，乃经风陵渡而入潼关西行。由其风陵渡与洛阳间之旅行路线，自西追溯至东，则见其曾过芮城、平

陆、垣曲、孟县、孟津而至宗周王城也。”

【译文】

三月十六日戊寅，穆天子向西登上了阳山，经过灵地时与井公下棋。又驾鹿车到山上游玩，在山上雕刻了神主的石像。又越过窴轸，就住宿在洹水北岸。

吉日丁亥①，天子入于南郑②。

【注释】

①丁亥：三月二十五日。距前“戊寅”九日。

②南郑：穆王时别都，在今渭南华州区。丁谦云：“南郑者，穆王所都，一作‘西郑’。《竹书》附注‘穆王以下都于西郑’是也。今陕西同州府。”详见卷四注。

【译文】

三月二十五日丁亥是个吉利的日子，穆天子进入别都南郑。

卷六

【题解】

穆王十六年(前961),穆天子继续在中原一带巡狩、畋猎。九月末,穆天子的宠妃淑人盛姬感染风寒,不久去世。穆天子依照王后之礼为她举行了隆盛的丧礼。隆重的祭礼、盛大的送葬自是帝王权力的表征,而超过三千人的错踊者在漫长的送葬路上边哭边跳,使本卷在弥漫的悲情意味之外也颇具古趣。当然,本卷详细描述了此次丧礼的全过程,更为我们研究西周礼制乃至审思整个周文化提供了弥足珍贵的文献资料。安葬了盛姬之后,穆天子回到了南郑。

《晋书》卷五十一《束皙传》:"《穆天子传》五篇,言周穆王游行四海,见帝台、西王母。……又杂书十九篇:……《周穆王美人盛姬死事》。"檀萃据此认为:"自第一篇至第四篇皆纪西征见西王母之事,第五篇纪见帝台之事,皆为《穆天子传》本文。而此篇独纪盛姬,则杂书十九篇之一篇也。当时割而附于《穆天子传》,遂谓(为)《传》有六篇耳。"卫挺生则说:"今本以'周穆王美人盛姬死事'一篇加入而附于《穆天子传》五章之后,而为其书之'第六章'。"诸考皆以本卷为杂书十九篇之一《周穆王美人盛姬死事》,郭璞为其作注之前已被并入《穆传》。然而,《束皙传》又说:"初发冢者烧策照取宝物,及官收之,多烬简断札,文既残缺,不复诠次。"再从本卷文例来看,始于穆天子(卷首残缺)巡游、畋猎,终于穆天子入于南郑，则与卷四、卷五完全一致。从时间和事迹上看，本卷（十六年事）承自卷五（十四、十五年事），穆天子继续巡狩中原，巩固统治，消除因徐戎叛乱带来的不稳定因素。为盛姬举行隆重的丧礼，一方面可以说是穆天子喜欢她，另一方面是需要展示周天子作为最高权力的存在。中原地区的稳定是穆天子再次西征的必要前提。因此，可以大胆推测，本卷原本就是《穆天子传》的一部分。

一

之虚①，皇帝之间②。乃□先王九观③，以诏后世④。

【注释】

①之虚：前往遗址。之，前往。虚，同“墟”，遗址，场所。此上有脱文。陈逢衡云：“‘之虚’上有缺文，当是：某某日次于某地之虚。”小川琢治云：“卷五、六皆于篇首有十余简之脱落。”“惟卷六盛姬之死及其殡葬占其大部分之记事，脱简极少者甚明。”此起首“似是访某处古迹记事之一断简”。王天海云：“脱文疑是‘天子览往古’数字。”

②皇帝之间（lǘ）：前代帝王的故居。皇帝，对前代帝王的尊称，亦泛指三皇五帝。《释文》：“皇帝，本又作‘黄帝’。”《尚书·吕刑》：“皇帝哀矜庶戮之不辜，报虐以威。”此指颛顼。又：“皇帝清问下民，鳏寡有辞于苗。”此指唐尧。间，户口编制单位。二十五家为间。引申为乡里、家乡、故居。屈原《九章·哀郢》：“发郢都而去间兮，荒忽其焉极。”陈逢衡云：“间，犹宫，盖古皇人之所守。”

③乃□：乃铭，谓刻石勒铭。□，檀本作“示”字，郭注作“铭”字。郭璞注：“此复是登名山有所铭勒封建也。残阙字多，不可推考耳。”先王：此指周文王。檀萃云：“先王，文王也。”九观：指九种观卦爻辞，即大观、下观、观天、童观、窥观、观我生进退、观国之

光、观我生、观其生等九种爻辞。观,《周易》第二十卦,曰“盥而不荐,有孚颙若”,《象》曰“风行地上,观;先王以省方观民设教”。

④以诏后世:以此告诫后人。诏,告诉,告诫。后世,后人,后世子孙。陈逢衡云:“后世谓子孙。”

【译文】

穆天子游览古代遗迹和前代帝王的故居。于是刻石勒铭周文王之“九观”,用以告诫后世子孙。

己巳[①],天子□征[②],舍于菹台[③]。

【注释】

①己巳:穆王十六年九月十六日。丁谦云:“《竹书》筑重璧台在十六年春,则此卷皆是年事。”案,穆王作重璧台为十五年事,盛姬死为十六年事。

②□征:南征。□,檀本作“南”字。陈逢衡云:“上无明文,此不定为南征。”王天海云:“观穆王行程,似当南行。”具体待考,暂从檀说。

③菹(zū)台:地名。地望未明。檀萃云:“台在菹中,因名菹台也。”王贻樑云:“菹台,由下文知其在五鹿近傍,具体未明。”菹,多水草的沼泽地带。《孟子·滕文公下》:“禹掘地而注之海,驱蛇龙而放之菹。”郭璞注:“《管子》曰:‘菹菜之壤。’今吴人呼田猎茸艸地为菹,音罝(jū)。”

【译文】

穆王十六年九月十六日己巳,穆天子往南巡行,住宿在菹台。

辛未[①],猎菹之兽[②],于是白鹿一[illegible]棄逸出走[③]。天子乘

渠黄之乘驰焉④。□⑤。天子丘之⑥，是曰五鹿⑦。

【注释】

①辛未：九月十八日。距前“己巳”二日。

②猎：狩猎。洪颐煊校注：“‘猎’本作‘纽’，从《事类赋》注二十三引改。《太平御览》九百六引作‘狎’。”

③遻(è)椉：撞车。遻，古“遌”字，相遇。椉，古“乘”字。郭璞注：“言突围出。遻，触也。或曰所驾鹿遻，犹惊也。”洪颐煊校注：“‘遻’本作‘牾’，从《文选·长笛赋》注引改。《事类赋》注二十三引作：‘有白鹿一迕乘而逸。’‘遻’‘迕’皆古今字。”檀萃云：“郭意两解，或疑乘鹿，而实非也。《传》谓诸兽已就纽，独白鹿脱纽而走。”陈逢衡云：“前卷穆王驾鹿以游，故尝以鹿自随而有逸出之事。驾六不止一鹿，今所逸出者，特一白鹿耳。郭注‘或曰所驾鹿’，甚是。”王天海云：“据上下文意，檀说近是，此白鹿当为围猎中突围而逃之鹿。”案，游玩或可乘鹿车，狩猎必当乘马。

④驰：追逐。《左传》庄公十年：“齐师败绩，公将驰之。”洪颐煊校注：“‘驰’字本脱，又‘□’字讹在‘焉’字上，从《事类赋》注二十三引改正。”

⑤□：此缺文当是捕获白鹿的情形。郭璞注：“自此已上疑说遂得鹿之状。”

⑥丘之：为所在之丘命名。郭璞注：“丘，谓为之名号。方言耳。”檀萃云：“言于获鹿处筑丘以表识之，重其地也。注说非也。”王贻樑云：“檀说非。此‘丘’乃名丘之意，而非筑丘。郭注以为方言，亦非。”

⑦是曰五鹿：叫作“五鹿”。五鹿，地名。在今河南濮阳。檀萃云：“‘五’同‘牾’，上言‘鹿牾’，此言‘五鹿’，倒文耳。”卢文弨云：“‘五’即‘牾’也。”陈逢衡云：“天子驾六，则穆王所驾之鹿，亦必

有此数，所以仿神皇氏驾六蜚鹿也。今逸去其一，止有五鹿，故以名其丘。盖即后世春秋时晋文公乞食之地。"王贻樑云："'五鹿'之'五'，檀萃、卢文弨说同'牾'，是也。陈说非。五鹿，古有二：一为晋地，亦名'五鹿墟''沙鹿（麓）'，在今河北大名县东。一为卫地，在今河南濮阳北略偏东，即晋文公乞食之处。本《传》由下文即在漯水视，此五鹿乃在今河南濮阳。此所叙五鹿名之由来，与前虎牢一样，皆其他文献不载之珍贵史料。"

【译文】

九月十八日辛未，穆天子在沼泽狩猎，当时有一只白鹿撞车突围逃走。穆天子乘坐渠黄拉的车乘追逐这只白鹿。穆天子就给这座山丘命名，叫做"五鹿"。

官人之□是丘①。□其皮②，是曰□皮③。□其脯④，是曰□脯⑤。天子饮于漯水之上⑥，官人膳鹿⑦，献之⑧。天子美之，是曰甘⑨。

【注释】

①之：往，到……去。《庄子·马蹄》："行不知所之。"《孟子·梁惠王上》："填然鼓之。"《世说新语·言语》："帝嗟慨久之。"□：似作"膳"字。檀本作"地"字，陈逢衡作"膳"字。

②□：似作"取"字。檀本作"献"字，陈逢衡作"用"字。

③□：似作"白鹿"。檀本作"丘"字，陈逢衡作"白鹿之"三字。

④□：似作"膳"字。檀本作"献"字，陈逢衡作"食"字。

⑤□：似作"白鹿"。檀本作"丘"字，陈逢衡作"白鹿之"三字。檀萃云："丘皮、丘脯，盖随所献之处而名为皮丘、脯丘也，但语倒耳。"陈逢衡云："'是曰□皮''是曰□脯'，犹下文'是曰盛门''是曰壶辒''是曰哀次'之例。其空方不知是何字，檀必以字实之，凿矣。

无已则当云：'用其皮，是曰白鹿之皮；食其脯，是曰白鹿之脯'，尚可望文生义，若作'丘皮''丘脯'，真不可解。""'官人'以下至'是曰□脯'二十字，俱当在'官人膳鹿'后。"案，此应指官人至五鹿丘以猎物做膳食，白鹿剥皮制脯以备用。脯(fǔ)：肉干。

⑥漯(tà)水：又名"漯河"，古黄河支流。郭璞注："漯水，今济阴漯阴县。音沓。"王贻樑云："漯水，又名'漯川''濕水'。源出今河南浚县西南，东北流经濮阳而入今山东范县地，又过莘县、聊城、禹城、滨县、沾化而入海。其在今山东境内故河道与今徒骇河大致相合。"穆王宴饮处当在漯河濮阳段。案，《水经注》卷十三"漯水"在燕代之地，非此。

⑦膳(shàn)鹿：烹调鹿肉。膳，烹调食物。《周礼·天官·庖人》："凡用禽献，春行羔豚膳膏香(指牛脂)，夏行腒鱐膳膏臊(指犬膏)。"刘师培云："此官人盖旅次掌食之人。"

⑧献之：将做好的鹿肉献给穆天子。"献之"后本有"天子"二字，洪本删。

⑨是曰甘：穆天子认为鹿肉味道很美，就把此地命名为"甘"。郭璞注："自此以上，皆因鹿以名所在地，用纪之也。今元城县东郭有五鹿墟，晋文公所乞食于野人处者也。"檀萃云："'是曰甘'者，谓甘丘也。注引'五鹿''乞食'者，应在上文'是曰五鹿'之下。"陈逢衡云："'是曰甘'者，是赞美此鹿膳，檀云谓'甘丘'，误。"依上下文，"甘"当为地名，却未必是"甘丘"。

【译文】

馆舍官吏来到这个山丘做饭。剥下鹿皮，叫做白鹿皮。把鹿肉做成肉干，叫做白鹿脯。穆天子在漯水之上宴饮，馆舍官吏做好鹿肉，献给穆天子。穆天子认为鹿肉味道很美，就把此地命名为"甘"。

癸酉[①]，天子南祭白鹿于漯□[②]，乃西饮于草中[③]。大奏广乐[④]，是曰乐人[⑤]。

【注释】

①癸酉：九月二十日。距前“辛未”二日。

②漯□：漯水。陈逢衡云：“空方当是‘水’字。”“此条当在‘是日五鹿’之下，‘天子饮于漯水’之上。”

③草中：草野之中。郭璞注：“草野之中。”檀萃云：“草，大泽之中。”陈逢衡云：“草中，亦犹之圃草也。”

④大奏广乐：大举演奏盛大的乐曲。大，郭璞注：“谓盛作之也。”

⑤是曰乐人：就把此地命名为“乐人”。郭璞注：“亦以纪之。”

【译文】

九月二十日癸酉，穆天子用白鹿做牺牲，面向南方祭祀漯水，又在漯水西边草野之中饮酒。穆天子命乐队大举演奏盛大的乐曲，并将此地命名为“乐人”。

二

甲戌[①]，天子西北□[②]。姬姓也，盛柏之子也[③]。天子赐之上姬之长[④]，是曰盛门[⑤]。天子乃为之台[⑥]，是曰重璧之台[⑦]。

【注释】

①甲戌：九月二十一日。距前“癸酉”一日。

②□：当是“至于盛，盛伯尝献女”，云云。檀萃云：“缺者有数字，当云：‘天子西北至于盛，盛伯献女，姬姓也。’”案，下文“姬姓也”至“是曰重璧之台”，当是十五年或之前事，非十六年事，当属插入回溯。

③盛柏：即盛伯。盛伯，盛国伯爵，武王七弟叔武之后。盛国，西周小国，地在今山东范县。郭璞注："盛，国名。疑上说（盛）姬事。《公羊传》曰：'成者何？盛也。曷谓为之成？讳灭同姓也。'"洪颐煊校注："《列子·汤问篇》：'偃师献伎人，王与盛姬、内御并观之。'"陈逢衡云："盛姬"之"姬"，"当解如'姬妾'之'姬'，盖妇人之美称。若以为姬姓，则是穆王多取同姓以备后宫，恐无事理"。案，陈说非，礼崩乐坏始于其初。丁谦云："盛伯，姬姓国，文王子叔武之后。""故郕城在山东汶上县北二十里。"王贻樑云："盛，文献又作'成''郕'，西周甲骨文作'宬'。盛国始封于文王第七子叔武，封在武王时。封地旧说有三：一说在今山东宁阳县东北，一说在今山东汶上县西北，一说在今山东范县东南。据《左》隐五年《经》'卫师入郕'的记载来看，似以范县说较近是。"又"陈逢衡说'盛姬'之'姬'非姓，而是'姬妾'之'姬'，极误。'盛姬'之'姬'乃为姓氏，此为先秦女子名称之惯例。先秦时期虽有'同姓不婚'之常礼，但并非绝无变例，春秋时鲁君即有其事。故此无须曲尽其力为穆天子讳"。柏，通"伯"。子：女。

④上姬之长：姬姓族长。盛国为姬姓国，周穆王因之封盛伯为姬姓族长，位在其他诸姬姓国君之上。郭璞注："令盛伯为姬姓之长位，位在上也。"

⑤盛门：豪门，望族。《后汉书·耿秉传》："于时，衣冠盛门坐纪罹祸灭者众矣。"《晋书·夏侯湛传》："湛族为盛门，性颇豪侈。"门，陈逢衡云："犹大门，宗子之门，即《梓材》所谓大家也。盖表为望族之义。"

⑥为之台：为盛姬筑高台。郭璞注："为盛姬筑台也。"

⑦重璧之台：即重璧台。郭璞注："言台状如垒璧。"洪颐煊校注："今本《纪年》云：'十五年作重璧台。'"陈逢衡云："王西巡时，载玉甚多，故作为此台。层累而上，皆以玉砌之，故曰'重璧之

台'。"案，陈说大误。丁谦云："台在何处，自来无考。大约在范宫西，故有'以为西居'之语。"王贻樑云："陈说此台以玉砌，恐不可全信。其地不甚明。"

【译文】

九月二十一日甲戌，穆天子往西北巡狩，到达了盛国。盛伯曾把自己的女儿献给穆天子，盛伯姓姬，他的女儿称为盛姬。穆天子赐封盛伯为姬姓的族长，位在其他诸姬姓国君之上，因此被称为"盛门"。穆天子又为盛姬建造高台，名之为重璧台。

戊寅①，天子东田于泽中②。逢寒③，疾④。天子舍于泽中，盛姬告病。天子怜之，□泽曰寒氏⑤。盛姬求饮，天子命人取浆而给⑥，是曰壶輲⑦。天子西至于重璧之台⑧，盛姬告病□⑨。天子哀之，是曰哀次⑩。

【注释】

①戊寅：九月二十五日。距前"甲戌"四日。

②田：田猎。洪颐煊校注："'田'本作'狃'，从《太平御览》八百三十二引改。"泽：檀萃云："即蓝台之泽也欤。"

③逢寒：感染风寒。

④疾：生病。郭璞注："言盛姬在此遇风寒得疾。"

⑤□：似作"号"字。郭璞注："以名泽也。"檀本作"名"字。陈逢衡云："郭注云'名泽'，则此'□'字断非'名'字，疑是'号'字。"寒氏：泽名。因盛姬受风寒而得病，故名此泽为"寒氏"。

⑥浆：酢浆，古代一种含有酸味的饮料。《孟子·梁惠王下》："以万乘之国伐万乘之国，箪食壶浆以迎王师，岂有他哉？"给：迅速，敏捷。《后汉书·文苑传下·郦炎》："炎有文才，解音律，言论给

捷，多服其能理。”李贤注：“给，敏也。”郭璞注：“得之速也。《传》曰：‘何其给也。’”

⑦壶辒(chuán)：应作“壶锚”(duān)。壶锚，一种饮器。锚，小觯(zhì)，古代饮酒器，形似瓶，侈口，圈足。郭璞注：“壶，器名。辒，音遄，速也，与‘遄’同。”于省吾云：“辒，本应作‘锚’。彝器有《郑王义楚锚》，罗振玉谓锚为小觯，是也。上言盛姬求饮，天子取浆而给，盖壶所以盛浆。颈长而腹大，不可持而饮，必须酌壶浆于觯，而后饮之，故因以名其地为壶锚也。”

⑧西至于重壁之台：西返回到重壁台。穆天子东田于泽中，盛姬病重，故返回重壁台。

⑨□：此缺文当是盛姬死亡事。檀本作“没”字。没，通“殁”。王天海云：“此疑缺‘危而卒’三字。”郭璞注：“上疑说盛姬死也。”李善注《文选》谢庄《宋孝武宣贵妃诔》引此文有“盛姬亡”三字。

⑩哀次：地名。即穆王为盛姬悲哀的地方。次，居丧时丧主的临时住所。《左传》僖公九年：“冬十月，里克杀奚齐于次。”郭璞注：“哭泣之位次。”檀萃云：“即以为地名。”王天海云：“下文有‘丧三舍，至于哀次；五舍，至于重壁之台’，亦可证明‘哀次’为地名，且距重壁台约六十里处。郭璞注为‘哭泣之位次’不确。”

【译文】

九月二十五日戊寅，穆天子东巡，在菹台之泽狩猎。这时盛姬感染风寒，生病了。穆天子住在菹泽之中，盛姬称说生病了。穆天子怜爱她，菹泽命名为“寒氏”。盛姬想要喝水，穆天子命人立即取来酢浆，因此就把此地叫作“壶锚”。穆天子西返到达重壁台，盛姬病重去世。穆天子为此悲哀不已，就把此地叫作“哀次”。

天子乃殡盛姬于毂丘之庙①。

【注释】

①殡：停柩待葬。《国语·晋语二》："桓公在殡，宋人伐之。"穀丘：地名。具体位置不明。洪颐煊校注："'穀丘'本作'毂丘'，《太平御览》五百五十引讹作'古兵'，从《文选·宋孝武宣贵妃诔》注引改。"檀萃云："毂丘，地名。汉于郡国立先帝庙也。"庙：此指同姓诸侯小国之宗庙。郭璞注："先王之庙有在此者，汉氏亦所在有庙焉。"陈逢衡云："诸侯不得祖天子，周先王之庙，未闻有立于列邦者。此或是河、济间同姓诸侯之祖庙，故假此以殡盛姬也。"孙诒让云："时王行在河、济之间，则非畿内，不当有先王庙。周、汉人不同，不足相证。此毂丘之庙当即同姓诸侯之庙。下云'韦、穀、黄城三邦之事(士)辇丧'(翟云'事''士'古通)，则穀丘之庙或即穀国之庙与(《春秋》桓七年'穀伯绥来朝'，彼嬴姓国，又不在河、济之间，与此不同)?"

【译文】

穆天子于是将盛姬的灵柩停放在穀丘的宗庙里。

三

□壬寅[①]，天子命哭[②]。启为主[③]，郊父宾丧[④]，天子王女叔娃为主[⑤]。天子□宾之[⑥]，命终丧礼[⑦]。于是殇祀而哭[⑧]。

【注释】

①□：疑衍。壬寅：十月十九日。距前"戊寅"二十四日。

②命哭：命令群臣前来吊唁。郭璞注："令群臣大临(指聚哭告哀。《左传》宣公十二年："国人大临，守陴者皆哭。")也。"哭，吊唁。《淮南子·说林训》："桀辜谏者，汤使人哭之。"高诱注："哭，犹吊也。"

③启为主：丧祭之始，穆天子为祭主。郭璞注："为之丧主，即下伊

巵也。启,疑为开殡出柩也。”陈逢衡云:“以下文‘叔姓为主’证之,则‘启为主’当作一句。‘启’是人名,不可作‘启殡’之‘启’解。”“案,‘启’当作‘巵’,盖误为‘启’耳。”于省吾云:“‘启为主’谓始作主也。《书·梓材》‘王启监厥乱为民’,《虢叔旅钟》‘旅敢启帅井皇考威仪’,《逐鼎》‘逐启諆作庙叔宝尊彝’,全文或言‘启’,或言‘肇’,语例同。”王贻樑云:“于说甚是。此‘启’亦即《礼记·曾子问》‘自启及葬不奠’之‘启’,始也。此段叙丧祭。”

④宾丧:主持丧祭礼仪。郭璞注:“傧赞礼仪。”傧,出接宾曰“傧”。

⑤王女:穆王之女,亦作“王姬”。《诗经·召南·何彼襛矣·序》:“美王姬也。”王,洪颐煊校注:“《广韵·七歌》注引作‘三’。”陈逢衡云:“王女,‘王’字盖‘玉’字。此天子爱女,故令为主,以主内族之祭。”叔姓(zuò)为主:叔姓受命主持内眷女性的丧祭礼仪。叔姓,人名。穆王之女。郭璞注:“穆王之女也。”

⑥□:此当是穆天子的某子。句型类似“王女叔姓”。陈逢衡云:“疑是‘自’字”。“此句与‘鄒父宾丧’同,盖天子自临祭也”。王贻樑云:“陈说误。天子亲自宾丧,于礼不合。此句恐是言天子命某某(叔姓为女主,故此宾丧礼者当是身份甚高之女官或与鄒父身份近同之重臣)宾丧。”

⑦命终丧礼:命令他接待宾客直到丧礼结束。郭璞注:“令持丧终礼也。”王天海云:“命他主持整个丧礼。”案,上文已言“鄒父宾丧”,此处不应再是主持丧礼。终,自始至终。

⑧殇祀:古代为未成年而死的人举行的丧祭之礼。殇,未成年而死。年十六至十九死为长殇,十五至十二为中殇,十一岁至八岁为下殇。不满八岁以下,皆为无服之殇。又指未成年的葬礼。《礼记·檀弓下》:“鲁人欲勿殇重(童)汪踦,问于仲尼。仲尼曰:‘能执干戈以卫社稷,虽欲勿殇也,不亦可乎!’”郭璞注:“殇,未成丧,盛姬年少也。”又《仪礼·丧服》:“丧成人者其文缛,丧未成

人者其文不缛，故殇之绖不樛垂盖，未成人也。”《礼记·檀弓上》：“有虞氏瓦棺，夏后氏堲周，殷人棺椁，周人墙置翣。周人以殷人之棺椁葬长殇，以夏后氏之堲周葬中殇、下殇，以有虞氏之瓦棺葬无服之殇。”盛姬葬礼之隆重，似不合于礼，然合乎王意。

【译文】

十月十九日壬寅，穆天子命群臣前来吊唁。丧祭之始，穆天子为祭主，郄父主持丧礼，穆天子的爱女叔㛗做女宾的主丧人。穆天子命□负责接待宾客，直到整个丧礼结束。于是大家一起为夭亡的盛姬举行祭祀吊唁。

内史执策[①]，官人□丌职[②]，曾祝敷筵席、设几[③]。盛馈具[④]：肺盐羹、胾脯、枣䴵、醢、鱼腊、糗、韭百物[⑤]。乃陈腥俎十二、干豆九十、鼎敦壶尊四十器[⑥]。

【注释】

①内史：职官名。西周时开始设置，主要职责是掌管法令，拟定文书，协助国君策命诸侯及卿大夫，并负责爵禄的废置。《周礼·春官·内史》：“内史掌王之八枋之法，以诏王治。”郭璞注：“所以书赠赗之事。内史，主册命者。”执策：手执简册。

②官人□丌职：馆舍官吏负责来宾食宿。□，似作“司”字。檀萃作“供”字，云：“丌，古‘其’字。言命百官各供其职。”王贻樑云：“此内史、官人之职事与《周礼》不合（《周礼》内史无司丧礼之职，官人亦是），而与《仪礼》《礼记》近之。”

③曾祝敷筵席、设几：曾祝铺上筵席，摆设供桌。曾祝，即太祝，主祭祀的重臣。敷，铺陈。筵席，指铺在地上的坐具。《礼记·乐记》：“铺筵席，陈尊俎，列笾豆，以升降为礼者，礼之末节也。”设几，摆设几筵（祭祀的席位，即神灵凭倚、所坐的几席）。郭璞注：

“犹铺也。《周礼》曰：‘丧事仍几。’”

④盛馈具：备齐丰盛的献祭食品。郭璞注：“馈具，奠也。”檀萃云：“盛，丰盛也。盛其遣奠之礼。”王贻樑云：“盛，盛隆、丰盛也。馈，亦作‘餽’，进饷奠也。”《周礼·天官·膳夫》：“凡王之馈，食用六谷。”郑玄注：“进物于尊者曰馈。”

⑤肺盐羹：用盐腌制的肺做成的肉汤。《礼记·曲礼下》：“岁凶，年谷不登，君膳不祭肺。”郭璞注：“肉也，当以音行。”洪颐煊校注：“注‘当以音行’四字误。汪继培云：‘《字林》云：“羹，肉有汁也。”《仪礼》注：“今文‘湆’为‘汁’。”“音”字疑“湆”之讹，“当”字近“瀋”。《左传》注：“瀋，汁也。”’今无善本可校，姑仍之。”胾(zì)脯：切成大块的干肉。胾，切成的大块肉。郭璞注：“大脔。”枣酏(yí)：加枣的稀粥。酏，稀粥。郭璞注：“粥清也。音移。”醢(hǎi)：肉酱。郭璞注：“肉酱也。”鱼腊(xī)：干鱼。腊，干肉。郭璞注：“干鱼。”糗(qiǔ)：冷凝成块的粥。郭璞注：“寒粥也。”韭：即韭菹，指以醯酱腌渍的韭菜。郭璞注：“韭菹。”《周礼·天官·醢人》：“醢人，掌四豆之实，朝事之豆，其实韭菹、醓醢……”百物：此指祭祀用的各种食物。郭璞注：“言备有也。”

⑥腥俎(zǔ)：古代祭祀时盛肉的器物。孙诒让云：“王祭太牢鼎十二而俎则九。……此俎十二，而鼎乃与敦壶尊同四十，与礼倒不合，恐有讹互。”干豆：古代祭祀时盛干肉的器皿，形状像高脚盘。干，干肉。豆，祭器。鼎敦(duì)：古代祭祀时盛物之器。鼎，多以青铜铸成，三足(或四足)两耳，用为礼器。敦，古代盛黍稷的器具，形似盘。郭璞注：“敦似盘，音堆。”壶尊：古代盛酒器，亦为祭祀时的礼器。《周礼·春官·司尊彝》：“秋尝冬烝，祼用斝彝、黄彝，皆有舟。其朝献用两着尊，其馈献用两壶尊，皆有罍，诸臣之所昨也。”郑玄注：“壶者，以壶为尊。”陈逢衡云：“腥俎、干豆，所以供肉食者。鼎敦，皆所以盛熟食者。壶尊，盛酒醴之器。”器：

器皿。郭璞注:"杂器皿也。"陈逢衡云:"'器'字即指腥俎、干豆、鼎敦、壶尊之属,不得又以杂器皿训之。"王贻樑云:"云用'九十''四十'如许之多者,或是撰者夸大之辞,或是礼崩乐坏的战国时代之用数。"

【译文】

内史手执简册登记来宾与丧礼,馆舍官吏负责安排来宾食宿,太祝铺上筵席,摆设供桌,备齐丰盛的献祭食物:腌肺肉粥、大块干肉、枣粥、肉酱、干鱼、寒粥、韭菹等各种祭祀用的供品。又摆上十二盘生肉、九十盘干肉和四十件盛粮食和酒的鼎敦、壶尊等各种器物。

曾祝祭食①,进肺盐、祭酒②。乃献丧主伊扈③,伊扈拜受。□祭女④。又献女主叔㛗⑤,叔㛗拜受。祭□祝报祭⑥,觞大师⑦。

【注释】

①曾祝祭食:太祝主持祭食仪式。祭食,以食物供奉祭祀之人或神。郭璞注:"礼:虽丧祭,皆祭食,示有所先也。"王贻樑云:"此是丧前之祭,亦即《礼记·曲礼上》所云'祭食,祭所先进'。"

②肺盐:用盐腌制的肺。郭璞注:"以肺擩盐中以祭,所谓振祭也。礼以肝,见《少牢馈食》也。"洪颐煊校注:"注'擩'本作'换','礼以肝'本作'礼以肺'。案,《少牢馈食》:尸'右兼取肝,擩于俎盐,振祭'引之,今改正。"祭酒:酹酒祭奠或祭神。

③丧主:丧事的主持人。旧丧礼以死者嫡长子为丧主;无嫡长子,则以嫡长孙充任。若当家无丧主,则依次以五服内亲、邻家、里尹来担任。伊扈:又作"繄扈",周穆王之子,后为共王,西周第六位君主。常征云:"此伊扈,据《世本》正穆王之子共王之名。而《竹书纪年》称共王名繄,或作'繄扈',《纪年》与《穆天子传》同时

出于汲冢，晋人倘伪造《穆天子传》，何不径书‘伊扈’为‘繄扈’，使与《纪年》相同而取信于世？《传》与《纪年》不同，岂非较《纪年》更古之文字？”

④□祭女：此处缺文较多，文意不明。案，估计是太祝又向亡灵进献饮食。

⑤女主：主妇，女主人。《礼记·丧大记》：“其无女主，则男主拜女宾于寝门内；若无男主，则女主拜男宾于阼阶下。”

⑥祭□祝报祭：祭食毕，曾祝报祭。意即祭食完毕后，太祝向穆天子报告祭食完毕。□，似作“食毕，曾”三字。报祭，即向天子报告祭食完毕。报，报告，告知。

⑦觞大师：向太师敬酒。大师，此应指太师。太师，乐官之长，掌教诗、乐。郭璞注：“乐官。”檀萃云：“曾祝报祭后，致饮于乐工，为歌虞殡也。无献酬，但觞之，丧事从略也。”陈逢衡云：“檀说误。虞殡在既葬之后，始死焉得有虞殡之礼。此谓曾祝报祭，而奉觞则太师也。且是时方行哭临礼，何得用歌乐。”

【译文】

太祝主持祭食仪式，先向亡灵进献腌制的肺，再酹酒祭奠。然后向丧主伊扈献上酒食，伊扈跪拜领受。太祝又向亡灵进献饮食。然后向女主叔姓献上酒食，叔姓跪拜领受。祭食完毕后，太祝向穆天子报告，然后向太师敬酒。

四

乃哭即位[①]。毕哭[②]。内史□策而哭[③]，曾祝捧馈而哭[④]，御者□祈而哭[⑤]，抗者觞夕而哭[⑥]，佐者承斗而哭[⑦]，佐者衣衾佩□而哭[⑧]，乐□人陈琴瑟、□竽、籥、[illegible]、筦而哭[⑨]。百众官人各□其职事以哭[⑩]。

【注释】

①哭即位：各就其位，哭祭死者。郭璞注："就丧位也。"

②毕哭：大家一起哭吊。毕，全，都。

③□策：读策，即宣读来宾名册。郭璞注："'策'上宜作'读'，《既夕礼》曰'主人之史读赗(古时送给丧家用于丧事的财物)'，是也。"□，檀本作"读"字。案，□策，似作"执策"更合适。

④捧馈：双手捧着祭祀用的食物。捧，郭璞注："两手持也。"

⑤御者：侍从。《仪礼・既夕礼》："御者四人，皆坐持体。"郑玄注："御者，今时侍从之人。"□祈：捧肵，即捧着肵俎。□，捧。祈，应作"肵"。肵，肵俎，古代祭祀时盛装心、舌的器具。《仪礼・特牲馈食礼》："佐食升肵俎。"郭璞注："侍御者。《礼》曰：'御者入浴。'"檀萃云："浴，浴尸也。'祈'同'肵'，肵，俎也。言捧肵俎而哭之也。"陈逢衡云："如檀说，则空方当作'捧'。'御者入浴'，见《丧大记》。"翟云升云："檀说似是，'祈'盖'肵'之讹。"王贻樑云："檀说与郭注去之甚远。由上文言'馈'、下文言'觞'视，则此檀说'祈'同'肵'可参。但亦可如此理解：郭注盖意在释御者之主职，而檀疏重在所捧之物，则两者只是侧重不同。此段叙丧祭毕而丧哭。"

⑥抗者：举衾的人。抗，举。郭璞注："犹举也。《礼记》曰：'小臣四人抗衾也。'"檀萃云："'小臣四人抗衾'，谓抗衾以蔽尸，所以便于浴也，为外丧也。若内丧，则内御者抗衾而浴。是抗者盖内御，非小臣也。"觞夕而哭：捧着酒器在傍晚哭吊。《仪礼・丧服》："朝一哭，夕一哭而已。"檀萃云："'觞夕哭'者，捧觞而助既夕哭也。"王贻樑云："《周礼・天官》女御职云：'大丧，掌沐浴。后之丧，持翣。'则内丧当以女御、内御浴死者，方合于情理。"

⑦佐者：此指辅助殓尸之人。承斗：捧着舀水的木勺。郭璞注："佐，敛者也。斗，斟水杓也。"陈逢衡云："《周礼・鬯人》'大丧之

大渊设斗’注:‘斗所以浴尸也。’”王贻樑云:“浴尸毕可以哭丧也。”

⑧佐者:此指辅助穿戴之人。郭璞注:“佐饮食者。”郭注疑与下文倒错。陈逢衡云:“本文并无‘饮食’二字,郭注疑误。此二‘佐者’当是上‘抗者’之佐。”佩□:佩带。陈逢衡云:“空方疑是‘带’字。”

⑨乐□人:即乐人,指歌舞演奏的艺人。□,衍文。□竽:笙竽,即笙和竽,两种管乐器,因形制相类,故常联用。郭璞注:“疑‘竽’上宜作‘笙’,笙亦竽属。”籥(yuè):古代一种似笛的吹管乐器。郭璞注:“如笛,三孔。”王天海云:“古代管乐器。有吹籥、舞籥两种:吹籥似笛而短,三孔;舞籥长而六孔,可执作舞具。此当为吹籥。”筡:应作“箾”(qiū)。箾,竹箫。郭璞注:“今戟吏所吹者。”王贻樑云:“筡,当‘箾’之讹。《说文》:‘箾,吹箫也。’(《玉篇》《广韵》《集韵》同。)”筦:同“管”,古代乐器名。似笛,竹制。《诗经·周颂·有瞽》:“既备乃奏,箫管备举。”郭璞注:“筦如并两笛。音管。”《周礼·春官·小师》郑玄注:“管,如篴而小,并两而吹之。”

⑩百众官人:即百官众人。百众,郭璞注:“犹百族也。”陈逢衡云:“下有‘百官众人倍之’句,则此当亦是‘百官众人’之错互。”“案,‘众’与‘官人’字连,不与‘百’字连。既曰‘百’,又曰‘众’,无此文法。”洪颐煊校注:“‘百’下本有‘□’字,案,注文不宜有,今删。”□:司,执。檀本作“执”字。

【译文】

于是各就其位,开始哭祭死者。大家一起哭吊。内史捧着简册哭泣,太祝捧着供品哭泣,侍者捧着肵俎哭泣,举衾的人则捧着酒器在傍晚哭泣,辅助浴尸的人捧着木勺哭泣,辅助穿戴的人捧着佩带哭泣,歌舞演奏的艺人陈列着琴瑟、笙竽、籥、箾、筦等乐器哭泣。所有百官众人都在各自的职位上哭泣。

曰士女错踊[①]，九□乃终[②]。丧主伊扈，哭出造舍[③]，父兄宗姓及在位者从之[④]。佐者哭[⑤]，且彻馈及壶鼎俎豆[⑥]。众宫人各□其职[⑦]，皆哭而出[⑧]。井利□事[⑨]，后出而收[⑩]。

【注释】

①士女：成年未婚的男女。错踊：古代一种交相跳跃的丧礼仪式。错，交错。踊，跳跃。

②九□：九踊。郭璞注："哭则三踊，三哭而九踊，所谓成踊（古代丧礼之一，指哭者捶胸顿足表示极度悲哀）者也。"王贻樑云："九踊，天子王室之礼。"

③造舍：祭祀亡灵的房屋，犹灵堂。郭璞注："倚庐（古人为父母守丧时居住的简陋棚屋）也。"《礼记·间传》："父母之丧，居倚庐，寝苫枕块。"王天海云："郭注于此不确。"造，祭祀名。《礼记·王制》："天子将出，类乎上帝，宜乎社，造乎祢。"郑玄注："类、宜、造，皆祭名，其礼亡。"

④父兄宗姓及在位者：盛姬的父兄、同族和盛伯的属官。陈逢衡云："父兄，盛姬之父兄，与下文周室父兄异。宗姓，亦盛姬之族党。在位者，谓盛伯之属官。"

⑤佐者：此指辅助祭食之人。郭璞注："佐敛者也。"陈逢衡云："郭上已注'佐敛'，此又云'佐敛'，误。案，前云'承斗''衣衾佩□'，是'佐敛'之'佐'者，此云彻馈及壶鼎俎豆，当是佐饮食者。郭以佐饮食注于上，亦误。"

⑥彻馈：撤去献祭的食物。彻，撤除。壶鼎俎豆：四种祭祀时盛物的礼器。泛指各种祭祀器皿。详见上。郭璞注："皆佐者主为之。"

⑦宫人：官名。负责君王的日常生活事务。《周礼·天官·宫人》："宫人，中士四人，下士八人……"孙诒让云："此官掌王寝，亦主服御之事。"□：司，执。檀本作"供"字。

⑧皆哭而出：都哭着走出灵堂。郭璞注："事毕。"

⑨□事：竣事，即哭祭完毕。王天海云："缺文疑'竣'字。"

⑩后出而收：指井利留后负责收拾丧祭所用的器物。郭璞注："井利所以独后出者，典丧祭器物收敛之也。或曰井利稽慢，出不及辈，故收缚之。"檀萃云："郭之二议，前议优。"陈逢衡云："收，敛也。盖谓井利竣事收敛而后出也。与下文'百物丧器，井利典之'是一例。"刘师培云："下文云'百物丧器，井利典之'，下文又云'百嬖人官师毕赠，井利乃藏'，此文'而收'与彼文'乃藏'一律。'收'当作'收敛'，即收敛丧器也。郭前说是。"王贻樑云："自前'天子命哭，启为主'至此，尸祭哭丧毕。"

【译文】

哭丧的男女交相跳跃，三哭九踊后结束。丧主伊扈哭着走出灵堂，盛姬的父兄、同族和盛伯的属官都跟着伊扈走出灵堂。辅佐祭食的人一边哭泣，一边撤去献祭的食物和壶鼎俎豆等祭祀礼器。所有的宫中官员各司其职，都哭着走出灵堂。井利等哭祭完毕，收拾好祭祀所用的器物，最后出去。

五

癸卯[①]，大哭殇祀而载[②]。

【注释】

①癸卯：十月二十日。距前"壬寅"一日。

②载：即祖载，指灵柩上车出丧之前举行的祭祀仪式。郭璞注："载，祖（祭祀名。出行前祭路神）载也。"《周礼》郑玄注："载，谓升柩于车也。"《诗经·小雅·韩奕》："韩侯出祖，出宿于屠。"

【译文】

十月二十日癸卯，众人大哭祭奠夭折的盛姬，然后将灵柩抬上车。

甲辰[①]，天子南葬盛姬于乐池之南[②]。天子乃命盛姬□之丧[③]，视皇后之葬法[④]，亦不拜后于诸侯[⑤]。河、济之间共事[⑥]，韦、穀、黄城三邦之士辇丧[⑦]。七萃之士抗即车[⑧]，曾祝先丧[⑨]，大匠御棺[⑩]。日月之旗[⑪]，七星之文[⑫]。鼓钟以葬[⑬]，龙旗以□[⑭]。鸟以建鼓[⑮]，兽以建钟[⑯]，龙以建旗[⑰]。

【注释】

①甲辰：十月二十一日。距前"癸卯"一日。

②乐池：地名。具体不详。郭璞注："即玄池也。"陈逢衡云："此乐池与卷二之乐池当是同名而异地也……其地当在河、济之间，漯水之南。"丁谦云："此节纪盛姬之丧由毂丘之庙至重璧台事。丧行五舍，以三十里曰舍计，凡一百五十里。乐池当在重璧台南百五十里。以下节丧行亦五舍也，地当在禹州境。"王天海云："卷二有'天子西征，至于玄池，……是曰乐池'之文，然彼玄池远在西域，此在中原河、济间，显然非一地。"

③□：淑人，盛姬生前的封号。陈逢衡云："空方据下文'乃思淑人盛姬'，当是'淑人'二字。"丧：即丧葬之礼。

④视：比照。郭璞注："犹比也。"皇后：即王后。

⑤拜后：讣告，报丧。郭璞注："疑字错误，所未详也。"洪颐煊校注："拜，道藏本作'邦'。"檀萃云："'不邦后'者，不俟诸邦后来也。"陈逢衡云："疑不赴告之义，'拜后'当是'拜赴'之讹。"

⑥河、济之间：黄河与济水流域一带。丁谦云："济，为北济水。河、济间，今怀庆府境。"王贻樑云："河、济间，当今河南原阳、延津、封丘、长垣、濮阳间，亦可包括今山东范县、鄄城、菏泽等在内。"共事：供给丧事所需。郭璞注："供给丧事。"洪颐煊校注："注'丧事'本作'事也'，从《太平御览》五百五十五引改。"共，通"供"。

⑦韦、縠、黄城：皆西周小邦国，地望不明。丁谦云："韦，即古豕韦国，今滑县南苇城镇。縠即縠丘，见上节。黄，即春秋黄城，《汉书》外黄县，在今杞县东南太康县地。"三邦之士：指这三个邦国的男子。士，洪本原作"事"，今改。洪颐煊校注："'事'字疑当作'众'。"辇丧：即挽灵车。辇，人挽车也。郭璞注："辇，谓挽輴车。发三国之众，以示荣侈。"

⑧抗即车：抬灵柩上车。郭璞注："举棺以就车。"洪颐煊校注："'抗'下本有'者'字，从《太平御览》五百五十五引删。"

⑨先丧：在灵车前面做引导。郭璞注："导也。"

⑩大匠御棺：技术高超的木匠护卫灵柩。大匠，指技艺高超的木匠。《老子》七十二章："夫代大匠斲，希有不伤其手。"御棺，保护灵柩。郭璞注："为棺御也。《周礼》曰：'丧祝为御。'《礼记》曰：'诸侯御柩以羽葆。'谓在前，谓行止之节。"陈逢衡云："此'大匠御棺'谓舁(yú，共同用手抬)柩而行者，似与《周礼》有别。"

⑪日月之旗：绘有日月图案的丧旗。

⑫七星之文：画有北斗七星的丧旗。郭璞注："言旗上画日月及北斗七星也。《周礼》曰：'日月为常。'旗亦通名也。"洪颐煊校注："注'七'字本脱，《左传》桓二年《正义》引云：'盖画北斗七星也。'《太平御览》三百四十引注亦有'七'字，今补。'《周礼》'本讹作'《礼记》'，从《御览》五百五十五引改。"文，花纹。

⑬鼓钟以葬：送葬时击鼓敲钟。

⑭龙旗以□：龙旗以掩，即用龙旗掩盖灵柩。□，檀萃作"窆"字，云："鼓钟以下棺，举龙旗则入窆(biǎn，把死者的棺材放进墓穴)。龙旗，蛟龙之旗。"陈逢衡云："谓鸣鼓击钟以下葬，举龙旗以偃护也。"案，此指在送葬途中，不当作"窆"讲。

⑮鸟以建鼓：用鸾凤图案装饰应鼓。建，装饰。下文同义。鼓，应鼓，一种小鼓。《周礼·春官·小师》："大祭祀登歌，击拊，下管，

击应鼓。”郑玄注：“应，鞸也。应与鞕及朔，皆小鼓也。”王天海云：“《仪礼·大射》：‘建鼓在阼阶西。’即指此鼓。其形制以大鼓穿径为方孔，贯柱其中而树之，柱上饰华盖，顶饰金鸾，柱下有四足，饰以卧狮。因柱顶有金鸾为饰，故云‘鸟以建鼓’。”

⑯兽以建钟：用猛兽图案装饰的钟。

⑰龙以建旗：用龙形图案装饰的旗。

【译文】

十月二十一日甲辰，穆天子准备南行，要把盛姬安葬在乐池的南边。穆天子于是命令要按照王后的葬法来举行盛姬淑人的葬礼，也不用向诸侯报丧。由河、济之间的诸侯供给丧事所需，让韦、穀、黄城三国的男子来挽灵车。禁军卫士抬灵柩上车，太祝在灵车前面做引导，工匠护卫灵柩。丧旗上绘有日月和北斗七星的图案。送葬时击鼓敲钟，并用龙旗掩盖灵柩。用鸾凤图案装饰鼓，用猛兽图案装饰钟，用龙形图案装饰旗。

曰丧之先后及哭踊者之间[①]，毕有钟旗□百物丧器[②]，井利典之[③]，列于丧行[④]，靡有不备。击鼓以行丧[⑤]，举旗以劝之[⑥]。击钟以止哭，弥旗以节之[⑦]。曰□祀大哭[⑧]，九而终[⑨]。

【注释】

①丧之先后：即灵柩的前后。丧，此指灵柩。哭踊者：指哭祭跳跃之人。

②毕有：所有。钟旗□：钟、旗、鼓。□，当作“鼓”字。百物丧器：泛指各种丧祭礼器。

③典之：负责掌管百物丧器。典，主持，掌管。《尚书·舜典》：“命汝典乐。”

④列于丧行：陈列在出丧的队伍中。行，郭璞注：“行伍。”

⑤击鼓以行丧：用击鼓来指挥送葬的队伍前进。檀萃云：“鼓发则执绋争引。”

⑥举旗以劝之：用举旗来号令人们哀哭。劝，使人听从。郭璞注：“令尽哀也。”王贻樑云：“上‘击鼓以行丧’如即执绋引车，此‘举旗以劝之’则是号令大哭，下击钟再止哭，弥旗以结束，示丧仪之有节有度。”

⑦弥旗以节之：用降旗来令人节哀。弥旗，降旗，与“举旗”相对。弥，通“弭”，止息。郭璞注：“为节，音节。弥，犹低也。”檀萃云：“止哭者，节其哀也。”节，节哀。

⑧□祀：殇祀。盛姬年少，故称“殇”。

⑨九而终：大哭九次结束。檀萃云：“又举殇祀也。九哭二十七踊。”陈逢衡云：“九，谓九踊。”王贻樑云：“《礼记·奔丧》：‘哭，天子九。’《穆传》亦正合。”

【译文】

在灵柩的前后和哀哭跳跃者之间，所有钟、旗、鼓及各种丧葬礼器，都由井利负责掌管，陈列在送葬的队伍中，无不齐备。用击鼓来指挥送葬的队伍前进，用举旗来号令人们哀哭。用击钟来号令止哭，用降旗来使人节哀。大哭九次，殇祀结束。

丧出于门，丧主即位[①]，周室父兄子孙倍之[②]，诸侯、属子、王吏倍之[③]，外官、王属、七萃之士倍之[④]，姬姓子弟倍之[⑤]，执职之人倍之[⑥]，百官众人倍之，哭者七倍之[⑦]。踊者三十行[⑧]，行萃百人[⑨]。

【注释】

①即位：就位。郭璞注：“就哭位也。”

②倍：同“陪”。下同。郭璞注：“倍，倍列位也。”洪颐煊校注：“倍，古‘陪’字。《尚书》：‘至于陪尾。’《汉书·地理志》作‘倍尾’。颜师古注云：倍，读作‘陪’。”

③属子：同宗诸子。郭璞注：“宗属群子。”

④外官：官外百官。非近侍之臣，与内官相对。《周礼·春官·世妇》：“凡内事有达于外官者，世妇掌之。”郭璞注：“外官，所主在外者。”王属：即穆王的属官。乃近侍之官，与外官相对。

⑤姬姓子弟：盛姬家族的子弟。郭璞注：“盛姬之族属也。”

⑥执职之人：为丧事服役的人。执职，专司某事，服役。郭璞注：“犹职事也。”

⑦七倍之：排成七列陪伊扈。郭璞注：“列七重。”王天海云：“列队七行，郭注下文又云‘百人为一倍’，故此‘七倍’则为每队百人，七队七百人。”

⑧踊者：即哭跳送丧之人。

⑨行萃百人：每行聚集一百人。檀萃云：“哭者低声而哭，长哭不踊，今俗之送葬者亦然。踊者大哭有节，一哭三踊者也。行萃百人，三十行则踊者三千人矣，皆言其侈也。”萃，聚集。郭璞注：“聚也。”司马相如《长门赋》：“翡翠胁翼而来萃兮。”

【译文】

盛姬灵柩出门，丧主伊扈就位，周王室的父兄子孙陪侍他，诸侯、宗族子弟、周王官吏陪侍他，宫外百官、穆王属官、禁军卫士陪侍他，姬姓子弟陪侍他，为丧事服务的人陪侍他，百官众人都陪侍他，哭丧的人排成七列陪侍他。跳跃的人有三十列，每列有一百人。

女主即位①，嬖人群女倍之②，王臣姬姓之女倍之③，宫官人倍之④，宫贤庶妾倍之⑤，哭者五倍⑥，踊者次从⑦。曰天子命丧⑧，一里而击钟止哭。

【注释】

①女主：即叔㛀。

②嬖人：穆王所宠爱的女人。郭璞注："王所幸爱者。"群女：指宫中的女人。王天海云："宫中众妃嫔。"案，似也应包括女儿、孙女之类的女性眷属。

③王臣姬姓之女：即嫁给穆王臣僚的姬姓之女。郭璞注："疑同姓之女为大夫士妻者，所谓内宗也。"臣，洪颐煊改作"巨"，说见前。陈逢衡云："何一句中'姬'字作两样写？《穆传》不云'王巨巨姓'，又不云'王姬姬姓'，而故参差于上一字从省，下一字不从省，无是理矣。据郭注'疑同姓之女为士大夫妻者'，'同姓之女'解'姬姓'，'士大夫'解'王臣'，了然明白。"王贻樑云："此'王臣姬姓'及下'王臣姬□'之'臣'不误，洪改不确。但前'王巨□弋'则洪校是，二者未可混言。"

④宫官人：指宫中女官。郭璞注："宫官为内也。"

⑤宫贤：王宫内次于宫官人的女官。庶妾：众妾。郭璞注："众散妾也。"孙诒让云："贤，当为'竖'。《周礼》内宫有内竖，注云：'竖，未冠者之官名。'宫竖、庶妾皆贱于宫官人，故次其后。"孙说似不确。

⑥五倍：列成五行陪侍女主。每行或亦为百人。五倍，应作"五倍之"。

⑦次从：依次相从。郭璞注："以次相从。"

⑧天子命丧：穆天子命令出丧。

【译文】

女主叔㛀就位，穆王的宠妃和众女陪侍她，嫁给穆王臣僚的姬姓之女陪侍她，宫中女官陪侍她，宫女、众妾陪侍她，哭丧的人排成五列陪侍她，跳跃者依次相从。穆天子命令出丧，每走一里路即敲钟止哭。

曰匠人哭于车上[①]，曾祝哭于丧前，七萃之士哭于丧所[②]。曰小哭错踊[③]，三踊而行[④]，五里而次[⑤]。曰丧三舍至于哀次[⑥]，五舍至于重璧之台，乃休[⑦]。天子乃周姑繇之水以圜丧车[⑧]，是曰圜车[⑨]。曰殇祀之[⑩]。

【注释】

①匠人哭于车上：郭璞注："御棺不得下也。"匠人，即前文的"大匠"。

②丧所：即停放灵柩之所。

③小哭：小声哭泣，低声哭泣。

④三踊：古代丧礼，即在灵柩前跳跃三次。踊，向死者跳脚号哭，以示哀痛。凡初死、小殓、大殓皆哭踊，亦谓之"三踊"。

⑤次：停，止。郭璞注："犹止也。"

⑥丧三舍：送丧队伍行进了九十里。舍，三十里。郭璞注："三十里为舍也。《传》曰：'避君三舍。'"哀次：地名。穆天子哀悼盛姬的地方，在穀丘与重璧台之间。

⑦休：停驻。郭璞注："驻也。"

⑧周姑繇(yáo)之水以圜(yuán)丧车：郭璞注："决水周绕之也。"周，周绕。姑繇，水名。丁谦云："姑繇水在重璧台旁。下节言'钓于河，观姑繇水'，知此水为北流入河之小涧。惟东汉时汴渠成后，河南小水尽壅导入渠，旧迹无存矣。"张公量云："约在今河南嵩山与鲁山县之间。"陈逢衡云："'周'乃'用'字之误，'水'乃'木'字之误。姑繇之木，大木也。"以圜丧车，用来环绕灵车。圜，洪颐煊校注："《文选·宋孝武宣贵妃诔》注引作'环'。"

⑨是曰圜车：把姑繇之水称为"圜车"。郭璞注："以号水也。"一说"圜车"当作"囧车"。囧车，即明车。王天海云："囧，同'冏'，原义为窗透明，引申为明亮，故囧车即明车。古代祭神、供神之物

必洁净，故以‘明’泛指祭祀神灵之物。《礼记·中庸》：‘使天下之人，齐明盛服，以承祭祀。’郑玄注：‘明，犹洁也。’故‘明车’又为‘洁车’，意用姑繇水使灵车洁净。”

⑩殇祀之：在这里再次为早亡的盛姬举行祭祀。郭璞注：“于此复祭。”

【译文】

工匠在灵车上哭泣，太祝在灵车前哭泣，禁军卫士在停放灵车的地方哭泣。小声哭泣，交互跳跃，跳跃三次后前行，走五里就停下来休息一会儿。送丧队伍行进了九十里，到达哀次；走了一百五十里，到达重壁台，于是就停下来休息。穆天子于是命人引来姑繇之水环绕灵车，就把姑繇之水称为“圜车”。在这里再次为早亡的盛姬举行祭祀。

六

孟冬辛亥[①]，邢侯、曹侯来吊[②]。内史将之以见天子[③]，天子告不豫而辞焉[④]。邢侯、曹侯乃吊太子[⑤]，太子哭出庙门以迎邢侯[⑥]。再拜劳之[⑦]，侯不答拜[⑧]。邢侯谒哭于庙[⑨]，太子先哭而入，西向即位[⑩]。内史宾侯[⑪]，北向而立，大哭九[⑫]。邢侯厝踊三而止[⑬]。太子送邢侯至庙门之外，邢侯遂出，太子再拜送之。曹侯庙吊，入哭，太子送之，亦如邢侯之礼[⑭]。

【注释】

①孟冬辛亥：十月二十八日。距前“甲辰”七日。

②邢侯：邢国国君。姬姓，侯爵，封于邢（今河北邢台），故称“邢侯”。翌年，随穆王西征。曹侯：曹国国君。姬姓，侯爵，故称“曹侯”。武王灭商，封其弟振铎（文王嫡六子）于曹，建都陶丘（今山东菏泽定陶区），地辖山东菏泽及聊城、河南濮阳一部，与鲁、宋、郑、卫接壤，西周时为东方大国，“襟带河济，扼控鲁宋”，居“天下之

中”,战略位置十分重要。春秋时日衰,被宋所灭。郭璞注:“曹国,今济阴定陶县是也。”檀萃云:“二国同姓,又近丧次,故来。”

③将之:带领他们。

④不豫:不舒服。天子有病的讳称,后泛称尊长有疾。郭璞注:“不豫,辞病也。《尚书》曰:‘武王不豫。’”豫,安适。辞:推辞。

⑤吊:即吊唁,指祭奠死者并慰问其家属。此指前往拜见并慰问太子伊扈。

⑥以迎邢侯:迎接邢侯。郭璞注:“曹侯不进。”檀萃云:“时穆王命太子为丧主,故因就而见之。曹侯退而让邢侯先。”陈逢衡云:“邢侯、曹侯来吊,当在殡盛姬于穀丘之庙下,故得哭于庙。若在丧行之后,则当送葬,不得仍哭于庙也。”王天海云:“据上文,盛姬灵柩此时已至重璧台,未闻此地有宗庙,太子何出庙门?”王贻樑云:“陈说是,此可能是整理者之误。”案,上文“曰殇祀之”,此当有宗庙,或此“庙”指临时搭建的灵堂。迎,洪颐煊校注:“《太平御览》一百四十一引讹作‘送’。”

⑦劳之:慰劳邢侯。郭璞注:“问劳之也。”

⑧不答拜:不回礼。郭璞注:“谦不敢与太子抗礼。”王天海云:“据《仪礼·士丧礼》载,吊者不拜丧主。”案,今犹如此。

⑨谒哭:祭告哀哭。谒,郭璞注:“告也。”

⑩西向即位:东方就位,面向西方。《礼记·丧大记》:“哭尸于堂上,主人在东方。”下文“北向而立”,即面北对着灵柩站立。

⑪宾侯:给邢侯做傧相,意即接引邢侯,邢侯祭祀时在旁宣读行礼项目。郭璞注:“傧相。”

⑫大哭九:大哭九次。《礼记·奔丧》:“哭天子九。”案,盛姬同天子之礼。

⑬厝(cuò)踊:即“错踊”,交错跳跃。郭璞注:“与太子拾踊(更递跳跃)。”洪颐煊校注:“上文作‘错踊’,此作‘厝踊’,‘错’‘厝’古字

通用。”厝，同“错”。

⑭如邢侯之礼：同拜送邢侯的礼节一样。郭璞注：“虽吊异而礼同。”

【译文】

十月二十八日辛亥，邢侯、曹侯前来吊祭。内史领着他们去见穆天子，穆天子称病推辞不见。邢侯、曹侯就去太子那里吊唁，太子哭着走出庙门来迎接邢侯。太子拜了两拜慰劳邢侯，邢侯不回礼。邢侯要到庙里祭告哀哭，太子哭着先到庙内，东方就位，面西站立。内史给邢侯做傧相，邢侯面北站立，大哭九次。邢侯与太子交互跳跃三次才结束。太子送邢侯到庙门之外，邢侯于是出了庙门，太子又拜了两拜恭送邢侯。曹侯也到庙里吊唁，进入庙内后哭祭盛姬，太子送他出去，送别的礼节也和邢侯一样。

壬子①，天子具官见邢侯、曹侯②。天子还反③，邢侯、曹侯执见拜天子之武一④。天子见之，乃遣邢侯、曹侯归于其邦。王官执礼共于二侯如故⑤。

【注释】

①壬子：十月二十九日。距前“辛亥”一日。

②具官：配备应有的官员。意即准备礼仪。郭璞注：“备礼相见。”具，配备。

③天子还反：陈逢衡云：“此四字当在‘是日哀淑之丘’下。若此时方见邢侯、曹侯，何遽还反也？”陈说可参。还反，将要返回。郭璞注：“将归。”反，同“返”。

④执见：即“贽见”，指拿着礼物见王。檀萃云：“执，同‘贽’（初见尊长所送的礼物）。谓执玉以见，行朝礼也。”武一：虎皮一张。武，老虎，虎皮。郭璞注：“义所未闻。”陈逢衡云：“《管子·揆度》篇：

‘令诸侯之子将委贽者，皆以双武之皮。’房玄龄曰：‘双武，双虎也。’据此，则‘拜天子之武一’者，乃各以一虎皮为贽也。”又“此邢侯、曹侯执贽见王，当在‘禋祀，除丧始乐，素服而归’一节下。盖二侯远送天子，故于一见之后即命归于其邦。若在此时，是于丧次行朝礼，非其所也。”案，此或是国事之重，不得不返。

⑤王官执礼共于二侯如故：郭璞注：“言不以丧废礼。”王官，穆王侍臣。共，通“恭”。

【译文】

十月二十九日壬子，穆天子准备礼仪正式接见邢侯和曹侯。穆天子将要返回时，邢侯和曹侯拿着礼物拜见穆天子，各自献上虎皮一张。穆天子接见了他们，然后就让他们回到自己的邦国。穆天子的侍臣对邢侯、曹侯恭敬地执守礼制如同往常一样。

七

曰天子出宪[①]，以或襚赗[②]。

【注释】

①出宪：发出命令。宪，法令。《尔雅》：“宪，法也。”《左传》襄公二十八年：“此君之宪令。”郭璞注：“宪，命。”

②襚(suì)赗(fèng)：赠给丧家的车马衣被等物。襚，指赠送给死者的衣被等物。《左传》文公九年：“秦人归僖公、成风之襚。”赗，送给丧家助葬的车马等物。《荀子·大略》：“货财曰赙，舆马曰赗。”郭璞注：“此以上似说赗赠事。衣物曰襚，音遂。”洪颐煊校注：“‘襚’上疑脱‘□’字。注‘似’本作‘以’，今改正。”王天海云：或，此为古“国”字，“‘以或襚赗’，即按邦国收受丧礼”。

【译文】

穆天子发出命令，按照礼制收受各诸侯国助丧的衣被、车马等财物。

癸丑[①]，大哭而□[②]。

【注释】

①癸丑：十一月一日。距前“壬子”一日。

②大哭而□：大哭而踊。□，似作“踊”字。

【译文】

十一月一日癸丑，众人大哭跳跃。

甲寅[①]，殇祀，大哭而行丧[②]，五舍于大次[③]。曰丧三日于大次[④]，殇祀如初[⑤]。

【注释】

①甲寅：十一月二日。距前“癸丑”一日。

②行丧：即出丧。

③五舍：一百五十里。舍，三十里。大次：地名。“大次”有二义：一是帝王祭祀、诸侯朝觐时临时休息的大篷帐。《周礼·天官·掌次》：“朝日、祀五帝，则张大次、小次，设重帟重案。”郑玄注：“次，谓幄也。大幄，初往所止居也。”二是地名，即天子名此地为“大次”。檀萃云：“大次，犹哀次也。”王贻樑云：“《周礼》释‘大次’为‘幄之大者’。本《传》言‘大次’，不仅为幄之大者，更因是行丧之末站，需停三日以行殇祀，于意义上大于以前诸‘次’者。”王天海云：“王说可参。然从文意上看，此‘大次’已兼有地名的意义。如上文‘是曰哀次’，即穆王将哀悼盛姬之处取名‘哀次’。”案，按文义，此地即盛姬安葬之处，或据此故名“大次”。

④丧三日：即停丧三天。郭璞注："停三日也。"

⑤殇祀如初：为早亡的盛姬再次举行祭祀，如初次祭祀一样。王贻樑云："'殇祀如初'者，即如前'内史执策'及'进肺盐、祭酒'者。"

【译文】

十一月二日甲寅，又为夭亡的盛姬举行祭祀，众人大哭后出丧，前行一百五十里后到达大次，设下大帐。在大次停丧三天，又为盛姬举行了和第一次一样的殇祀。

辛酉①，大成②，百物皆备③。

【注释】

①辛酉：十一月九日。距前"甲寅"七日。

②大成：指祭祀大礼完成。

③百物皆备：各种丧葬的器物都已齐备。郭璞注："送葬之物具备。"洪颐煊校注："注'具'，道藏本作'俱'。"

【译文】

十一月九日辛酉，祭祀大礼完成，各种丧葬的器物都已齐备。

壬戌①，葬。史录繇鼓钟②，以亦下棺③。七萃之士□士女错踊九④，□丧下⑤。

【注释】

①壬戌：十一月十日。距前"辛酉"一日。

②史录繇：负责记录者名繇。史录，疑为职名。繇，疑为人名。陈逢衡云："史录繇者，'繇'与'由'通，盖录盛姬之始末而纳之圹，犹后世墓铭之类。"王贻樑云："史录繇，义不明。此权作姓名。"

③亦:同“帟”(yì),遮蔽尘埃的平幕。《周礼·天官·掌次》:“凡丧,王则张帟三重。”泛指帐幕。檀萃云:“亦,古‘帟’字。窆时张帟幕其上也。”王天海云:“此指掩盖在棺木上的丧帐。《礼记·檀弓上》:‘君于士有赐帟。’郑玄注:‘赐之则张于殡上。’”洪本作“赤”字,今改。郝懿行云:“‘赤’字误,明《藏经》本作‘亦’。”下棺:似是将帟幕盖在棺木上。郭璞注:“窆(埋葬)也。”郭注于此似不妥。

④□:及。檀本作“及”字。七萃之士与士女错踊,场面颇为壮观。

⑤□:似作“而”字。檀本作“而”字。陈逢衡云:“当作‘哭’。”若作“哭”字,则为九哭二十七踊,于此时则时间略长,但亦通,权作“而”字。下:下葬。郭璞注:“谓入土。”

【译文】

十一月十日壬戌,为盛姬举行葬礼。史录繇击鼓敲钟,把帟幕盖在棺木上。禁军卫士与士女交互跳跃九次,灵柩下葬入土。

八

昧爽[①],天子使嬖人赠用文锦明衣九领[②],丧宗伊扈赠用变裳[③],女主叔㛗赠用茵组[④]。百嬖人官师毕赠[⑤],井利乃藏[⑥]。

【注释】

①昧爽:拂晓,黎明。《尚书·牧誓》:“时甲子昧爽,王朝至于商郊牧野。”

②嬖人:穆王的宠妃。郭璞注:“所爱幸者。”赠用:赠以,赠送。文锦明衣:锦绣丧衣。明衣,神明之衣,丧衣。郭璞注:“谓之明衣,言神明之衣。”王贻樑云:“明衣,《淮南子·兵略训》‘设明衣也’,

高注：'明衣，丧衣也。'"九领：即九套。领，王贻樑云："称也。单复一套即一称。"王天海云："'领'为量词，同'称'。称，上下衣配一套为'称'。《荀子·正论》'衣衾三领'，杨倞注：'三领，三称也。'"

③丧宗：丧主。变裳：丧服。郭璞注："宗，亦主。变裳，裳名也。"王贻樑云："《穀梁》昭十五年《传》：'君在祭乐之中，大夫有变以闻乎？'注：'变谓死丧。'此'变裳'亦即丧服，与'明衣'正对。"

④茵组：褥垫和丝带。茵，褥垫。郭璞注："茵，褥。"《孔子家语·致思》："累茵而坐，列鼎而食。"组，丝带。《诗经·郑风·大叔于田》："执辔如组，两骖如舞。"陈逢衡云："《太平御览》八百十九引'盛姬之丧，叔姓赠用茵组'。"王贻樑云："此'组'当即系茵之带。"

⑤百嬖人官师毕赠：郭璞注："言尽有檖赗也。"百嬖人，众宠妃。官师，百官卿士。郭璞注："官师，群士号也。《礼记》曰：'官师一庙。'"《礼记·祭法》曰："官师一庙。"郑玄注："官师，中士、下士、庶士，府史之属。"

⑥藏(zàng)：埋藏。郭璞注："藏之于墓所。"

【译文】

第二天拂晓，穆天子命嬖人赠送九套锦绣丧衣，丧主伊扈赠送丧服，女主叔姓赠送褥垫和丝带。众宠妃和卿士都有赠送，并利把这些东西埋藏在墓室中。

报哭于大次[①]，祥祠□祝丧[②]，罢哭，辞于远人[③]。为盛姬谥曰哀淑人[④]，天子名之[⑤]，是曰哀淑之丘[⑥]。

【注释】

①报哭：返回时哀哭。报，返回，往复。郭璞注："犹反也。"大次：郭

璞注:“有次神次也。”翟云升云:“注‘有次’之‘次’,疑是衍文。”王天海云:“大次为送丧最后一大站,帐中必供有死者神位,故返哭于大次。”

②祥祠:又作“祥祀”“祥祭”,丧满十三个月或二十五个月的祭祀。满一年之祭为“小祥”,满两年之祭称“大祥”。《礼记·杂记下》:“期之丧,十一月而练,十三月而祥,十五月而禫。”《礼记·玉藻》:“缟冠素纰,既祥之冠也。”郑玄注:“纰,缘边也。‘纰’读如‘埤益’之‘埤’。既祥之冠也,已祥祭而服之也。”檀萃云:“即举小祥之祭者,姬本殇故以日易月而祥之从略。”王天海云:“此时祥祭在下葬后举行,与《礼记》中所载不合,疑为葬后祭祀。”□:疑衍。王天海云:“此缺文疑是‘以’字。”祝丧:向死者祝祷。祝,祷告,祝祷。

③辞于远人:向来自远方的人辞别。郭璞注:“辞谢遣归。”

④谥(shì):古代帝王、后妃、贵族、大臣等死后,依其生前事迹所给予的称号。哀淑人:盛姬的谥号。王天海云:“‘哀’为谥号,‘淑人’为盛姬生前封号。”郭璞注:“恭仁短折曰哀。”洪颐煊校注:“注‘仁’本讹作‘人’,从《周书·谥法》改正。”

⑤名之:为此丘命名。郭璞注:“为丘作名。”洪颐煊校注:“‘名之’本讹作‘丘人’,从《太平御览》五十三引改。孙同元云:‘名之’当作‘丘之’,与上文‘天子丘之’为一例。”

⑥是曰哀淑之丘:名之为哀淑丘。洪颐煊校注:“今本作‘淑人’,从《太平御览》五十三引改。震煊云:‘《北堂书钞》九十四引作“淑人之丘”。’是唐本有作‘淑人’者,义亦通。”王贻樑云:“此作‘淑人之丘’是。又,盛姬丧仪至此而毕,综而观之,有不少是与三《礼》及其他文献不合或无征的。此中的内容给后世留下了研究、探索的充分余地。旧时因被视为‘不典’而颇遭冷遇,研究礼制文著虽多如瀚海,而《穆传》却只一匙而已。然真正理论起来,

《穆传》的成书，至少也与三《礼》中的《周礼》差不多，而比《礼记》（大、小戴）要早得多。故忽视《穆传》这方面的价值，实在是很可惜、很不应该的。”

【译文】

众人返回大次哀哭，为盛姬举行祥祀，并在灵前祝祷，然后停止哀哭，向来自远方的客人辞行。穆天子给盛姬赐谥号为“哀淑人”，又给此丘命名，叫作“哀淑丘”。

九

乙丑[①]，天子东征，舍于五鹿[②]。叔㜪思哭[③]，是曰女㜪之丘[④]。

【注释】

①乙丑：十一月十三日。距前“壬戌”三日。

②五鹿：地名。穆王捕鹿处，在今河南濮阳东北。

③思哭：思念盛姬而哭。郭璞注：“思哭盛姬。”

④是曰女㜪之丘：名之为女㜪丘。郭璞注：“因以名五鹿也。”

【译文】

十一月十三日乙丑，穆天子向东巡狩，住宿在五鹿。叔㜪因思念盛姬而哀哭，便把五鹿叫作“女㜪丘”。

丁卯[①]，天子东征，钓于漯水，以祭淑人，是曰祭丘[②]。

【注释】

①丁卯：十一月十五日。距前“乙丑”二日。

②是曰祭丘：名之为祭丘。

【译文】

十一月十五日丁卯，穆天子往东巡狩，在漯水钓鱼，并祭奠淑人盛姬，就把那里叫作“祭丘”。

己巳①，天子东征，食马于漯水之上②。乃鼓之棘③，是曰马主④。

【注释】

①己巳：十一月十七日。距前“丁卯”二日。

②食(sì)马：喂马。一说为饮马。陈逢衡云：“食马，秣马也。或曰：当是饮马于漯水之上，犹第一卷‘饮马于枝涛之中’也，盖食旁脱‘欠’字耳，义甚合。”食，饲喂，喂养。

③鼓：疑作“树”字，种植之义。洪颐煊校注：“疑是‘树’字之讹。”孙诒让云：“《说文·木部》‘树’籀文作‘尌’，与‘鼓’形相近，故误。”棘(jí)：酸枣树。《诗经·魏风·园有桃》：“园有棘，其实之食。”

④马主：疑作“马丘”。郭璞注：“未详所云。”陈逢衡云：“马主，‘主’乃‘丘’之讹。”郝懿行云：“上文俱云‘某丘’，疑‘马主’即‘马丘’，字形之讹也。”

【译文】

十一月十七日己巳，穆天子继续向东巡狩，在漯水边喂马。于是在那里种上枣树，便把那里叫作“马丘”。

癸酉①，天子南征，至于菹台②。

【注释】

①癸酉：十一月二十一日。距前“己巳”四日。

②菹台：地名。在五鹿附近，穆王狩猎处。

【译文】

十一月二十一日癸酉，穆天子往南巡行，到达菹台。

十

仲冬甲戌[①]，天子西征，至于因氏[②]。天子乃钓于河，以观姑繇之木[③]。

【注释】

①仲冬甲戌：十一月二十二日。冬至日。距前“癸酉”一日。

②因氏：国名。约在五鹿之南，黄河边上，具体未详。郭璞注：“国名。”丁谦云：“因氏，地在重璧台东河南岸，故下云‘钓于河，以观姑繇之水(案，“姑繇之水”，明载上文。翟氏“木”改“水”。为“木”，盖因《山海经》有“姑繇之木”致误)’。”

③姑繇之木：姑繇的树木。木，一说当为“水”字，即上文“姑繇之水”同。郭璞注：“姑繇，大木也。《山海经》云：‘寻木，长千里，生河边。’谓此木之类。”洪颐煊校注：“《太平御览》八百八十三引无‘以’字。《说文》云：‘櫾，昆仑河隅之长木也。’字本从木。注‘河边’本讹作‘海边’，从《御览》八百三十四引改。”

【译文】

冬十一月二十二日甲戌，穆天子向西巡行，到达因氏。穆天子就在河边钓鱼，并观赏姑繇的树木。

丁丑[①]，天子北征。

【注释】

①丁丑：十一月二十五日。距前“甲戌”三日。

【译文】

十一月二十五日丁丑，穆天子向北巡行。

戊寅[①]，舍于河上，乃致父兄子弟、王臣姬□祥祠毕哭[②]，终丧于嚣氏[③]。

【注释】

①戊寅：十一月二十六日。距前“丁丑”一日。

②致：招请，召集。贾谊《过秦论》：“不爱珍器重宝肥饶之地，以致天下之士。”姬□：姬姓。□，似作“姓”字。郭璞注：“上云‘王臣姬姓之女’，疑此亦同也。”陈逢衡云：“按注义，空方当作‘姓’。”祠：洪颐煊校注：“‘祠’本作‘祀’，从道藏本改。”毕哭：结束哀哭。陈逢衡云：“夫所谓祥祠者，盖既葬则不用殇祀，故曰‘祥祠’。祠亦祭名。前祥祠为远人，此祥祠但父兄亲族。前但丧祝罢哭，此则王与亲族皆罢哭也，故曰‘毕哭’。毕，止也。”

③终丧：结束丧事。郭璞注：“服阕。”王天海云：“古代丧礼规定，父母死后，服丧三年，期满除服，称‘服阕’。郭注似未妥。”案，郭注是，盛姬殇祀，丧礼虽隆重，祥祠、服阕皆从简。嚣(áo)氏：部族名。嚣，同“隞”。丁谦云：“嚣氏，考《史记·殷本纪》：‘仲丁迁于隞’，《索隐》：‘隞，亦作“嚣”。’《水经注》：‘济水(此北济水)东径敖山东。’敖山在今汜水县东北，即嚣氏所居地。”王贻樑云：“仲丁所迁隞地在今河南荥阳东北，黄河南岸，与下文‘西济于河’亦合，与上文穆王由五鹿、漯水南方亦相合。‘嚣’与‘敖’可通。《穆传》嚣氏盖即敖。”

【译文】

十一月二十六日戊寅，穆天子住在黄河岸边，又召集父兄子弟、姬姓臣僚给盛姬举行祥祭，结束哀哭，在嚣氏终结了丧事。

己卯[1]，天子西济于河，嚣氏之遂[2]。

【注释】

①己卯：十一月二十七日。距前"戊寅"一日。

②遂：远郊。也指古代在远郊设置的行政区域。《尚书·费誓》："鲁人三郊三遂。"《礼记·王制》："不变，移之遂，如初礼。"郑玄注："远郊之外曰'遂'。"洪颐煊校注："'嚣'上当有脱字。'遂'是'隧'字之省。"案，隧，《穆传》常作"队(隊)"。

【译文】

十一月二十七日己卯，穆天子向西渡过黄河，穿过嚣氏远郊。

庚辰[1]，舍于茅尺[2]，于是禋祀[3]，除丧始乐[4]，素服而归[5]，是曰素氏[6]。天子遂西南。

【注释】

①庚辰：十一月二十八日。距前"己卯"一日。

②茅尺：地名。地望不明。郭璞注："地名。"陈逢衡云："疑茅氏之讹。"吕调阳云："今林县。"丁谦云："今平陆县东茅津镇。"

③禋(yīn)祀：烧烟升天以祭天，也泛指祭祀。《周礼·春官·大宗伯》："以禋祀祀昊天上帝，以实柴祀日月星辰，以槱燎祀司中、司命、风师、雨师。"《诗经·周颂·维清》："维清缉熙，文王之典。肇禋。"《国语·周语上》："不禋于神而求福焉，神必祸之。"

④除丧：又作"除服"，守孝期满，除去丧服。《礼记·丧服小记》："故期而祭，礼也；期而除丧，道也。祭不为除丧也。"孙希旦《集解》："期而除丧者，谓练而男子除首绖，妇人除要带，祥而总除衰杖也。"王天海云：除丧，"由着丧服改着吉服，或由着重丧服改着

轻丧服。……下文言'素服而归',此除丧必为除去重丧服,换上轻丧服"。

⑤素服:本色或白色的衣服,居丧时所穿。郭璞注:"哀未忘也。"

⑥是曰素氏:名之为素氏。王天海云:"穆王赐姓居于茅尺的人为素氏。"

【译文】

十一月二十八日庚辰,穆天子住在茅尺,在这里又给盛姬举行了祭祀,然后除去丧服,大家才放松一些,换上素服启程返回,穆天子赐茅尺之人为素氏。穆天子于是向西南方向行进。

癸未[①],至于野王[②]。

【注释】

①癸未:十二月一日。距前"庚辰"三日。

②野王:古邑名。亦作"野",地在今河南沁阳。郭璞注:"今河内县。"郝懿行云:"《晋书·地理志》云河内郡野王,太行山在西北。"王贻樑云:"野王,春秋晋地,战国属韩,汉时置县,在今河南沁阳。"

【译文】

十二月一日癸未,穆天子到达野王。

十一

甲申[①],天子北升于大北之隥[②],而降休于两柏之下[③]。天子永念伤心[④],乃思淑人盛姬,于是流涕。七萃之士葽豫上谏于天子[⑤],曰:"自古有死有生,岂独淑人?天子不乐,出于永思[⑥]。永思有益,莫忘其新[⑦]。"天子哀之,乃又流涕[⑧]。是日辍未已[⑨]。

【注释】

①甲申：十二月二日。距前“癸未”一日。

②大北之隥：即太行山，当是河南沁阳与山西晋城交界处的一段山脉。郭璞注：“疑此太行山也。”丁谦云：“大北之隥，当是井陉以北之山，故后文西绝钘隥以归南郑。”王贻樑云：“郭注是。此乃太行山脉中一山也。”王天海云：“此距前仅一日，且野王在今河南沁阳境内，此大北之隥当在黄河北岸太行山麓。”

③降：下山。两柏：即两棵柏树。郭璞注：“有两柏也。”王天海云：“或因有两大柏树而取名。”

④永念：深切怀念。

⑤葽（yāo）豫：人名。穆王的禁军将领。

⑥永思：深情思念。

⑦新：新人。郭璞注：“言思之有益者，莫忘更求新人。”

⑧“天子”二句：郭璞注：“闻此言愈更增感也。”流涕（tì），流泪。涕，眼泪。屈原《离骚》：“长太息以掩涕兮，哀民生之多艰。”

⑨是日辍（chuò）未已：整日忧愁不已。辍，通“惙”，忧愁的样子。《东周列国志》第八十回：“心辍辍兮若割，泪泫泫兮双悬！”未已，原作“已未”，洪本删，今补。洪颐煊校注：“‘乙酉’上本有‘已未’二字，从《水经·汾水》注引删。”王天海云：“（已未）二字当是‘未已’错互，且与‘辍’连文，即忧愁不止。”

【译文】

十二月二日甲申，穆天子往北登上太行山，下山时在两棵柏树间休息。穆天子因思念淑人盛姬而深感伤心，于是流下眼泪。禁卫葽豫上前劝慰穆天子，说：“自古以来，凡人有生就有死，难道只是淑人盛姬吗？天子不快乐，是出于对淑人盛姬的深情思念。深情思念虽有益处，但也不要忘记更求新人。”穆天子听闻此言更加感到哀痛，于是又流下眼泪。这一天穆天子哀愁不已。

十二

乙酉①,天子西绝钘隥②,乃遂西南。

【注释】

①乙酉:十二月三日。距前"甲申"一日。

②钘隥:地名。在今山西南部。郭璞注:"即钘山之坂。一云:'癸巳,游于井钘之山。'吉日癸巳。"洪颐煊校注:"注'一云:癸巳'以下,亦校者语。'吉日癸巳'四字是坛山刻石文,不知何以误附在此。"郝懿行云:"《水州志》云翼城东乌岭山有通道,亦曰钘隥,非此也。"王贻樑云:"郭注凌乱。察其意,盖亦引《集古录》之《图经》所云,只是有残缺而已。但彼载与本《传》显然不合,殊不可取。""此钘隥当非卷一之井陉,而当是太行山脉中另一隥,距盬三日程。郝云即今山西翼城县东乌岭山(郝非此意),于地望、日程俱近之,可参。"王天海云:"此钘隥必非卷一之井陉山,此据前野王仅二日程,如何远至千里之外的井陉?《水经注》卷六:'天井水出东陉山西南,北有长岭,岭上东西有通道,即钘隥也。'下即引本《传》此文。今山西晋城南有天井关,距河南沁阳约一日之程。其西有析城山,距天井亦一日之程,距盐池正三日之程,钘隥或在此山。"以上诸说皆可参。

【译文】

十二月三日乙酉,穆天子向西越过钘隥,又向西南方向行进。

戊子①,至于盬②。

【注释】

①戊子:十二月六日。距前"乙酉"三日。

②盬(gǔ):盐池,在今山西运城。郭璞注:"盐池,今在河东解县。盬,音古。"洪颐煊校注:"《水经·汾水》注、程氏本俱讹作'盐'。"檀萃云:"《纪年》云:'(穆王)十五年春正月,留昆氏来宾。作重璧台。冬,王观于盐泽。'即解池也。"王贻樑云:"盬,盐池,在今山西运城东南,名解池。"王天海云:"解县,汉置,当今山西运城、临猗、永济一带,此盐池即今山西运城之解池,以产石盐故又名盐池。"

【译文】

十二月六日戊子,到达盐池。

己丑[①],天子南登于薄山寘軨之隥[②],乃宿于虞[③]。

【注释】

①己丑:十二月七日。距前"戊子"一日。

②薄山:山名。即中条山,位于山西省南部,黄河、涑水河间,横跨临汾、运城、晋城三市,居太行山与华山之间,因其山势狭长,故名"中条"。丁谦云:"薄山,在盐池南。考《水经注》云'上承盐水,水出东南薄山',又云'永乐涧水北出薄山,南流入于河'。永乐涧在今芮城县西南永乐镇地。薄山南即寘軨坂。"王贻樑云:"在今山西永济县南,即今中条山。"寘軨(diān líng):坂名。在今山西平陆东北。郭璞注:"今軨桥西南悬绝,中央有两道。"檀萃云:"今在平陆县东七十里。"王贻樑云:"此寘軨之隥即《左传》僖二年《传》之寘軨坂,亦名'虞坂'。杨伯峻《春秋左传注》云:'今平陆县东北有虞坂者,即古之颠軨坂,为中条山冲要途径,《太平寰宇记》谓晋假虞之道,即此路。'甚是。"

③虞:国名。西周姬姓诸侯国,地在今山西平陆与夏县境内。始封之君为古公亶父之子仲雍的曾孙虞仲,公元前655年被晋国所

灭。郭璞注:“国名,今大阳县。”

【译文】

十二月七日己丑,穆天子向南登上中条山,越过寘軨坂,就住宿在虞国。

庚寅[1],天子南征。

【注释】

①庚寅:十二月八日。距前“己丑”一日。

【译文】

十二月八日庚寅,穆天子往南巡行。

吉日辛卯[1],天子入于南郑。

【注释】

①辛卯:十二月九日。距前“庚寅”一日。

【译文】

十二月九日辛卯是一个吉利的日子,穆天子抵达别都南郑。

中华经典名著
全本全注全译丛书
（已出书目）

周易
尚书
诗经
周礼
仪礼
礼记
左传
春秋公羊传
春秋穀梁传
论语·大学·中庸
尔雅
孟子
春秋繁露
说文解字
释名
国语
晏子春秋
穆天子传
战国策
吴越春秋
越绝书
水经注
洛阳伽蓝记
大唐西域记
史通
贞观政要
东京梦华录
唐才子传
廉吏传
徐霞客游记
读通鉴论
宋论
文史通义
老子
道德经
黄帝四经·关尹子·尸子

孙子兵法
墨子
管子
孔子家语
吴子·司马法
商君书
列子
鬼谷子
庄子
公孙龙子(外三种)
荀子
六韬
吕氏春秋
韩非子
山海经
黄帝内经
新书
淮南子
新序
说苑
列仙传
盐铁论
法言
潜夫论
政论·昌言
风俗通义

申鉴·中论
太平经
周易参同契
人物志
博物志
抱朴子内篇
抱朴子外篇
神仙传
搜神记
拾遗记
世说新语
弘明集
齐民要术
颜氏家训
中说
帝范·臣轨·庭训格言
坛经
大慈恩寺三藏法师传
茶经·续茶经
玄怪录·续玄怪录
酉阳杂俎
化书·无能子
梦溪笔谈
北山酒经(外二种)
近思录
焚书

增广贤文

呻吟语

龙文鞭影

长物志

天工开物

溪山琴况·琴声十六法

温疫论

明夷待访录·破邪论

陶庵梦忆

笠翁对韵

声律启蒙

老老恒言

随园食单

阅微草堂笔记

格言联璧

曾国藩家书

曾国藩家训

劝学篇

楚辞

文心雕龙

文选

玉台新咏

词品

闲情偶寄

古文观止

聊斋志异

浮生六记

三字经·百家姓·千字文·弟子规·千家诗

经史百家杂钞